编 委 会

主　编　王金锋

编　委　杜奋根　王金锋　刘　颖

　　　　王志勇　易刚明　陶日贵

大学生
军事理论课教程

DAXUESHENG JUNSHI LILUNKE JIAOCHENG

第二版

王金锋 ◎ 主编

暨南大学出版社
JINAN UNIVERSITY PRESS

中国·广州

图书在版编目（CIP）数据

大学生军事理论课教程/王金锋主编. —2 版 .—广州：暨南大学出版社，2017.8
ISBN 978 - 7 - 5668 - 2189 - 8

Ⅰ. ①大… Ⅱ. ①王… Ⅲ.①军事理论—高等学校—教材 Ⅳ. ①E0

中国版本图书馆 CIP 数据核字(2017)第 212529 号

大学生军事理论课教程（第二版）
DAXUESHENG JUNSHI LILUNKE JIAOCHENG（DIERBAN）
主编：王金锋

出 版 人：徐义雄
策划编辑：杜小陆 胡艳晴
责任编辑：胡艳晴 汤慧君
责任校对：徐晓越
责任印制：周一丹

出版发行：暨南大学出版社（510630）
电 话：总编室（8620）85221601
　　　　营销部（8620）85225284 85228291 85228292（邮购）
传 真：(8620) 85221583（办公室） 85223774（营销部）
网 址：http：//www.jnupress.com
排 版：广州市天河星辰文化发展部照排中心
印 刷：佛山市浩文彩色印刷有限公司
开 本：787mm×1092mm 1/16
印 张：16.5
字 数：338 千
版 次：2014 年 8 月第 1 版 2017 年 8 月第 2 版
印 次：2017 年 8 月第 4 次
定 价：39.80 元

目 录
CONTENTS

第一章　国防概述

　　国防，就是国家的防务，即国家为保卫主权、统一、领土完整和安全所进行的军事活动。从根本上说，国防是为国家利益服务的。当今世界，任何一个国家国防战略的制定、国防建设的发展和军事力量的部署，都是由国际环境及本国的国家性质、国家利益和综合实力决定的。当代世界各国的国防大致分为扩张型、自卫型、联盟型和中立型四类。我国是中国共产党领导下的社会主义国家，一贯奉行自卫型国防政策。

》》 第一节　国防历史 《《

一、国防的产生和发展

　　国防是随国家的产生而出现的。中国是世界文明古国之一，国防历史十分悠久。在几千年的发展中，我国人民积累了丰富的国防历史经验。

　　（一）古代国防

　　中国古代国防始于夏朝，成熟于秦汉时期，止于 1840 年鸦片战争，历经二十多个朝代。从总体上说，在以自然经济为基础的农耕时代，中国历代王朝大多实行富国强民、强边固防的政策。

　　1. 兵制建设

　　我国古代国防的一个重要方面是兵制，即今天的军事制度，它主要包括武装力量的组成和兵役制度等内容。在武装力量体制上，我国古代有中央军、地方军、边防军和地主私人武装之分。中央军由中央直接控制，主要担负宫廷和京师的警卫任务；地方军由地方军政长官统领，负责本地的防卫任务；边防军的主要任务是戍边屯田；地主私人武装一般由地主庄园的庄丁组成，主要维护当地地主的利益。

　　兵役制度方面，根据国家防务的实际需要，我国古代不同时期实行不同的兵役制。夏、商、周时代，由于生产力水平低下，人口稀少，当时主要实行兵农合一的军民制度，同时也实行临时性的征兵制度。军民制度的主要特点是兵役寓于田制之中，凡有授田权利的男子都有服兵役的义务。他们平时为民，从事耕牧，战时则为兵出征。春秋后期实行按田亩征军赋和考选勇士从军的兵役制度。

战国时期，我国开始实行征兵制。秦始皇统一中国后，规定17~60岁的男子都必须服兵役两年，其中守卫京师的称"正卒"，守卫边防的称"戍卒"。汉武帝以后，开始实行募兵制，用检阅、考核等办法招募士兵。隋、唐时期主要实行府兵制，规定20~60岁的男子都有义务服兵役。府兵制的特点是府兵平时为民，从事耕牧，农闲军训，战时出征。战争结束后，兵散于府，将归于朝。宋朝实行募兵制，这种兵役制的具体办法是：从全国各地招募兵员组成禁军，即中央军，从少数民族中招募兵员组成戍边的番兵，从各地抽调壮丁组成保卫乡土的乡兵，后两者又统称厢兵，即地方军。元、明时期主要实行世袭兵役制，其特点是将士兵之家列为军户，父死子继，兄终弟及，世代相袭。清朝的八旗军也实行世袭兵役制，但清兵入关后，还招募汉人组成绿营兵。

2. 国防工程建设

在国防建设方面，历代王朝除了保持较大规模的武装力量外，还特别重视加强国防工程建设，其中最突出的是加强边防、海防建设。我国古代的边防建设，主要是修筑防御工程体系和实行开发边疆的安边政策，这是由中国古代农牧业经济结构的巨大差异决定的。在冷兵器时代，以步兵为主体的中原王朝军队只有依靠较密集的队形才能抵御骑兵的冲击。由于步兵缺乏足够的机动能力，因而不得不分兵把守、处处设防。著名的万里长城，就是古代中原王朝为防御北方游牧民族的骑兵而修建的巨大国防工程。它先后历经八个诸侯国和十多个王朝的构筑、修建和连接，直到明朝才形成现在的规模。另外，我国的少数民族在东北也修建了称为"边堡线"的长城。

安边是我国古代边防建设的又一主要内容。安边的实质是正确处理中原王朝与周边少数民族的关系。所谓"内中华外狄夷""天子守在四夷"就是当时中原封建王朝边防观的反映。为了巩固边防，我国古代一般采用从内地迁徙居民到边疆垦荒和利用戍边军队屯田等办法，其实质是在经济上使边疆民族由游牧和狩猎加速向农业转化，以消除动荡因素，利于汉族居民长期居守。

中国的海防建设始于明代。当时，为防范倭寇的偷袭和骚扰，明王朝在下令禁海的基础上，还在沿海的主要地段陆续修建了以卫城、新城为骨干，堡、寨、墩、峰、堆和障碍物相结合的防御工程体系，这对抗击倭寇侵扰起到了显著的作用。

3. 国防思想

国防思想是人们对国防问题的理性认识。先秦时期，中国丰富的国防实践经验就开始向思想理论的层次升华，最终于秦汉时期形成了具有中国特色的古代国防思想体系。这个体系主要包括"居安思危""以民为本"的国防指导思想；"寓兵于民""富国强兵"的国防建设思想；以爱国为主题的国防教育思想；"安国全军"的军事斗争策略等。

此外，中国古代还很重视军事技术和军事理论的研究。中国古代军事技术发达，一直走在世界的前列，最著名的是火器的发明和运用。另外，我国古代还产生了许多不朽的军事著作，其中最著名的是《孙子兵法》。

（二）近代国防

从1840年鸦片战争起，西方列强挑起一次次战争，并强迫腐败的清王朝签订一个又一个的不平等条约，中华民族陷入空前的危机中。面对这种严峻的形势，近代中国为了救亡图存，开始对落后的国防进行变革。

1. 国防体制和武装力量变革

近代以前，清朝的常备军由八旗兵和汉族绿营兵两部分组成，清入关初期，以前者为主，后者为辅。后来，八旗兵日趋腐败，绿营成为作战主力。到了近代，无论八旗还是绿营都已腐败不堪，毫无战斗力，鸦片战争的失败就是很好的例证。太平天国运动爆发后，清朝原有的武装力量基本被农民起义军扫荡殆尽。在镇压农民起义中起家的以湘军、淮军为代表的勇营地方武装逐步取代八旗和绿营的地位，成为清朝的常备军。与此相应，清朝的军制也发生了一场变革，由勇营制取代八旗和绿营军制。

近代中国的屈辱是从海防开始的，在洋务派的大力倡议下，清政府创建了中国的近代新式海军，组建了北洋、南洋及福建三大水师。甲午战争失败后，清朝又全面仿效西欧的兵役制度，开始编练新军并筹建了一批军事学堂。新军制在兵役制度上废除了世兵制和募兵制，开始实行常备军和后备军制度。

2. 国防工业建设

西方列强的坚船利炮终于使清王朝意识到加强近代国防工业建设的必要性和重要性。于是，在洋务派的大力推动下，清政府开始引进近代军事技术，建立近代军事工业。后来，为了解决经费问题，又兴办了一些民用工、商业。当时国防工业的产品主要是枪、炮、军火和轮船，规模较大、设备较好、产品较优的军工企业主要有江南制造局、福州船政局、金陵机器局、天津机器局和湖北枪炮厂，它们基本反映了中国近代军事工业的创建过程和发展水平。

3. 国防观念和国防外交政策的变革

由于西方列强最早是从海上侵略中国的，因此在鸦片战争以后相当长的时期内，清政府一直都把国防的重点放在海岸，认为威胁主要来自英法等国的海上入侵，只有林则徐提出"终为中国患者，其俄罗斯乎"。历经俄罗斯在中国北部的趁火打劫、英国在中国西部的蠢蠢欲动、法国在中国南部的步步紧逼和中法战争的爆发，以及日本在中国东面的虎视眈眈，清政府终于意识到来自各方的国防危机。于是，清政府改变过去的关塞之防为全面的国防，海陆并举。

西方列强的大举入侵，不仅使中国一步步地沦为半殖民地半封建社会，还直接导致了东方朝贡体系的解体。在严峻的现实面前，自顾不暇的清政府开始在国防外交领域放弃过去对周边小国的宗藩政策，转而从屏蔽边疆出发，开始把实行对外军事援助和维护自身安全结合起来，实行藩篱政策，中法战争中的援越和甲午战争中的援朝就都出于这方面的考虑。

此外，中国人民英勇抗击侵略者的斗争也是中国近代国防的重要组成部分，正是中华民族不畏强暴、抗御外侮的伟大爱国精神，激励着一代又一代的中华儿女，为民族的独立、自由而不懈努力。总之，近代中国的国防史是一部国防虚弱、落后挨打的屈辱史，同时也是一部中国人民反帝爱国的斗争史。

（三）民国时期的国防

民国初期，中国的军队主要由北方的北洋军和辛亥革命后在南方发展起来的革命军组成。这些军队大多实行募兵制。为加强对军队的控制，袁世凯在出任中华民国临时大总统后，在总统府设立军事处，作为军队的最高领导机构。另外，他还成立直属大总统的参谋部，掌管全国的国防事宜。内阁中的海军部和陆军部则负责全国海陆军的军政事务。为统一军制，1912 年袁世凯还公布了陆军官制，将前清新军中的编制名称由过去的镇、协、标、营、队改为师、旅、团、营、连，并正式采用军衔制，从而奠定了我国现代军制的基础。

袁世凯死后，全国的军队主要由三部分组成：实力雄厚的北洋军，内部又分裂演化为直系、皖系和后来的奉系三派；经营已久、实力居中的进步党和西南军阀武装；力量涣散、根基不牢的中华革命党武装。为争夺地盘，各派军阀之间连年混战，人民的生活痛苦不堪。

北伐战争后，蒋介石在形式上完成了中国的统一，但中国的国防实力依然弱小。1933 年，国民政府颁布了我国历史上第一部《兵役法》，宣布废除募兵制，开始实行征兵制。抗日战争爆发后，蒋介石继续坚持反共、反人民的顽固立场，拒不抵抗。后迫于压力，虽参加对日作战，但消极抗日、积极反共。在民族危亡的紧要关头，中国共产党紧紧依靠人民群众，终于赢得了中国近代史上第一次抗击外敌的胜利。

抗战胜利后，蒋介石集团又不顾人民对和平的期盼，悍然发动内战。在中国共产党的领导下，中国人民经过四年的浴血奋战，终于推翻了国民党的统治，建立了新中国。从此，中国结束了一百多年来有国无防的屈辱史，中国的国防建设揭开了新的篇章。

（四）新中国成立后的国防

中华人民共和国的成立，标志着中国从此进入了人民当家做主的历史新纪元。新中国成立以来，在中国共产党的领导下，我国的国防不仅性质发生了根本变化，而且国防与军队的革命化、现代化、正规化建设也不断取得丰硕的成果，为维护国家主权和安全、保障国家现代化建设、促进世界和平作出了重大的贡献。

新中国成立以来，我国的国防与军队现代化建设大体上经历以下三个阶段：

1. 第一阶段（1949—1965 年）

新中国成立后，中国人民解放军在人民群众的支持下，在国内先后完成解放西藏、平息匪患、炮击金门、平息西藏上层集团发动的武装叛乱等任务，巩固了人民民主专政。在国外，为了巩固自身的安全并履行无产阶级的国际主义义务，中国人民进行了抗美援朝战争，后来还被迫进行了对印自卫反击战，维护了我国的主权与领土完整。

这一时期的国防建设也成绩显著，主要表现在以下五个方面。一是军队精简整编。从 1950 年到 1958 年，中国一共进行了四次大规模裁军整编，把军队员额由 1950 年的 540 多万减少到 240 多万，这不仅使军队的编制更为科学合理，而且战斗力也大大增强。二是确立诸军兵种合成体制，完成由陆军单一军种向诸军兵种合成的转变。三是建立国防领导体制，明确了各部门的职能分工。1954 年，中共中央重新成立军事委员会，直接领导人民解放军和其他武装。为加强对全军的集中统一领导，还重新确立总参谋部、总政治部和总后勤部的三总部领导体制。四是颁布新中国第一部《兵役法》，取消志愿兵役制，改行义务兵役制。五是建立国防科技和国防工业体系。为加强国防科学技术工作，中国相继成立军事科学院和国防科学技术委员会，并新建了一大批包括核武器在内的国防工业项目。这为中国常规和尖端武器的研发与突破奠定了基础。

2. 第二阶段（1965—1979 年）

"文革"十年，由于受复杂的国际形势和国内一系列"左"的思想和路线的干扰，这一时期中国的国防和军队现代化建设历经曲折。20 世纪 60 年代，中美对抗、中苏关系破裂，美苏两国分别从南北两面威胁中国，中国的安全环境急剧恶化。这时中国的国防和军队现代化建设完全按"早打、大打、打核战争"的要求来准备。70 年代以后，由于苏联对中国围堵的不断升级，为防御苏联的大规模入侵，中国又长期处于临战状态，经济建设服从于国防建设。而国内一系列

"左"的思想，对军队的质量建设也产生了一定的不良影响。这主要表现在：军队规模过于膨胀，曾一度达到 600 余万；民兵建设数量过多、质量不高；由于大搞"三线建设"，国防工业建设形成"山、散、洞"的局面。

但尽管如此，这一时期中国的国防和军队建设还是取得了相当大的成绩。这突出表现在：完全通过自己的努力，先后成功研制原子弹、导弹、氢弹、人造卫星，并组建了第二炮兵；为维护国家的主权和尊严，还取得了珍宝岛、西沙群岛、中越边境等自卫反击战的胜利。

3. 第三阶段（十一届三中全会至今）

十一届三中全会后，邓小平在科学分析时代特征的基础上提出了"和平与发展是当今世界的两大主题"的著名论断。基于这一判断，1985 年 5 月 23 日召开的中央军委扩大会议作出重大决策，将国防和军队建设由立足于"早打、大打、打核战争"的临战状态转到和平时期正常建设的轨道上来，提出国防和军队建设要服从和服务于国家经济建设大局的方针。

根据这一决策，中国采取了一系列重大措施：确定义务兵与志愿兵、民兵与预备役相结合的兵役制度，确立中国人民解放军、中国人民武装警察部队和民兵三结合的武装力量体制，裁军 100 万，进行编制体制改革，走"军民兼容"的国防发展道路，不断加强和完善战争动员体制和后备力量建设，对国防科技工业进行改造，加强军事法制建设。

20 世纪 90 年代以来，根据国际国内形势的变化，党中央和中央军委重新制定了新时期的国防和军事战略方针，其主要内容是：一是在军事斗争的准备上，由应付一般条件下的局部战争向打赢现代技术特别是高技术条件下的局部战争转变；二是在军队建设上，由数量规模型向质量效能型、人力密集型向科技密集型转变，强调军队的质量建设，强调科技强军。为此，中央作出了再裁军 50 万的重大决定；三是要按照"政治合格、军事过硬、作风优良、纪律严明、保障有力"的总要求全面加强军队建设；四是国防建设与经济建设要两者兼顾、协调发展。这些举措把我军建设推向一个新的发展阶段。

进入 21 世纪，根据国内外形势的变化和新军事变革的要求，党中央和中央军委适时充实和完善了新时期积极防御的军事战略方针。这一方针内容包括立足打赢信息化条件下的局部战争，注重遏制危机和战争，着力提高军队应对多种安全威胁、完成多样化军事任务的能力，坚持和发展人民战争的战略思想。

二、国防历史的启示

纵观中国几千年的国防史，呈现在我们面前的是一部成功与失败交织、辉煌与屈辱并存的波澜壮阔的画卷。历史是一面镜子，它记录的虽然是已经流逝的过去，但却能折射出许多影响未来的经验教训。今天，在建设有中国特色的社会主义征途中，重温中国国防这一漫长而厚重的历史，至少能从中得到如下的启示。

（一）增强国防实力必须大力发展经济

经济是国防的物质基础，强大的国防必须以强大的经济作为依托。马克思主义认为，经济是基础，政治是经济的集中反映，经济对政治起着决定作用。作为政治斗争一部分，国防更是离不开经济这个基础。恩格斯指出："暴力的胜利是以武器的生产为基础的，而武器的生产又是以整个生产为基础，因而是以'经济力量'、以'经济情况'、以暴力所拥有的物质资料为基础的。"我国国防历史的实践深刻地证明了这一点。

中国很早就认识到军队的胜利取决于"国富民强"，如果国家富足而又安定，民众不需动员，军队不必出征，就能威震天下。所以，在我国古代，大凡有作为的君主无不把发展经济作为巩固国防的重要措施。春秋初期的晋国因晋文公整顿内政、发展经济、扩充军队等措施的施行而由一个国贫兵弱的小国一跃成为中原霸主；战国末期的秦国因商鞅变法而国力大增，并最终吞并六国，一统华夏。这些鲜活的事例，都深刻地说明了经济发展是国防巩固的基础这一道理。同样，进入封建社会后，汉、唐、清初的皇帝也正是因为推行休养生息、发展经济等措施，增强了国力，才出现西汉大败匈奴、唐朝大败突厥和清初巩固边防的重大胜利。

与此相反，中国历史上的王朝周期更替，几乎都是由于前一个朝代后期的经济凋敝、国防松弛、人民的生活困苦不堪所致的。进入近代以来，中国之所以屡遭侵略、欺侮，说到底，是因为近代中国在世界新一轮经济发展中落伍了，列强们正是以资本主义工业革命的成果作为武器打败了封建中国。历史表明，要想摆脱挨打的命运，就必须大力加强经济建设。只有经济繁荣了，才有可能铸就真正强大的国防，切实担负起维护国家主权和领土完整、保卫国家安全的重任。

（二）巩固的国防离不开昌明的政治

政治是国防与诸多相关因素之间联系最为密切的首要因素，它决定着国防的性质和发展方向。国防必须遵循国家政治制度所提出的要求，为政治制度服务。国防的一个很重要的作用就是防止国内外敌人颠覆本国的社会制度，保卫本国的政治安全。我国国防几千年的兴衰史深刻地说明，国家所推行的政策直接关系到国防的巩固与否，巩固的国防离不开昌明的政治。

早在春秋战国时期，各诸侯国就开始注意加强以革除弊政和变法自新为主要内容的政治建设，以达到国家强盛的目的。如秦国重用商鞅进行变法，实行奖励军功的政策，就起到了打击贵族特权、激励中下层官兵奋勇作战的作用，这直接促成了秦国国防的巩固和日后统一大业的完成。同样，正因为有汉、唐、清初比较开明的治国之策，才会有后来的"文景之治""贞观之治""康乾盛世"等中国历史上的昌盛局面。

相反，我国古代历史上每一个王朝的衰落和灭亡，无不由它中后期的政治昏庸腐败所致。当朝者的昏聩，加上宦官专权、朋党之争、权臣弄权、后宫争宠这些中国封建社会政治顽疾的推波助澜，直接导致了汉、唐、明等中国历史上曾兴盛一时的王朝的衰败和灭亡。正所谓"苛政猛于虎"，秦和隋的暴政，更使这两个强大的王朝在统一中国分别只有20年和30年后就迅速被推翻。到了近代，中国更是由于晚清政府、北洋军阀政府和民国政府的政治腐朽、国防虚弱而屡受列强的侵略，遭受了前所未有的奇耻大辱，将中国人民带进了苦难的深渊。其中，北洋水师的全军覆没更深刻地说明了政治昌明对国防的巩固是何等的重要。

总之，几千年的中国国防史深刻地说明了政治的昌明是国防巩固的基础，也是国家得以长治久安的根本保证。

（三）军备建设是巩固国防的重要手段

自从有国家以来，国防和军事就是一对双胞胎。尽管国防是一个包括经济、政治等因素在内的庞大复杂系统，但是，国防无论如何都离不开军事，而军备建设又在军事中处于举足轻重的地位。因此，大力加强军备建设就成了巩固国防的重要手段，这也是中国国防史留给我们的一个重要启示。

在我国历史上，有大量通过加强军备建设而巩固国防的鲜活事例。如战国时期的赵国因推行以"胡服骑射"为主要内容的军事改革而有效缓解了来自北方游牧民族的威胁，汉朝因肃整军备而大败匈奴等。同样，因军备松懈而国家灭亡的事例在中国历史上也比比皆是。秦国统一后因"刀枪入库、马放南山"而军力大降，晚清因军备不整而丧权辱国等，就是这方面的沉痛教训。

总之，国家的富裕并不一定就等于国家的强大。任何时候，我们只有犁剑并举，做到有备无患，才能真正实现国家安定和人民幸福。

（四）民族的团结是巩固国防的重要条件

我国自古以来便是一个多民族的统一国家，民族团结和民族友好一直是我国国内民族关系发展的主旋律。在近代历次抗击外来侵略的斗争中，正是因为民族团结，一致对外，中国才能化险为夷并最终取得反侵略的胜利。

在近代的历次反侵略斗争中，中国之所以屡战屡败，一个很重要的原因就在于当朝者总是认为"患不在外而在内"，即使在日本发动全面侵华战争欲置中国于死地的时候，以蒋介石为代表的国民党顽固派仍坚持"攘外必先安内"的反动方针。在这种情况下，虽然有广大民众的浴血奋战，但终因缺乏统一指挥，不能形成一致对外的合力而无法使战争形势得到根本改观。只有中国共产党实行紧紧依靠人民群众，建立最广泛的全民族统一战线，团结一切可以团结的力量的政策，才领导全国各族人民实现了国家的独立和人民的幸福。

一部近代中国的国防史说明，民族团结是实现国防巩固的重要条件和保障。只要全国各族人民团结起来，发挥人民战争的巨大威力，把国防建设牢牢建立在民族团结的基础上，中国就一定能真正铸起一道国家安全的钢铁长城。

》》 第二节　国防法规 《《

一、国防法规体系

国防法规是国家法律的重要组成部分，是由特定的国家机关根据法定权限和程序制定的。它从法律上规范了国家的国防建设、武装力量建设以及有关军事方面的组织机构、管理权限及其活动，其主要任务是调整和规范国家在国防领域中的各种社会关系。

（一）国防法规概述

1. 国防法规的含义

国防法规是指国家为了加强防务，尤其是加强武装力量建设，用法律形式确定并以国家强制手段保证其实施的行为规则的总称。国防建设法制化是国防现代化的必然要求，也是衡量一个国家国防是否实现现代化的重要标志。

新中国成立以来，中国一直重视国防法制化建设。早在 1953 年，中国人民革命军事委员会就颁布了《中国人民解放军内务条令（草案)》《中国人民解放军队列条令（草案)》和《中国人民解放军纪律条令（草案)》。次年《中国人民解放军政治工作条例（草案)》颁布实施。根据这一条例，人民军队设立了各级党委，实行党委集体领导下的首长分工负责制。这些条令、条例的颁布和实施，为我国的国防法制化建设奠定了坚实的基础。

改革开放以后，随着人民解放军建设总方针、总任务的重新确定以及中国民主与法制进程的加快，尤其是 1982 年《中华人民共和国宪法》的颁布，我国新时期的国防法制化建设取得了显著的成绩。这一方面表现为国防法制机构不断建立和健全，另一方面，从一系列与国防有关的法律、法规、条令、条例先后颁布可看出，我国已基本形成了中国特色的国防法规体系。

2. 我国现行国防法规的层次

国防法规包含的内容十分广泛，主要包括国防领导体制、武装力量的体制、编制、国家兵役制度、国家兵员动员制度和训练、管理、作战、保密制度、国防科研和教育制度以及军费开支、国防生产、军队人事管理、军事犯罪惩治等方面的法律规定。

根据我国的立法体制，我国现行的国防法可分为五个层次：

第一，全国人民代表大会及其常务委员会通过和颁布的法规。根据我国宪法，全国人大及其常委会是唯一拥有国家立法权的机关，基本军事法律和军事法规均需经全国人大或其常委会讨论制定。属于这一层次的法规有全国人民代表大会制定颁布的《国防法》《兵役法》以及由全国人大常委会制定颁布的中国人民解放军《军官服役条例》《军官军衔条例》等。

第二，国务院、中央军委颁布的国防行政法规。根据我国宪法，国务院是最高行政机关，肩负领导国防事业的职权，中央军委是最高军事机关，行使领导全国武装力量的权力。二者作为最高权力机关的执行机关，都有权制定国防行政法规。属于这一层次的法规有《中国人民解放军现役士兵服役条例》《退伍义务兵安置条例》《内务条令》《纪律条令》《队列条令》《征兵工作条例》等。

第三，国务院各部委和中央军委各总部制定颁布的国防行政规章。这类法规数量较大，形式也多种多样。属于这一层次的法规有《应征公民体格条件》、《交通战备科研管理暂行规定》等。

第四，各军兵种和大军区制定颁布的法规细则。如陆军颁布的《战斗条令》、海军颁布的《舰艇条令》、空军颁布的《飞行条令》等。

第五，各省、自治区、直辖市人大和政府制定的地方性法规。如《征兵工作若干规定》和《国防教育条例》等。

（二）《中华人民共和国国防法》

《中华人民共和国国防法》是由中华人民共和国国家最高权力机关根据宪法原则和国家基本法的立法程序制定的一部综合性的调整和规范国防与武装力量建设领域中各种最基本的社会关系的基本法律。它是国防建设和一切军事法规制定的基本依据，其地位和效力仅次于宪法。

根据党中央和中央军委的要求，我国于1993年成立《国防法》起草委员会，经过几年的不懈努力，《中华人民共和国国防法》终于在1997年3月14日经第八届全国人民代表大会第五次会议审议通过，时任国家主席江泽民签署命令并公布施行。

《国防法》的颁布实施，是我国国防史上一件具有划时代意义的大事，也是我国国防和军事法制建设一个重要的里程碑。《国防法》以国家意志的形式使国防和军队总建设的战略目标、方针和原则得以确立并长期付诸实施，这对我国依法固防、依法治军、加快国防的法制化和现代化进程、保证国家长治久安及增强公民的国防法制意识，都具有深远而重大的历史意义。

《中华人民共和国国防法》共 12 章 70 条，由总则，国防机构的国防职权，武装力量，边防、海防和空防，国防科研生产和军事订货，国防经费和国防资产，国防教育，国防动员和战争状态，公民、组织的国防义务和权利，军人的义务和权益，对外军事关系，附则组成。其主要内容包括：

（1）国家防务建设的基本方针和基本原则。如抵御外敌入侵，防止颠覆，维护国家安全，捍卫国家主权，保证国家领土、领海、领空不受侵犯，坚持全民自卫，坚持国防建设与经济建设协调发展以及独立自主处理国防事务等原则。

（2）国防建设的基本制度。如兵役、军事人事、军事经济、国防科技、国防动员、国防协调会议、国防教育等若干基本制度。

（3）党对武装力量和国防活动的领导及国家机构的国防职权等。

（4）公民、国家机关、社会组织的国防义务和权利。如依法征兵，保证兵员质量，公民依法服兵役，自觉接受国防教育，相关企事业单位要保质保量地完成国防科研生产、接受国家军事订货等。

（三）《中华人民共和国兵役法》

兵役是公民依照国家法律承担军事义务的一种形式，兵役法是国家制定的关于兵役制度和公民兵役义务的法律规范。它以法律的形式确定国家实行的兵役制度和武装力量的组成，规定公民服兵役的条件、形式和期限，兵员的征集、招收和动员，后备力量建设体制以及公民由服兵役而产生的权利义务等。制定兵役法的目的在于保障军队平时和战时的兵员补充，加强国家武装力量建设。

我国的兵役制度最早出现于夏、商、周时期，后经历朝的不断修改而日趋完善。1933 年，当时的国民政府颁布了我国历史上第一部《兵役法》。新中国成立后，更是重视兵役法规建设。迄今为止，新中国一共有过三部兵役法。第一部《兵役法》于 1955 年经一届人大二次会议通过，它将我国在战争年代中长期实行的志愿兵役制改为普遍的义务兵役制，系统地规定了定期征兵、退伍制度，建立预备役制度和学生军训制度。实践证明，这部兵役法对巩固我国国防、加强武装力量和民兵预备役的建设，起到了重要的保障作用，是一部较好的兵役法。

但是，第一部《兵役法》实施近 30 年来，我国的各个方面都发生了很大的变化，特别是党的十一届三中全会以后，我国进入了社会主义建设的新时期，党和国家的中心任务转移到经济建设上来。与此相应，军队和国防建设也由过去的

"早打、大打、打核战争"的临战状态转入革命化、现代化、正规化建设的相对和平时期。新形势和新任务对国防现代化和后备力量建设提出了新的要求,这在客观上要求制定一部新的《兵役法》。另外,由于第一部《兵役法》产生于新中国成立初期,而当时对和平时期的兵役制度建设还缺乏经验,故某些规定尚不够完善。鉴于此,1984 年 5 月 31 日,六届人大二次会议审议通过了新中国历史上的第二部《兵役法》,同时由时任国家主席李先念发布命令于当年 10 月 1 日正式实施。这部兵役法总结了我国实行义务兵役制以来的经验,在继承原兵役法的长处和优点的基础上,大胆借鉴和吸收了一些国外好的经验和做法,是一部有中国特色的兵役法。

20 世纪 90 年代以来,国内和国际形势都发生了巨大的变化。国内,社会主义市场经济体制最终确立并不断发展完善;国际上,东欧剧变、海湾战争爆发、经济全球化和新经济迅猛发展、世界范围内的新军事革命风起云涌,所有这些都对中国的国防现代化建设提出了新的、更高的要求。为适应新的形势,1998 年 12 月 29 日,九届人大常委会第六次会议审议通过了《中华人民共和国兵役法修正案》,对 1984 年颁布的《兵役法》进行了修正。

修正后的《兵役法》共 12 章 68 条。它主要包括以下内容:

1. 国家武装力量的组成

《兵役法》第四条规定:中华人民共和国的武装力量,由中国人民解放军、中国人民武装警察部队和民兵组成。

2. 兵役制度

兵役制度是《兵役法》的核心,我国现行《兵役法》第二条规定:中华人民共和国实行义务兵与志愿兵相结合、民兵与预备役相结合的兵役制度。义务兵役制是指,凡中华人民共和国公民,不分民族、种族、职业、家庭出身、宗教信仰和受教育程度,都有义务依照本法的规定服兵役。志愿兵役制是指,出于质量建军和科技强军的需要,一部分技术骨干可在本人自愿的基础上经团级以上部门批准改为志愿兵,较长时间地留在部队服役。民兵与预备役相结合是指,在坚持和完善传统民兵制度的同时,又要恢复和健全预备役制度,这是现代战争的客观要求。我国目前的民兵队伍能较好地解决战时所需的普通兵员问题,但无法满足战时对军官和技术兵员的大量需求。因此,建立、健全我国的预备役制度势在必行。

3. 兵员的平时征集与战时动员

在兵员的平时征集方面,现行《兵役法》第十二条规定:每年十二月三十一日以前年满十八周岁的男性公民,应当被征集服现役。当年未被征集的,在二十二周岁以前仍可以被征集服现役,普通高等学校毕业生的征集年龄可以放宽至二十四周岁。根据军队需要，可以按照前款规定征集女性公民服现役。根据军队需要和本人自愿，可以征集当年十二月三十一日以前年满十七周岁未满十八周岁的公民服现役。当然，应征公民是维持家庭生活的唯一劳动力或者是正在全日制学校就读的学生，可以缓征，但如学生本人自愿且符合服役条件，可以批准服现役，原就读学校应当按照有关规定保留其学籍，准其退伍后复学。另外，《兵役法》第十七条还规定：应征公民正在被依法侦查、起诉、审判的或者被判处徒刑、拘役、管制正在服刑的，不征集。

兵役法还对战时兵员动员作了详细规定。为了对付敌人的突然袭击，抵抗侵略，各级人民政府、各级军事机关平时必须做好战时兵员动员的准备工作。在国家发布动员令以后，各级人民政府、各级军事机关，必须迅速实施动员：现役军人停止退出现役，休假、探亲的军人必须立即归队；预备役人员随时准备应召服现役，在接到通知后，必须准时到指定的地点报到；机关、团体、企业事业单位和乡、民族乡、镇的人民政府负责人，必须组织本单位被征召的预备役人员，按照规定的时间、地点报到；交通运输部门要优先运送应召的预备役人员和返回部队的现役军人。

4. 士兵和军官的现役和预备役

现役，即公民在一定的时期内直接在军队中履行法律规定的兵役义务，它是兵役的主要形式。《兵役法》对士兵和军官的现役作出规定：士兵包括义务兵和志愿兵，义务兵服现役的期限为两年，服现役期满以后，不再安排超期服役。义务兵服现役期满，根据军队需要和本人自愿，经团级以上单位批准，可以改为志愿兵。部队根据需要，也可以从非军事部门直接招收志愿兵。志愿兵实行分期服现役制度，服现役的期限，从改为志愿兵之日算起，至少三年，一般不超过三十年，年龄不超过五十五岁。

现役军官指军队中被正式任命担任领导、指挥或相当的管理职务和技术职务的军人，一般是指授予少尉以上军衔和被任命为排长或相当于排长以上职务的军人和军队文职干部。

预备役，也叫后备役，指公民在一定时期内在军事组织外履行法律规定的兵役义务的形式。

《兵役法》还对士兵和军官的预备役作出规定：士兵服役期满，应当退出现役。退出现役时，符合预备役条件的，由部队确定服士兵预备役；经过考核，适合担任军官职务的，服军官预备役。

5. 民兵、预备役人员和高校、高级中学学生的军事训练

根据兵役法，公民履行兵役义务的形式是多样的，参军服现役、服预备役、参加民兵组织、高等院校和高中学生参加军事训练等，都是履行兵役义务。

关于民兵和预备役人员的军事训练，《兵役法》规定：未服过现役预编到现役部队的预备役士兵和基干民兵，在十八岁至二十二岁期间，应当参加三十天至四十天的军事训练，其中专业技术兵的训练时间，按照实际需要适当延长；服过现役和受过军事训练的预备役士兵的军事训练、普通民兵和未编入民兵组织的预备役士兵的军事训练，按照中央军事委员会的规定进行；预备役军官在服预备役期间，应当参加三个月至六个月的军事训练；国务院和中央军事委员会在必要的时候，可以决定预备役人员参加应急训练。

自觉履行兵役是公民应尽的光荣义务，对于在高等院校和高级中学就读的学生来讲，参加学生军训，也是履行兵役义务的一种基本形式。在高等院校就学的学生必须进行军事训练，训练方式包括两种：一种是对学生普遍进行基本军事训练，主要学习一般军事理论和军事技术，增强国防观念；另一种是培养预备役军官的训练，即在普遍训练的基础之上，挑选一部分符合担任军官职务条件的学生进行短期集训，考核合格者服军官预备役，作为战时军官补充的一个来源。由于普通高校、中等学校不仅专业多、知识结构较完善，而且人数多、可选面广，因此，当前世界各国都把学生军训作为储备军事后备力量的一个有效途径。我国院校数量多、生员规模大，从中储备军事后备力量更是我国的一大优势。搞好了学生军训，就等于为国家储备了一大批高质量的后备兵员和预备役军官。

对青年学生实施军事训练，是全面贯彻党中央关于加强素质教育的一项重要举措。军训不仅可以增强广大青年学生的体质，磨炼他们的意志，促进德、智、体、美、劳的全面发展，而且还能提高他们履行兵役义务的自觉性，进一步加深对党和军队的感情，增强对祖国和人民的忠诚度。这对巩固国防、加快经济建设都具有重大意义。

此外，《兵役法》还就军人的优抚和退出现役的安置以及惩处问题作了明确规定，这对于保障部队的稳定，加强军政、军民团结，使我国武装力量真正成为巩固无产阶级专政的坚强柱石和抵御外敌的钢铁长城都有着十分重要的意义。

（四）其他法规

除以上法律法规外，中华人民共和国立法机关、军事机关、行政机关，还先后制定了一系列国防和军事法规。如全国人大常委会颁布了《中国人民解放军军衔条例》《中国人民解放军军官服役条例》《民兵工作条例》等20多个法律法规；国务院和中央军委联合颁发了《征兵工作条例》等40多个单行法规；中央军委制定颁布了《纪律条令》《内务条令》《队列条令》等；各总部、各军兵种也相应制定和颁发了有关条令条例。总之，经过几十年的发展，我国的国防法制化建设已取得了巨大的成绩，初步形成了有中国特色的国防法律体系。这对我国国防的巩固，军队的革命化、现代化、正规化建设都起到了巨大的作用。

二、公民国防权利和义务

国防权利是指公民依照宪法和法律规定在维护国防利益方面所享有的权利。国防权利也是法律上的权利，是由国家法律所确认并由国家法律所保障实施某种行为的可能性。公民的国防义务是指公民依照宪法和法律规定，在维护国防利益方面应当履行的法律责任。国防义务是一种法定义务。

《国防法》颁布前，我国公民的国防权利和义务散见于我国宪法和其他法律规范之中。在宪法的基础上，《国防法》第一次对公民的国防权利和义务作了集中的、较为具体的规定。公民的国防权利和义务除具有一般法律权利与义务的广泛性、平等性、一致性、现实性的特点外，还有自身的特点：它以维护国防利益为核心，以国防义务为重心。

（一）公民的国防权利

根据《中华人民共和国国防法》（以下简称《国防法》）和《中华人民共和国兵役法》（以下简称《兵役法》）以及一些条例、条令的规定，公民的国防权利主要有：

1. 国防建设的建议权和对危害国防行为的制止和检举权

《国防法》第五十四条规定：公民和组织有对国防建设提出建议的权利，有对危害国防的行为进行制止或者检举的权利。

2. 依法取得补偿的权利

《国防法》第五十五条规定：公民和组织因国防建设和军事活动在经济上受到直接损失的，可以依照国家有关规定取得补偿。

3. 军人的优待、抚恤权和退役后的安置权

《国防法》第六十条规定：国家和社会优待现役军人。《兵役法》也明确规定，现役军人，革命残废军人，退出现役的军人，革命烈士家属，牺牲、病故军人家属，现役军人家属，应当受到社会的尊重，受到国家和人民群众的优待。现役军人牺牲、病故，由国家一次性发给其家属抚恤金。其家属无劳动能力或者无固定收入不能维持生活的，再由国家定期发给抚恤金。义务兵退出现役后，按照从哪里来回哪里去的原则，由原征集地县、自治县、市、市辖区的人民政府接收安置。

公民享有的国防权利具有可选择性，公民既有权自己作出或者不作出某种权利性行为，也有权要求他人作出或者不作出某种行为；既有权行使依法享有的国防权利，也有权放弃依法享有的国防权利。公民的国防权利受法律的严格保护，

凡侵犯公民国防权利的，均应承担相应的法律责任。

当然，没有无权利的义务，也没有无义务的权利。公民在享受权利的同时，也应承担相应的国防义务。

（二）公民的国防义务

宪法赋予了每个公民保卫祖国、抵抗侵略的神圣职责，这是一个总的要求，《国防法》对公民的国防义务作了进一步的规定，具体包括：

1. 履行兵役，支持民兵、预备役建设的义务

《国防法》第五十条规定：依照法律服兵役和参加民兵组织是中华人民共和国公民的光荣义务。第六十四条还规定：民兵、预备役人员和其他人员依法参加军事训练，担负战备勤务、防卫作战任务时，应当履行自己的职责和义务。《兵役法》第七条也规定：预备役人员必须按照规定参加军事训练，随时准备参军参战，保卫祖国。

2. 接受国防教育和支持人民军队建设的义务

《国防法》第五十二条规定：公民应当接受国防教育。第五十三条规定：公民和组织应当支持国防建设，为武装力量的军事训练、战备勤务、防卫作战等活动提供便利条件或者其他协助。

3. 保守国家军事机密及保护国防工程和设施的义务

《国防法》第五十二条规定：公民和组织应当遵守保密规定，不得泄露国防方面的国家秘密，不得非法持有国防方面的秘密文件、资料和其他秘密物品。公民和组织应当保护国防设施，不得破坏、危害国防设施。

另外，公民的国防义务还包括支前参战的义务，军民联防的义务，拥军优属的义务，发展生产、增强国家经济实力的义务等，这些都是公民应自觉履行的国防义务。每一个公民都应自觉做到在履行义务中争做模范，发扬中华民族的传统美德，不计较个人的利益得失，为国防事业作出自己的贡献。

》》 第三节 国防建设 《《

一、国防领导体制

国防体制是国家防卫机构的设置和管理权限划分的制度，主要包括国防领导体制、武装力量体制、国防经济体制、国防科学技术和武器装备发展管理体制、兵役制度、动员制度、国防教育制度以及国防法制等。体制问题十分重要，是方针政策顺利实施的重要保证。

中国现行的国防领导体制，是根据 1982 年通过的宪法确立起来的。根据《中华人民共和国宪法》和《中华人民共和国国防法》，中华人民共和国的国防领导权由中共中央、全国人民代表大会及其常务委员会、国家主席、国务院、中央军委来行使。中国国防建设取得的巨大成就和国防斗争取得的伟大胜利，充分说明这是适合中国国情、体现中国特色和优势的国防领导体制。

（一）中共中央的国防职权

国防职权就是国家领导机构有关国防方面的职能和权力。中国共产党是我国社会主义事业的领导核心，《中华人民共和国宪法》和《中华人民共和国国防法》都规定了中共中央在包括国防事务在内的国家生活中发挥着决定性的领导作用。《中华人民共和国国防法》规定："中华人民共和国的武装力量受中国共产党领导。"在中国，有关国防、战争和军队建设的重大问题，都由中共中央、中央军委、中央政治局及其常委会作出决策，通过必要的法定程序使之上升为党和国家的意志并在全国范围内统一贯彻执行。

（二）全国人民代表大会及其常务委员会的国防职权

全国人民代表大会是中华人民共和国最高权力机关，它在国防方面的职权主要有：决定战争与和平问题；制定有关国防方面的基本法律；选举中央军事委员会主席；根据中央军事委员会主席的提名，决定中央军事委员会其他组成人员，并有权罢免以上人员；审查和批准包括国防经费预算在内的国家预算和预算执行情况的报告；改变或者撤销全国人民代表大会常务委员会在国防方面的不适当决定以及应由全国人民代表大会行使的国防方面的其他职权。

作为全国人民代表大会的常设机构，全国人大常委会在国防方面的职权主要有：在全国人民代表大会闭会期间，如果遇到国家遭受武装侵犯或者必须履行国与国之间共同防止侵略的条约的情况，决定战争状态的宣布；决定全国总动员或局部动员；制定有关国防方面的法律；在全国人民代表大会闭会期间，审查和批准包括国防建设计划在内的国民经济和社会发展计划，包括国防经费预算在内的国家预算在执行过程中所必须作出的部分调整方案；监督中央军事委员会的工作；在全国人民代表大会闭会期间，根据中央军事委员会主席的提名，决定中央军事委员会其他组成人员的人选；根据最高人民法院院长和最高人民检察院检察长的提名，任免军事法院院长和军事检察院检察长；决定同外国缔结的有关国防方面的条约和重要协定的批准和废除；规定军人的衔级制度；规定和决定授予在国防方面国家的勋章和荣誉称号；全国人民代表大会授予的国防方面的其他职权。

（三）国家主席在国防方面的职权

中华人民共和国主席在国防方面的职权主要有：根据全国人民代表大会的决定和全国人民代表大会常务委员会的决定，宣布战争状态；根据全国人民代表大会的决定和全国人民代表大会常务委员会的决定，发布动员令；颁发全国人民代表大会及其常务委员会制定的有关国防方面的法律；根据全国人民代表大会常务委员会的决定，授予在国防方面国家的勋章和荣誉称号；根据全国人民代表大会常务委员会的决定，批准和废除同外国缔结的有关国防方面的条约和重要协定。

（四）国务院在国防方面的职权

中华人民共和国国务院是最高权力机关的执行机关和国家的最高行政机关，它在国防事务方面的职权是领导和管理国家的国防建设，包括：编制国防建设发展规划和计划；制定国防建设方面的方针、政策和行政法规；领导和管理国防科研生产；管理国防经费和国防资产；领导和管理国民经济动员工作和人民武装动员、人民防空、国防交通等方面的有关工作；领导和管理拥军优属工作和退出现役军人的安置工作；领导国防教育工作；与中央军事委员会共同领导中国人民武装警察部队、民兵的建设和征兵、预备役工作以及边防、海防、空防的管理工作；法律规定的与国防建设有关的其他职权。

（五）中央军事委员会在国防方面的职权

中央军事委员会实行中国共产党中央军事委员会和中华人民共和国中央军事委员会"两块牌子、一套班子"的领导体制。它们实际上是一个机构，组成人员对军队的领导职能完全一致，只是在党内和国家机构内同时有两个地位。这样的领导体制是为了保证党对军队的绝对领导，便于运用国家机器，加强军队各方面的工作，加强军队的革命化、现代化、正规化的建设。中国国防领导体制的突出特点，就是国防领导权集中在中共中央，国防建设和国防斗争的大政方针由中共中央制定，武装力量的最高领导权属于中共中央。

中央军事委员会是党和国家的最高军事机关，统领全国武装力量，负责党和国家的最高军事决策和军事指挥，根据党的路线、方针、政策和国家的安全与发展的需要，确定军事战略，领导军事建设。其职权主要包括：统一指挥全国武装力量；决定军事战略和武装力量的作战方针；领导和管理中国人民解放军的建设，制订规划、计划并组织实施；向全国人民代表大会或者全国人民代表大会常务委员会提出议案；根据宪法和法律，制定军事法规，发布决定和命令；决定中国人民解放军的体制和编制，规定总部以及军区、军兵种和其他军区级单位的任务和职责；依照法律、军事法规和规定，任免、培训、考核和奖惩武装力量成员；批准武装力量的武器装备体制和武器装备发展规划、计划，协同国务院领导和管理国防科研生产；会同国务院管理国防经费和国防资产；法律规定的其他职权。

中央军事委员会实行主席负责制，中央军委主席实际上为全国武装力量的统帅。中央军委组成人员为：中央军委主席、副主席若干人、委员若干人。

中央军委由原来的四总部领导陆军的七大军区和海军、空军及第二炮兵的体制调整为中央军委领导的 7 个部（厅）、3 个委员会和 5 个直属机构领导全国的武装力量的体制。7 个部（厅）分别是军委办公厅、军委联合参谋部、军委政治工作部、军委后勤保障部、军委装备发展部、军委训练管理部和国防动员部；3 个委员会分别是军委纪律检查委员会、军委政法委员会和军委科学技术委员会；5 个直属机构分别是军委战略规划办公室、军委改革和编制办公室、军委国际军事合作办公室、军委审计署和军委机关事务管理总局。军兵种由原来的陆、海、空三军和第二炮兵调整为陆、海、空三军和火箭军、战略支援部队五大军种；撤销七大军区，设立东部、西部、南部、北部和中部五大战区，形成军委管总、军种主建、战区主战的国防领导体制。

二、国防建设成就

新中国成立以来，在毛泽东关于建设现代化革命武装力量的战略思想和邓小平关于新时期军队建设思想以及江泽民同志关于军事建设的一系列论述的指引下，我国国防实力不断得到加强，国防现代化建设有了突破性的进展，取得了一系列重大成就。主要体现在：

（一）人民解放军的革命化、现代化、正规化建设不断取得新进展

新中国成立后，在党中央、国务院和中央军委的领导下，人民解放军队伍由小变大，由弱变强，革命化、现代化、正规化建设不断取得新进展，具体体现在：

1. 军队体制向精兵、合成、高效迈进

由于长期的战火纷飞，中国人民解放军的规模不断发展、壮大。改革开放前，尽管中国军队也曾进行了五次大规模的精简，但长期的临战状态还是导致军队规模长期处于较大的水平。20 世纪 80 年代后，国内外形势都发生了很大变化，针对这一现实，中国适时调整了军队建设的指导思想，军队建设由过去的临战状态转到和平时期的正常建设状态。于是，军队的精简整编便提上了议事日程。1985 年、1997 年和 2005 年，中国政府三次作出了大规模裁军的战略决策，数量

分别为 100 万、50 万和 20 万。经过精简整编后，人民解放军规模减小，总员额保持在 230 万以内，合成度显著提高，人员和机构更加精干，编制体制更加科学合理，现代化条件下的整体威力和独立作战能力显著提高。这标志着人民解放军的革命化、正规化、现代化建设进入一个崭新的阶段。

2. 军事训练逐步实现科学化、现代化、多样化

和平建设时期，军队的战斗力主要靠平时的训练来保障和提高。新中国成立后，遵照党中央、中央军委的指示，中国人民解放军一直把军事训练作为经常性的中心工作，常抓不懈，持之以恒，掀起了一次又一次的训练高潮。20 世纪 50 年代开始实施全面的正规化训练；60 年代又大搞群众性的练兵比武活动；70 年代，我军恢复了一度因"文革"而中断的军事训练，重点开展以打坦克、打飞机、打空降和防原子、防化学、防生物武器为主的"三打""三防"训练。这些训练都取得了丰硕的成果，对巩固我国国防起到了积极的作用。

20 世纪 80 年代以来，随着军队建设指导思想的战略性转变，中国人民解放军在加强诸军兵种合成训练的同时，还对部队的训练体制、训练内容和训练手段进行了大刀阔斧的改革。在训练体制上，改变过去低水平重复训练的旧方法，转而按照先训后补的原则，组织实施对新兵和骨干的训练；在训练内容上，根据世界军事发展的最新动向，重点突出新"三打""三防"的训练；在训练手段上，随着国防现代化的不断推进，训练手段日益现代化和贴近实战。此外，部队还陆续引进了一大批高科技训练器材。

3. 武器装备日益现代化

武器装备现代化是军队现代化的重要标志。新中国成立前，人民军队的装备基本上是"小米加步枪"。新中国成立初期，中国人民解放军的武器装备虽有一定改善，但总体陈旧落后且品种复杂，是名副其实的"万国牌"。新中国成立后，在党中央和中央军委的领导下，我国从仿制起步，很快就实现了武器装备的制式化。随后，我国又加大自行研制的力度，在较短时期内实现了武器装备的国产化。改革开放以来，随着国民经济的发展和国防工业的加强，我军武器装备的现代化水平有了新的提高。

目前，在常规武器方面，陆军已装备了多种新轻武器和大口径火炮、战役战术导弹、坦克、步兵战车、装甲运输车和武装直升机；海军装备了新一代的国产导弹驱逐舰、导弹护卫舰、导弹快艇、登陆舰、综合补给舰、猎潜舰、扫雷舰和常规潜艇。这些舰艇不仅数量比过去有了大规模的增加，而且质量也有了质的飞跃，军舰的大型化、导弹化、电子化、自动化取得了长足的发展。2012 年 9 月 25 日，中国第一艘航空母舰"辽宁号"正式入列，这标志着人民海军的装备水平达到了一个新的高度。空军装备了歼击机、轰炸机、强击机、侦察机、运输

机、空中加油机和预警机。从数量上讲，中国空军的作战飞机已居世界第三位；从质量上讲，近年空军陆续装备了一批国产和引进的具有世界先进水平的第三代战斗机，具有世界先进水平的第四代战机也正在顺利研制中，人民空军正在从国土防空型的战术空军向攻防兼备型的战略空军转变。在战略武器方面，第二炮兵装备了多种型号战略导弹，射程从数百千米至一万多千米，威力从几十万吨到数百万吨 TNT 当量。这些导弹既可固定发射，又能机动发射，具有较强的生存能力。除第二炮兵的战略导弹以外，我国空军和海军装备的战略轰炸机和核潜艇也能执行战略任务，这三位一体的综合核打击能力共同构建了我国有效的核威慑机制。

4. 军队干部队伍日益年轻化、知识化、专业化

创办军事院校培养人才，是人民解放军现代化、正规化建设中必不可少的条件。说到底，决定战争胜负的主要因素还是人，因此，国防现代化建设离不开一支高素质的干部队伍。人民军队自创立以来，一直高度重视军队干部队伍的培养。新中国成立之后，人民解放军的建设进入一个新的历史时期，为适应军队革命化、现代化、正规化建设对知识和人才的需求，各类专业军事院校纷纷建立，一大批有知识、有文化且年富力强的同志充实了部队力量。十一届三中全会后，我国重新确立了通过军事院校培养军官的体制，一批在"文革"中被停办的军事院校也纷纷恢复。在新的历史时期，军委更是提出"要把教育训练提高到战略地位"。在这一思想的指导下，我军军事院校的办学质量和办学层次明显提高，一批又一批适应现代化战争需要的各级指挥人才和各类专业技术人才脱颖而出。近年来，我军还加强了军事院校教育改革，初步构建起适应军队现代化建设的新的学科专业体系。同时，人民军队还拓宽了人才的培养渠道，开始依托地方院校培养军队急需的人才。目前，全军已经建立了军官初、中、高三级培训体制和专业技术军官中专、大专、本科、硕士研究生和博士研究生五个培养层次的培训体系，全军干部经院校培训的占 80% 以上，而且基本实现了年轻化。

另外，中国人民解放军还实行了军衔制。军衔不仅能标示军队上下级军官身份和指挥关系，而且能清楚地区分各军兵种部队，因此，军衔制是军队正规化、现代化建设的一个重要体现。1955 年，中国人民解放军第一次实行军衔制，但在 1965 年因"左"的影响被取消。1988 年，中国颁布军衔条例，重新恢复了军衔制，1992 年又对它作了进一步的完善。军衔制的实施和重新恢复，对我军的正规化、现代化建设起到了积极的推动作用。

（二）国防工业和国防科研取得新的突破

国防工业和国防科研是衡量一个国家综合国力的重要标志之一，也是国防现

代化的一个重要方面。中国的国防工业和国防科研是在新中国成立不久开始进行的，经过近几十年的发展，现已经形成一个功能齐全、设施配套的庞大产业体系和一个门类比较齐全，具有一定教学、科研、试制和生产能力的国防科研体系。半个多世纪以来，我国国防工业和国防科研取得的重大成就主要表现在：建成了一批包括兵器、航空、船舶、电子等在内的军工骨干企业和国防科研、生产、测试基地，形成了自己的国防体系；研制出大批性能达到或接近世界先进水平的常规武器，并独立研制了包括"两弹"和近、中、远程以及洲际导弹在内的战略武器；培养锻炼了一支高素质的国防科研队伍，并取得了一大批具有国内或国际先进水平的科研成果和重大发明；军工企业的战略改组初见成效，军转民事业迈出坚实步伐。

（三）建立了完善的国防动员体制

国防动员，是指国家采取紧急措施，由平时状态转入战时状态，统一全国的人力、物力、财力为战争服务。国防动员一般分为局部动员和全国总动员。和平时期，国防动员是国防建设的重要组成部分；战争时期，国防动员又称战争动员，其目的是将国家全部或局部从平时状态转为战争状态，以满足战争需求，实现战略目标。

国防动员体制，是指国家为进行战争动员而建立的各种组织、制度的体系，主要包括机构设置、隶属关系、权限划分以及相应的法规、制度等。新中国成立以来，我国在完善国防动员体制方面取得了巨大的成就。

1. 国防动员机构不断完善

在中共中央和中央军委的统一领导下，中央军委下设国防动员部，负责指导协调全国的后备力量建设和动员工作。国务院部分部委和省、市、自治区设有动员机构。政府有关部门和军队系统的动员机构，负责国民经济动员、兵员动员、后勤动员、人民防空动员、交通运输动员和政治动员等领导与协调工作。这些动员机构的建立，为战时动员的顺利开展奠定了良好的基础。

2. 建设了强大的后备力量

民兵和预备役建设是我国国防建设的一项重要任务。党的十一届三中全会以来，国家重新恢复预备役，实行民兵和预备役相结合的制度。现在的民兵队伍，组织更加精干，整体素质明显提高，已由单一的步兵发展成为包括高炮、地炮、通信、工兵、防化、侦察以及海、空等专业技术在内的强大的群众武装力量。民兵的军事训练也不断规范化、制度化，实现了训练形式基地化、训练内容一体化、训练手段电教化、训练管理制度化，进一步提高了民兵的军事素质。另外，高等院校和高级中学的学生军训工作和预备役工作也逐步开展。总之，经过努力，我国后备力量在军政素质、动员速度、反应能力等方面都达到了较高的水平。

3. 大力加强民防建设

从 20 世纪 60 年代起，我国开展了大规模的民防工程建设，经过几十年的努力，一大批能适应现代战争需要的民防工程相继建成。这些工程不仅规模大、数量多、范围广，具有在核战争条件下保护相当大比例城市人口的潜力，而且还具有很强的机动性。我国的大部分城市和一些地区，构筑的地道四通八达，对战时紧急疏散人口、防空、防炮和防核、化、生武器，保护重要设施和目标以及指挥、供给等，都将起到重要作用。

在进行民防工程建设的同时，我国还加强了民防队伍建设，大量吸收有文化、热心民防事业的青年投身民防事业，注重建立健全民防组织机构，并广泛地利用多种形式，结合防护知识等进行国防教育，使人民群众学会和掌握防空，防炮，防核、化、生武器袭击的常识和自救互救等技术，为应付突发情况做好充分准备。

另外，在完善国防动员体制方面，国家在物力、财力的动员上也采取了许多措施，保证一旦发生战争，能很快由平时状态转为战时状态。

三、国防建设目标和政策

我国是中国共产党领导下的社会主义国家，中国的国家利益和无产阶级的阶级利益、中华民族的民族利益以及世界人民的根本利益高度一致。在对外交往中，新中国一贯奉行独立自主的和平外交政策，因此，我国的国防完全是属于自卫型国防。

（一）中国的国防建设目标

国防建设目标是指在一个固定的时期内，根据国际形势、周边环境以及国内条件的发展趋势，在已有国防建设的基础上，运用国家的各种条件和力量，在国防建设上所要达到的预期目的和结果。国防建设目标是国家总的建设目标在国防领域的反映。现阶段，我国人民的奋斗目标是在 21 世纪中叶基本实现工业、农业、科技和国防现代化。因此，我国国防建设的目标应该是，在 21 世纪中叶，基本实现国防现代化。

实现国防现代化这一目标和我国宪法以及国防法对国防建设的要求是一致的。《中华人民共和国宪法》明确规定，国防现代化是国家的根本任务之一。《国防法》在第三条中也对国防建设的总目标作了具体的规定："国防是国家生存与发展的安全保障。国家加强武装力量建设和边防、海防、空防建设，发展国防科研生产，普及全民国防教育，完善动员体制，实现国防现代化。"

国防建设总目标是由不同层次的分目标构成的，而国防建设的分目标又是由国防建设的若干要素构成的。根据这些要素，我国国防现代化建设的总目标可以细化为：

1. 武装力量建设的现代化

要求把人民解放军、人民武装警察部队和民兵建设成为具有现代装备、现代思想素质、现代指挥与管理体制等能够适应现代国防需要的国家武装力量。

2. 武器装备的现代化

要求中国在武器的研制、生产和装备方面，瞄准世界先进水平迎头赶上，达到或接近发达国家的装备水平。

3. 国防科研生产的现代化

在国防科研生产方面，要有现代化的科研体制、研究手段、管理方式，以及现代化的生产结构、生产组织、生产工具和劳动方式等。

4. 国防教育的现代化

要求建立现代国家的国防教育方式，在全国范围内进行现代化的国防理论教育、国防知识教育、国防实践教育，用现代化的国防知识武装全国人民，用爱国主义、革命英雄主义塑造全军指战员和人民群众。

5. 国防动员体制的现代化

要求建立现代国家进行战争动员的法律制度。

6. 国防经济的现代化

国防现代化离不开强大的国防经济，只有国防经济先实现了现代化，才能为国防现代化提供最强有力的物质保证。

7. 国防建设法制化

现代化的国防要求国防建设必须走法制化的轨道，做到国防建设有法可依、有法必依、执法必严、违法必究。

另外，边防、海防、空防建设以及国防设施的现代化也是国防现代化的重要内容，只有当国家在边防、海防和空防建设方面以及国防设施方面都达到或接近发达国家的水平，国防现代化才能真正落到实处。

（二）中国的国防政策

一国的国防政策主要是由该国的国家性质和对外政策的目标决定的。中华人民共和国是中国共产党领导下的社会主义国家，人民民主专政的国家性质决定了中国只能实行独立自主的和平外交政策。新中国成立以来，中国一直把维护世界和平、促进人类发展作为自己的奋斗目标，并为此进行了不懈的努力。在对外政策方面，中国一再宣称，中国永不称霸，现在不称霸，将来强大了也不称霸，不做超级大国，不侵略别国。

中国的国防政策是巩固国防抵御外敌侵略，捍卫国家领土、领空、领海主权和海洋权益，维护国家统一和安全的准则。此政策强调国防建设要服从和服务于国家经济建设，增强国家的综合国力，逐步提高军队的防卫作战能力，加强质量建设，走有中国特色的精兵之路。重点是发展国防科学技术，加强军队现代化建设，加强后备力量建设，逐步增强国防实力和潜力；坚持平战结合、军民结合的方针，在独立自主、自力更生的原则下，有重点、有选择地引进国外一些先进技术；努力发展与各国军队的友好关系，通过加强国防科学技术和军事学术等方面的交流，不断增强彼此之间的了解和友谊。

中国政府坚定不移地奉行防御性的国防政策。《中华人民共和国宪法》明确规定，中华人民共和国武装力量的任务是巩固国防，抵抗侵略，保卫祖国，保卫人民的和平劳动，参加国家建设事业，努力为人民服务。中国的国家利益、社会制度、对外政策和历史文化传统，决定了中国必然实行防御性的国防政策。

中国始终把维护国家的主权、统一、领土完整和安全放在第一位。近代以来，中华民族屡遭帝国主义列强的侵略、压迫和欺凌。中国人民经过长期的英勇斗争，才取得国家独立和民族的解放，因而极为珍惜来之不易的独立自主权利。保卫祖国、抵抗侵略、维护统一、反对分裂，是中国国防政策的出发点和立足点。目前，中国正处在社会主义初级阶段，国家的根本任务是集中力量进行社会主义现代化建设，国防建设必须服从和服务于国家的经济建设大局。

中国的发展需要一个长期的国际和平环境，特别是良好的周边环境。中国始终不渝地奉行独立自主的和平外交政策，主张从中国人民和世界人民的根本利益出发来处理国际事务，不与任何大国和国家集团结盟；主张通过和平协商解决国家间存在的纠纷和争端，反对诉诸武力或者以武力相威胁，反对霸权主义和强权政治；主张在和平共处五项原则的基础上，建立公正合理的国际政治经济新秩序，同所有的国家发展友好合作关系，中国永远是维护世界和平和地区稳定的重要力量，中国即使将来强大了，也不走对外侵略扩张的道路。

中国坚定不移地实行防御性的国防战略也是由中华民族的文化传统决定的。中国是一个具有五千年文明历史的国家，有着爱好和平的传统。"亲仁善邻"的思想反映了自古以来，中国人民就希望天下太平，同各国人民友好相处。这种思想表现在军事上，就是主张用非军事的手段来解决争端，慎重对待战争和在战略上后发制人。在几千年的历史进程中，爱和平，重防御，求统一，促进民族团结，共御外侮，始终是中国国防观念的主题。新中国的国防观念，继承和发扬了中国优良的历史文化传统。

中国拥有少量核武器完全是出于自卫的需要。中国承诺不首先使用核武器，不对无核国家使用或威胁使用核武器，中国不参加核军备竞赛，也不在国外部署核武器。中国保持精干有效的核反击力量，是为了遏制他国对中国可能的核攻击，任何此种行为都将导致中国的报复性核反击。中国核武器的数量一直维持在较低水平，其规模、结构组成和发展与中国的积极防御军事战略方针相一致。中国的核武装力量直接由中央军事委员会指挥。中国对核武器的管理采取极为慎重、负责的态度，建立了严格的规章制度和防范措施，确保核武器的安全可靠。

≫≫ 第四节　武装力量 ≪≪

一、中国人民解放军

武装力量是国家各种武装组织的统称。我国的《兵役法》规定，中华人民共和国武装力量由中国人民解放军现役部队和预备役部队、中国人民武装警察部队及民兵组成。中华人民共和国武装力量属于人民，受中国共产党领导，武装力量中的中国共产党组织依照中国共产党章程进行活动。中华人民共和国武装力量的任务是巩固国防，抵抗侵略，保卫祖国，保卫人民的和平劳动，参加国家建设事业，全心全意为人民服务。

中国人民解放军现役部队是国家的常备军，主要担负防卫作战任务，必要时可以依照法律规定协助维持社会秩序。预备役部队平时按照规定进行训练，必要时可以依照法律规定协助维护社会秩序，战时根据国家发布的动员令转为现役部队。

（一）中国人民解放军现役部队

1. 中国人民解放军的现状

中国人民解放军是我国武装力量的主体，它诞生于 1927 年 8 月 1 日南昌起义的战火中，经过几十年的建设，现已发展成为拥有陆军、海军、空军、火箭军和战略支援部队的多军种合成部队。

（1）中国人民解放军陆军。

陆军是在陆地上作战的军种，它既能独立作战，又能和海军、空军协同作战。经过 80 多年的建设，我国的陆军现已发展成为一支具有强大火力、突击力和高度机动能力的诸兵种合成军种，编有步兵、炮兵、装甲兵、工程兵、通信兵、防化兵等专业兵种，还编有电子对抗、测绘和航空兵部队。

中国人民解放军陆军的基本组织层次为：集团军、师（旅）、团、营、连、排、班。团以上大多采用合成编组，如集团军通常辖若干个步兵师（旅）及装甲（坦克）师（旅）、炮兵旅、防空旅、直升机大队、工兵团、通信团及各种保障部（分）队等。陆军按任务还划分为野战部队、边防部队、警卫警备部队等。

中国人民解放军陆军未设置独立的领导机关，由总部有关部门行使领导职能。集团军至团的各级领导机关通常设置司令部、政治部（处）、后勤部（处）、装备部（处）。

（2）中国人民解放军海军。

海军是以水面舰艇部队为主体，具有在水面、水下和空中作战的能力，既能单独在海上作战，又能协同陆军、空军作战。1949 年 4 月 23 日中国人民解放军海军诞生于江苏泰州白马庙，经过 60 多年的发展，现已成为一支由水面舰艇部队、岸防部队、潜艇部队、海军陆战队和海军航空兵组成的初具现代化作战能力的海上防御力量。现编为北海、东海、南海三个舰队和海军航空兵部，以及各类院校、科研、试验机构、预备役部队和军民联防单位。海军的主要任务是独立或协同陆军、空军防御敌人从海上入侵，保卫领海主权，维护海洋权益。

中国人民解放军海军编制序列是：海军、舰队、航空兵部、基地、水警区、舰艇支队、舰艇大队、舰艇中队。

中国人民解放军海军领导机关设有司令部、政治部、后勤部、装备部，下辖北海、东海、南海舰队和海军航空兵部，各舰队辖基地、舰艇支队、水警区等。

（3）中国人民解放军空军。

空军是以航空兵为主体，空防合一，以航空空间为主战场的军种。空军是空中作战和对空防御的主要力量，在现代战争中，空军正发挥着越来越重要的作用。中国人民解放军空军成立于 1949 年 11 月 11 日，经过 60 多年的发展，现已成为一支由航空兵、地空导弹兵、高射炮兵、雷达兵、空降兵、电子对抗兵、气象兵等多兵种合成，由歼击机、强击机、轰炸机、运输机等多机种组成的现代化的高技术军种。其主要任务是担负国土防空，支援陆、海军作战，对敌后方实施空袭，进行空运和航空侦察。

中国人民解放军空军的编制序列是：空军、军区空军、空军军、师（旅）、团、飞行大队（营）、飞行中队（连）。

中国人民解放军空军领导机关设有司令部、政治部、后勤部、装备部。其下的基本组织层次为：军区空军、空军军（基地）、师（旅）、团（站）、大队（营）、中队（连）。军区空军根据任务辖一至数个空军军（基地）或航空兵师，一至数个防空混成师、地空导弹师（旅、团）、雷达旅（团）或高炮旅（团）。空军军（基地）下辖数个航空兵师及必要的战斗保障、勤务保障部（分）队。

（4）火箭军。

中国人民解放军火箭军，成立于 2015 年 12 月 31 日，前身为第二炮兵。不但拥有原来第二炮兵的战略导弹部队，而且还有先进的战术常规导弹部队。火箭军是我国战略威慑的核心力量，是我国大国地位的战略支撑，是维护国家安全的重要基石。

2. 中国人民解放军的组织体制

按照基本组织结构，中国人民解放军现役部队的组织体制是中央军委领导下的军种主建、战区主战的新体制，着力构建"军委——军种——部队"的领导管理体系和"军委——战区——部队"的作战指挥体系。

（1）军种体制。

在军兵种体制上，中国人民解放军由陆军、海军、空军、火箭军和战略支援部队五大军种组成。陆军由步兵、炮兵、装甲兵、工程兵、通信兵、防化兵、陆军航空兵等兵种组成；海军由水面舰艇部队、潜艇部队、航空兵部队、岸防部队和海军陆战队组成；空军由航空兵、地空导弹与高射炮兵、雷达兵、空降兵等兵种和专业技术部队组成；火箭军由第二炮兵更名而来，第二炮兵成立于 1966 年 7 月，是中国的战略导弹和核力量部队，于 2015 年 12 月 31 日更名火箭军，由战略导弹部队、常规导弹部队和专业技术部队组成，是中国大国地位的战略支撑，是维护国家安全的重要基石；战略支援部队是中国人民解放军的新军种，2015 年 12 月 31 日成立，主要担负包括情报、技术侦察、电子对抗、网络攻防、心理战等领域的作战任务。

（2）战区体制。

2015 年 11 月 24 日，中央军委召开改革工作会议，部署深化国防和军队改革任务，对领导管理体制和联合作战指挥体制进行一体设计，改革军委总部体制、实行军委多部门制，取消军区体制，调整划设战区、组建战区联合作战指挥机构，2016 年 2 月 1 日，中国人民解放军战区成立大会在北京举行，共设立东部、南部、西部、北部、中部五大战区。

东部战区与原南京军区辖区相同，加上军区内的东海舰队、空军、火箭军、武警，司令部驻南京，负责领导和指挥江苏、福建、浙江、上海、安徽、江西的所属武装力量。

南部战区包括原广州军区（除湖北省外）和原成都军区的云南、贵州两省及辖区内的南海舰队、空军、火箭军、武警，司令部驻广州，负责领导和指挥广东、广西、湖南、云南、贵州、海南的所属武装力量及解放军驻港、澳部队。

西部战区由原成都军区（除云南、贵州两省外）和兰州军区（除陕西省外）合并而成，包括辖区内的空军、火箭军、武警，司令部驻成都，负责领导和指挥四川、重庆、甘肃、宁夏、青海、新疆、西藏的所属武装力量。

北部战区包括原沈阳军区辖区与原济南军区的山东和原北京军区的内蒙古自治区再加上北海舰队及辖区内的空军、火箭军、武警，司令部驻沈阳，负责领导和指挥辽宁、山东、黑龙江、吉林、内蒙古的所属武装力量。

中部战区包括原北京军区（除内蒙古外），加上原属济南军区的河南、原属兰州军区的陕西和原属广州军区的湖北，负责领导和指挥北京、河北、天津、河南、山西、陕西、湖北的所属武装力量。

五大战区的设立把陆军、海军、空军和火箭军等整合在一起，构建军队联合作战体系，实现跨区兵种在战区内的垂直和多相的指挥和联合协同的作战，增加机动力和联合指挥作战的能力，使中国人民解放军变成一支专业化武装部队。

（二）中国人民解放军预备役部队

预备役部队，就是以现役军人为骨干，以预备役军官和士兵为基础编组起来的武装组织，是我军后备力量的重要组成部分，是战时实施快速动员的重要组织形式。组建预备役部队，是实施建制快速动员的好形式，是提高储备质量的好办法，是节约军费开支、加强国防建设的好措施。

1983 年，我国正式组建预备役部队并将其列入中国人民解放军编制序列，授予番号和军旗。预备役部队按师、团、营、连、排、班编成，目前编有步兵、炮兵、工程兵、通信兵等兵种。预备役部队的主要干部为现役军人，其余则是地方干部、退伍军人、基干民兵和经过登记的预备役人员。预备役部队的军事训练，按照训练大纲的规定进行，武器装备与现役部队的相应各兵种大体相同。

预备役部队的基本任务是：努力提高军政素质，不断增强现代条件下快速动员和作战的能力；切实做好战时动员的各项准备，根据上级命令，随时转为现役部队，执行作战任务；积极参加社会主义现代化建设，在物质文明和精神文明建设中发挥骨干带头作用。

二、中国人民武装警察部队

中国人民武装警察部队，是中华人民共和国武装力量的重要组成部分，受中共中央、国务院和中央军委的统一领导，担负国家赋予的安全保卫任务，维护社会秩序。

1983 年，在党中央的决定下，中国人民武装警察部队重新组建。现在，纳入武警序列的部队有武警内卫部队、武警边防部队、武警消防部队、武警警卫部队、武警黄金部队、武警水电部队、武警交通部队以及武警森林部队。

武警总部是中国人民武装警察部队的最高统帅机关，成立于 1983 年 4 月。

机关设司令部、政治部、后勤部等机构，下辖若干个总队、专业部队指挥部和武警院校等。其主要任务是：宣传、执行党的路线、方针、政策和国家的法律；贯彻执行党中央、国务院、中央军委关于武警部队建设的方针、原则和指示；组织领导教育训练；办好院校，为部队培养合格的干部；领导部队搞好党的建设，做好思想政治工作，全面加强部队建设，完成党中央、国务院、中央军委赋予的一切任务。

武警总部所属部队通常采用武警总队、支队、大队和中队的编制序列。各省、自治区和直辖市设立人民武装警察总队，隶属于武警总部，同时受省、自治区、直辖市公安厅（局）领导。总队下辖若干个直属支队和各地区（自治州、市）支队。各地区（自治州、市）的武警支队隶属于武警总队，同时接受所在地区公安处（局）的领导。支队下辖若干个大队，各县、旗、县级市设武警大队或中队，大队为营级，中队为连级，隶属于支队。中队是武警部队的基层单位，以执勤为中心任务。

武警内卫部队，主要担负警卫党政机关和外国使（领）馆，守卫机场、电台、工厂、仓库、科研机构，守护重要桥梁、隧道，看守和押解罪犯，追捕逃犯，对大中城市特定地区实施治安巡查警戒，应对各种紧急重大事件，直接受武警总部领导，省以下设总队、支队、大队、中队。

武警边防部队，主要担负边防巡逻警戒、边境社会治安和边防口岸、机场、国际列车出入境人员的检查，以及海上巡逻等重要任务。目前此部队受武警总部和公安部门双重领导，有关部队的军事、政治、后勤工作接受武警总部的指导。武警边防部队在公安部设边防局，省以下设总队、支队、边防大队、边警队，在国家开放口岸设边防检查站，民航机场设安全检查站，海防地区设边防派出所、边防工作站、公安检查站。

武警警卫部队，主要担负国家领导人，重要外宾及重大政治活动的警卫任务。这支部队受武警总部和公安部门双重领导，有关部队的军事、政治和后勤工作接受武警总部的指导。警卫部队设警卫局，省以下设警卫处，地、市设警卫科（处），并设直属警卫队。

武警消防部队，主要担负消防监督和火灾扑救任务。接受武警总部和公安部门的双重领导，有关部队的军事、政治和后勤工作接受武警总部的指导。武警消防部队设消防局，省以下设总队、支队、大队、中队，按"统一规划，分级管理，分级指挥"的原则，在各级公安机关领导下开展工作。

武警水电部队，主要担负国家艰苦边远地区的水电建设重点工程的施工任务。在业务方面分别归公安部门和能源部门领导，有关部队军事、政治和后勤工作接受武警总部的指导。设中国人民武装警察总部水电指挥部，下辖总队、支队、营、连、排、班，还有水电学校、水电工程指挥所等。除水电施工任务外，武警水电部队还进行一些军事训练，并协同维护社会治安，战时可作为后备军事力量。

武警黄金部队，主要担负国家的黄金地质勘探、生产、基建和部分群众采金管理任务，属于专业化经济建设部队。它实行部队的军事建制，业务上分别归公安部门和冶金部门领导，有关军事、政治和后勤方面的工作接受武警总部的指导。设武警黄金指挥部，下辖总队、支队、营、连。这支部队除平时担负施工任务外，还要进行必要的军事训练，协同维护社会治安，在战争情况下，可作为后备军事力量。

武警交通部队，主要担负国家交通重点项目的建设任务。同时，也进行必要的军事训练，担负维护社会治安的任务。业务上归公安部门和交通部门领导，有关部队军事、政治和后勤方面的工作接受武警总部的指导。设武警交通指挥部，下辖总队、支队、营、连、排、班。战时可作为后备军事力量。

武警森林部队，主要担负森林和草原的安全防火任务。在业务上归公安部门和林业部门领导，有关部队的军事、政治和后勤方面的工作接受武警总部的指导。省设总队，下辖支队、大队、中队。

武装警察部队的主要装备包括自卫防护器具、非致命性防暴武器、致命性攻击武器、交通工具和特殊用途的装备。

三、中国民兵

我国民兵初建于第一次国内革命战争时期。革命战争年代，民兵为民族的解放、为赶走日本侵略者、为新中国的建立作出了巨大的贡献。

（一）民兵的重要作用

中国的民兵在革命战争年代创建和发展起来，并经历了战争的考验。在长期的革命战争中，民兵积极配合正规军英勇作战，深入敌后开展各种形式的游击战争，组织和发动群众做好后勤供给，支援前线杀敌，为夺取全国的胜利建立了不朽的功勋。新中国成立后，中国民兵在建设祖国、保卫祖国中发挥了巨大的作用。对我国来说，民兵将始终是我们反击侵略的重要基础。

（二）民兵的主要任务

民兵是不脱离生产的群众武装组织，是我国武装力量的重要组成部分，是人民解放军的助手和后备力量，是进行人民战争的基础。坚持传统的民兵制度，是我国的一项基本国策。我国《国防法》规定："民兵在军事机关的指挥下，担负战备勤务、防卫作战任务，协助维护社会治安。"中国民兵的任务主要体现在三个方面：积极参加社会主义现代化建设，带头完成生产任务；担负战备勤务，保卫边疆，维护社会治安；随时准备参军作战，抵抗侵略，保卫祖国。

（三）民兵制度

民兵区分为基干民兵和普通民兵。28 岁以下退出现役的士兵和经过军事训练的人员，以及选定参加军事训练的人员编入基干民兵组织。其余 18～35 岁符合服兵役条件的男性公民，编入普通民兵组织。女民兵只编入基干民兵，人数控制在适当的比例内。陆海边疆、少数民族地区和城市有特殊情况的单位，基干民兵的年龄可适当放宽。民兵必须是身体素质良好、政治思想可靠的人员。《兵役法》规定，实行民兵与预备役相结合的制度。一是规定基干民兵为一类预备役，普通民兵为二类预备役；二是把参加民兵组织和服预备役年龄、政治、身体条件统一起来；三是在有民兵组织的地方，在基层工作上把两者结合起来，使基层民兵组织成为预备役的基本组织形式。对未编入民兵组织但符合民兵条件的，进行预备役登记。

（四）民兵组织和加入民兵的条件

1. 民兵组织

民兵组织是民兵工作的基层领导单位。《兵役法》规定，乡、民族乡、镇和企业事业单位建立民兵组织。民兵组织的建制依班、排、连、营、团编成，基干民兵、普通民兵，男民兵、女民兵，应分别编组。行政村一般编民兵连（营），领导本村的基干民兵和普通民兵。县、乡（镇）所属企业单位，凡人员比较稳定，行政、党团组织比较健全，可建立民兵组织，属乡（镇）武装部直接领导。乡镇编基干民兵营或连，领导全乡的基干民兵。城市民兵的编组，大型厂矿企业可以车间、分厂为单位编组，中小企业可实行跨车间、班组编组。

2. 参加民兵的条件

凡 18～35 岁符合服兵役条件的男性公民，除应征服现役的以外，都可参加民兵组织服预备役。民兵干部的年龄可以适当放宽。民兵分为基干民兵和普通民兵。28 岁以下的退出现役的士兵和经过军事训练的人员，以及选定参加军事训练的人员，编为基干民兵；其余 18～35 岁符合服兵役条件的男性公民，编为普通民兵。根据需要，吸收女性公民参加基干民兵。陆海边疆、少数民族地区和城市有特殊情况的单位，基干民兵的年龄可以适当放宽。

（五）民兵训练

民兵干部和基干民兵的训练原则上由县（市、区）人民武装部组织实施。

根据训练大纲的要求，干部训练时间为 30 天，一般在一年内完成；民兵训练时间为 15 天，一次完成。通过训练，干部具备相应的军事技能和组织指挥能力，并提高了开展本职工作的能力；民兵学会使用手中武器装备，掌握基本军事技能；分队能担负一般战斗任务。民兵干部主要进行本级指挥和教学法训练，基干民兵主要进行技术和战术基础训练。专业技术兵的训练时间根据需要适当延长，一般比步兵训练时间多一些。为满足训练发展的需要，全国目前已建设了许多县级民兵训练基地，民兵大都在基地实施集中训练。根据需要，还组建了一批专业技术训练中心。这些基地和中心都达到了能吃、能住、能训练的要求。在训练手段上，大力推广电化教学和模拟训练，实施形象、直观的教学，民兵的训练质量得到了较大提高。在训练中注意突出重点，民兵干部、应急分队和专业技术分队的训练得到了进一步加强。

【思考题】

1. 中国国防历史给了你哪些启示?
2. 在国防上，公民具有哪些权利和义务?
3. 新中国成立以来，我国的国防建设取得了哪些成就?

第二章　军事思想

中国是一个有着数千年历史的文明古国，中国古代军事思想是中国传统文化的珍贵遗产，在数千年的历史长河中，中国军事思想不断发展完善，形成了独具特色的东方兵学体系，它不仅培育了众多驰骋疆场的将领，指导了无数次战争，而且成为世界军事思想体系的重要组成部分，对世界军事科学的发展产生了积极的影响，也是毛泽东军事思想的重要源泉。本章重点介绍了我国军事思想的历史、毛泽东军事思想、邓小平军事理论，以及江泽民、胡锦涛、习近平关于国防与军队建设的重要观点和论述。

▶▶ 第一节　军事思想概述 ◀◀

一、形成与发展

军事思想主要是指关于战争和军队问题的具有根本性质的认识，是军事科学的一个分支。不同的时代、阶级、国家和人物，有着不同的军事思想。中国是一个文明古国，军事思想产生也比较早。中国古代的军事思想萌芽于殷商，形成于西周，成熟于春秋战国，发展于秦朝至清前期。鸦片战争之后，中国军事思想以御辱图强为主线，吸收西方军事文化，开始向近代转化。

在原始社会晚期，部落之间为了争取生存条件或为了血缘复仇展开了原始的掠夺和残杀，这便是最早的战争。当时的战争还只是萌芽形态的战争，具有后来战争的属性，但并不具有阶级奴役、剥削和侵略的性质，当时的人们对战争的认识也还是直观的，没有形成系统的军事思想。

到公元前21世纪，我国第一个奴隶制国家夏朝建立，随着阶级的产生、国家的出现，战争开始成为阶级统治、维护阶级利益和进行阶级斗争的工具。有了战争，便有了进行战争的指导思想。当时每遇战争或祭祀都要进行占卜以问吉凶，并将结果刻于甲骨和后来的青铜器上，所以甲骨文和金文中关于战争与军队的记载甚多。从当时的记载和战争的实际情况来看，战争不再是乌合之众的打斗和角力斗勇，已开始讲究战略战术了，如巧设埋伏等，这说明我国古代军事思想已经萌芽。

西周时期，随着社会生产力的发展，生产规模扩大，带来了经济的发展，也使得战争日趋频繁，军事制度不断健全，出现了青铜兵器，投入的兵力不断增多，战争的规模不断扩大，这一切都推动了战略战术的变化。西周时期出现了我国历史上最早的两部兵书——《军志》和《军政》。这两部书虽已失传，但从其他论著的引文中可知，这两部书涉及战争观、战略战术、作战指导原则等内容，是西周时期军事思想的代表作，标志着我国古代军事思想的形成。

春秋战国时代是我国从奴隶社会向封建社会过渡的时期，是我国历史上分裂、动荡和战争时间最长的时期。这一时期，社会经济和科学技术的发展为兵器的发展创造了条件，出现了更加坚韧锋利的兵器。以春秋五霸和战国七雄为主的众多国家进行了长期的争霸和兼并战争，连绵的战争提高了人们对战争的认识，推动了军事理论和战争实践的发展。代表新兴地主阶级利益的军事家不断涌现，如孙武、吴起、孙膑、尉缭等，他们不但指挥战争，而且对战争进行研究和总结。除了兵家之外，其他学派的思想家也加入了谈兵论兵的行列。这一时期产生的众多兵书，如《孙子兵法》（又称《孙子》）、《吴子》《孙膑兵法》等，都是我国古代军事思想中的巨著。这些兵书确立了我国古代军事思想的基本理论，探讨了战争爆发的原因、性质和决定战争胜败的基本因素等，总结了一些带有普遍性的战争规律，形成了较系统、较完善的军事思想体系。

秦朝至清前期是我国军事思想的发展时期。这一时期，经济的发展和科学技术的进步，推动了武器装备的发展和战争形态的变化。秦汉时期，冶铁技术的发展，使武器装备进入了铁兵器为主的时代，战争以骑兵为主要作战兵种；唐朝时发明的火药，在宋朝用于军事，开始出现热兵器，并出现了水军；明清时期，是由冷兵器向冷热兵器并用过渡的时代，出现了独立的水师、炮兵、工兵及其他技术兵种。各个时期，随着武器装备的改进和兵种的增多，战争越来越复杂，不论是在军队编制还是在战法上都出现了一系列显著的变化，历代兵书的内容也随之丰富和扩大。秦汉以前的兵书记载的内容基本上只有兵权谋、兵形势、兵阴阳、兵技巧四类，秦汉时期的著名兵书《三略》《淮南子·兵略训》等继承了孙武的军事思想，使汉初已经建立起来的由战略学、战术学、军事地形学、军事气象学、兵器学等构成的军事科学体系更加完整。宋元时期出现了《武经总要》《历代兵制》《守城录》《百奇法》等军事著作，内容涉及军事组织、军事制度、用兵选将、骑乘训练、行军宿营、阵法、武器装备的制造和使用、军事地理等。明清时期是我国古代军事思想发展的又一个高潮，军事著述十分丰富。据记载，这一时期各类兵书达 1 300 多种，现存比较著名的有《纪效新书》《练兵实纪》《武备志》《筹海图编》《武编》《阵纪》《兵迹》《兵经百篇》等。这些兵书显示了注重发扬火力、纵深配置、协同动作等近代战略战术原则。

1842 年之后，中国进入了半殖民地半封建的近代社会，民族矛盾成为中国社会的主要矛盾。这时，西方已是以使用热兵器为主，而中国还处于冷、热兵器并用的时代。从鸦片战争开始，中国的军事活动就带有了明显的反侵略和御辱图强的色彩，中国的军事思想也开始进入了抛弃传统糟粕、吸取西方文化的近代化过程。鸦片战争时期，西方国家从海上入侵中国，中国军事思想的近代化就从师夷长技、筹办海防开始，随后历经曾国藩、左宗棠、李鸿章、袁世凯、孙中山等人，中国军事思想从主张学习西方的思想技艺上升到主张学习西方军事制度和练兵方法，开始引进西方的军事理论和军事学术，中国的军事思想不断向深层次发展。中国近代军事思想的产生和发展是和自强御辱、救亡图存的爱国思想及学习西方的思想联系在一起的。

二、体系与内容

中国军事思想体系完整，内容丰富，不同时期的军事思想具有不同时期的体系和内容。

（一）中国古代军事思想

中国古代的军事思想主要包括战争的起因、性质、作用和决定战争胜负因素的理论、将帅修养理论、治军理论、作战指导思想和战争谋略理论等。

1. 关于战争的起因、性质和作用

战争的起因是人们认识战争的一个关键问题。吴起指出，战争的起因有五："一曰争名，二曰争利，三曰积（德）恶，四曰内乱，五曰因饥。"吴起认为，争夺霸主地位、土地、财产和人口会挑起战争，政治上的动乱和灾荒也会引起战争，仇恨的增加也会引起战争。吴起的分析没有揭示出战争的本质，但他已经开始从各种矛盾不可调和的角度来探讨战争的起因，这种归纳和论述是有积极意义的。

关于战争的性质，我国古代兵书早有论述。春秋时期人们已开始用"有道""无道"来评价战争；战国初期，吴起将战争分为五类，其中"义兵"指的是正义战争，而"强兵""刚兵""暴兵""逆兵"指的则是非正义战争。这种分类不仅是明确的，而且已经触及战争的本质。

关于战争的作用，我国早期的军事理论家大多认为，战争是制止暴乱、支持正义的手段。尉缭说："故兵者，所以诛暴乱，禁不义也。"他认为战争是用来镇压暴乱、制止不义行为的。司马穰苴在《司马穰苴兵法》中也提出："是故杀人安人，杀之可也；攻其国，爱其民，攻之可也；以战止战，虽战可也。"这就明确指出正义战争具有制止非正义战争的作用。

2. 关于治军思想

治军思想是我国古代军事思想的重要组成部分，不同时期的军事理论家都对这个问题进行了专门的论述。

我国古代的军事理论家已经认识到将帅对军队和战争的重要性，他们都提出了自己的选将标准。《孙子》提出"智""信""仁""勇""严"，《吴子》提出"理""备""果""戒""约"，《六韬》则提出"勇""智""仁""信""忠"。这些标准说法不一，但基本原则是一样的：将帅不仅要有良好的政治修养和个人品行，更重要的是要有军事才干，有指挥艺术，即将帅要德才兼备，智勇双全。

对于练兵，我国古代已经提出从严治军的思想和教戒为先的原则。吴起在《吴子》一书中指出，兵"以治为胜"，认为军队的战斗力在于治军上，而"用兵之法，教戒为先"，明确提出把军队的教育训练放在首位。司马穰苴也指出"士不先教，不可用也"，即士兵不先进行训练是不能去打仗的。我国古代这些治军思想的精华对于今天我们加强国防和军队建设仍然具有现实的借鉴意义。

3. 关于战略谋划思想

所谓战争谋略，就是指制定正确的战略方针，以达到运筹帷幄、决胜千里的目的，我国古代称之为"庙算"，即在庙堂之上对战争进行谋划预测。我国古代军事家非常重视战争谋划，孙武在《孙子·谋攻篇》中提出"上兵伐谋"，即指用兵之道，谋划为先，通过制定一个万全之策，实现"不战而屈人之兵"的目的。诸葛亮也说，"用兵之道，先定其谋，然后乃施其事"，即战争要先制定战略，然后才能施行。

但战场的形势是随时变化的，军事家们又提出要根据形势的变化制定权谋。《孙子》提出"因利而制权"，又说"兵无常势，水无常形，能因敌变化而取胜者，谓之神"。正是因为战争的形势是随时变化的，这就要求战争指导者必须根据不断变化的战争形势修正战争指导谋略，正如《草庐经略》所言，战争指导者要时刻"因其形而用其权"，努力做到运筹帷幄之中，决胜千里之外。

4. 关于战争与政治、经济的关系

战争与政治的关系历来是军事家们探讨的问题之一。我国古代军事家尉缭认为政治是根本，只有将政治和战争统一起来，才能取得预期的胜利。在《尉缭子》一书中，他以形象的比喻来说明政治与战争的关系："兵者，以武为植，以文为种。武为表，文为里。能审此二者，知胜败矣。"《孙子》一书也说，"善用兵者，修道而保法，故能为胜败之政"，明确指出了政治修为与战争胜败的关系。

关于战争与经济的关系，我国军事理论家早就提出了经济是战争的物质基础、富国才能强兵的思想。孙武在《孙子》中提出了兵马未动，粮草先行的思想，"内外之费，宾客之用，胶漆之材，车甲之奉，日费千金，然后十万之师举矣"，指出了战争对经济实力的依赖性。战国时期法家的代表人物管仲也认为，"国富者兵强，兵强者战胜，战胜者地广"，这就揭示了战争与富国的辩证关系，富国与强兵是相辅相成的，富国是强兵之本，为强兵提供必要的物质基础。这种认识在今天对于我们仍有借鉴意义。

（二）中国近代军事思想

鸦片战争之后，中国面临西方的严重威胁，中国适用于冷兵器时代的传统军事思想难以应付近代中国所面临的问题。在西方军事侵略和军事文化的冲击下，中国军事思想走向近代化。

在战争观念和国防思想上，中国传统的军事思想认为"兵者，不祥之器"，重文轻武、兴文偃武是中国传统的战争观念。但鸦片战争之后，随着西方对中国侵略的加剧，一些中国人开始探讨西方强盛、中国衰弱的原因，他们认为中国传统的"兵者，不祥之器"的战争观念已经过时了，而应主张崇尚武力。中国传统的国防观念是重北轻南、重陆轻海的，鸦片战争之后，西方列强从东南海上和陆上频繁入侵中国，使中国重北轻南、重陆轻海的国防观念受到冲击，由此引发了中国在 19 世纪 70 年代的一场海防塞防的大讨论，有人主张放弃海防，专顾塞防；有人主张放弃新疆塞防，专顾海防；左宗棠提出海防塞防并重、海军陆军发展并重的主张，得到清政府的认可。这是中国历史上第一次把海防提高到与塞防同样高的地位。

在建军思想上也有很大的变化。曾国藩、胡林翼在建立湘军的过程中，非常重视以封建礼教加强对官兵思想上的控制，将训练作为提高战斗力的主要措施。到洋务运动时期，李鸿章、左宗棠主张学习西方先进技术，改革中国兵制来提高国家的军事实力，为此他们开办了中国第一批近代军事工业，翻译了部分西方军事书籍。甲午战争之后，中国军队编制体制和作战思想的落后性充分暴露出来，袁世凯提出了用传统思想对官兵进行精神训练，用西方练兵方法对官兵进行技术训练的主张。

在近代，武器装备、建军思想的变化也引起了战略战术的变化。我国军事战略自古就有"兵贵胜不贵久"的说法，但鸦片战争时期，面对强大的对手，近代的兵学家和战争指挥者不得不抛弃速战速决的幻想，代之以"徐图制夷"之策的主张，林则徐、魏源、梁廷枏、臧纡青等都提出过发动群众、坚壁清野、以逸待劳、以守为战的主张，这是持久战思想的最初萌芽。近代中国军队的战术也不断按照发扬火力、灵活机动的原则，积极采用近代西方战法，并与传统的战法相结合，创造出新的战法，如队形由密集队形向散兵队形转化，注意兵力兵器的纵深配置，重视步兵、骑兵、炮兵的战术协调等。

我国古代、近代的军事思想包含很多合理成分，是中华民族文化不可分割的部分，其精华成为后来毛泽东、邓小平军事思想和理论的源泉。

三、主要代表著作

中国军事著作浩如烟海，许多经典之作不仅对兵学的发展作出了卓越的贡献，而且至今对世界军事甚至其他领域都有广泛的影响，成为丰富和发展当代军事理论的思想源泉。

1. 《孙子兵法》

《孙子兵法》又称《孙子》或《吴孙子兵法》。作者孙武，字长卿，齐国乐安（今山东惠民县）人。春秋末年著名的军事理论家，曾任吴国将军，被称为中国的"兵圣"。

《孙子兵法》被誉为中国的兵经，其内容涉及治军思想、战争观、军事地形学、军事预测学、军事后勤学等。孙子认为，"兵者，国之大事也。死生之地，存亡之道，不可不察也。"他告诫战争指导者，"主不可怒而兴师，将不可愠而致战。"要对双方的情况进行比较，掌握敌情，积极备战，创造有利形势，"先为不可胜，以待敌之可胜"。孙子主张战争中要以最小的代价换取最大的胜利，并进而提出"不战而屈人之兵"的思想和以军事实力为后盾"伐谋""伐交"的非军事手段。孙子还提出了"令文齐武"的治军思想和"重谋尚诈、避实击虚"的战争理论。

《孙子兵法》是人们迄今可以见到的最早的军事理论著作，它的许多理论和见解成为后世用兵者孜孜以求的理想境界，对后世兵学发展产生了巨大的影响，并被翻译成30多种文字在世界范围内广泛传播。

2. 《吴子》

《吴子》又名《吴起兵法》。作者吴起，卫国左氏（今山东定陶县西）人，战国初期著名的军事家、军事理论家和改革家。吴起曾任鲁、魏、楚等国将军，后因改革被楚国贵族乱箭射杀。

吴起认为，战有五因，即争名、争利、积恶、内乱和因饥。兵（即战争）分五类：义兵、强兵、刚兵、暴兵和逆兵。他主张义兵，反对强兵、刚兵、暴兵和逆兵。吴起提出治国之道修文而不废武，主张对军队实行严格的军事训练，在战争中要"因形用权"，即根据战争中形势的变化采取相应的作战方法。《吴子》一书内容丰富，是继《孙子兵法》之后又一部体系完备、思想精深、具有重大理论价值的兵学论著，后世因之将孙、吴并称。

3. 《孙膑兵法》

《孙膑兵法》又称《齐孙子》，以与《孙子兵法》相区别。作者孙膑，齐国人，是兵圣孙武的后世子孙，战国中期著名的军事家和军事理论家。孙膑青年时曾与庞涓同随鬼谷子学习兵法，后遭庞涓的嫉恨而被魏惠王和庞涓处以膑刑。根据当时的惯例，刑徒是不能为官的，庞涓企图借此断送孙膑的政治前途。后孙膑设计归齐，任军师，公元前 354 年，指挥了著名的围魏救赵的"桂陵之战"，12 年后，又指挥了著名的马陵之战，使庞涓羞愤自杀。

孙膑认为，战争服从于政治、依赖于经济，只有先富国，才能强兵；认为提高士兵的素质是强兵的关键，主张对士兵进行包括政治教育、队列训练、行军训练、阵法训练和战法训练在内的全面训练。孙膑还发展了孙武的虚实理论，把攻击虚弱作为取胜的关键。《孙膑兵法》是战国时期一部不可多得的重要军事理论著作。

4. 《尉缭子》

作者尉缭，生平不详，战国后期著名军事理论家。

《尉缭子》继承并发展了《孙子》《吴子》的军事思想，认为战争有正义和非正义之分，支持正义战争，反对不义之战；在战争与政治、经济的关系上，提出政治是根本，军事是从属于政治的，经济是治国的根本，是进行战争的物质基础；在治军上，重视将帅的模范作用，主张严刑峻法，注重军队的训练和奖惩制度；在战略和战术上，重视战前准备，指出"凡兴师，必审内外之权……然后兴师伐乱，必能入之"。

《尉缭子》是一部有重要军事学术价值的兵书，问世后，不仅受到中国历代统治者和兵家的重视，还传到日本、朝鲜等国。

5. 《筹海图编》

作者郑若曾（1503—1570），字伯鲁，号开阳，江苏昆山人。

郑若曾出身于书香门第，游学于名师门下，注重实学，对地理、军纪素有修养。明朝嘉靖年间，东南沿海倭寇猖狂，郑若曾于是收集海防资料，编成我国历史上第一部海防专著——《筹海图编》。

《筹海图编》内容丰富，全书共 13 卷，图 172 幅，主要叙述了沿海的地理形势、倭寇的状况、明代的海防设置、海防方略、选兵、择将、治军原则以及当时的武器装备等。书中把一般的军事原则寓于抗倭斗争实际的叙述之中，提出了多层次防御的海防体系，标志着我国海防理论的诞生。《筹海图编》在我国兵学历史上占有重要的地位。

6. 《武备志》

作者茅元仪（1594—1640），字止生，号石民，又号东海波臣、梦阁主人、半石址山公等，归安（今浙江吴兴）人，明末杰出的军事家和文学家。茅元仪出身于书香门第，自幼博览群书，尤喜读兵书，曾潜心研究历代兵法韬略和当时的国防形势，编成《武备志》一书。

《武备志》是我国古代最大的一部综合性兵书，被誉为"军事学的百科全书"，全书共 240 卷，附图 730 多幅，内容涉及战略、阵练、军资等方面。该书保存了许多珍贵的文献史料，具有重要的研究价值。

7.《海国图志》

作者魏源（1794—1857），原名远达，字默深，湖南邵阳人，道光进士，清代著名的思想家、政治家、文学家。魏源与林则徐相友好，1840 年底受林则徐之托作《海国图志》，1842 年成书 50 卷，后又两次增改至 100 卷。

《海国图志》作于鸦片战争时期，是一部介绍西方各国地理、历史、政治、经济、文化、军事、科学技术等的外国史地专著，又是一部军事著作和海防大全，具有强烈的反侵略思想和御辱图强的目的。《海国图志》以"师夷长技以制夷"的思想贯穿全书，主张依靠人民群众，反对外国侵略，提出了"守外洋不如守海口，守海口不如守内河"的海防思想和类似游击战的战术。

《海国图志》对后世影响很大，在中国近代思想史和史学史上都占有重要地位，并被翻译成英文、日文等在西方和日本广泛传播，引起了巨大的反响。

8.《国防论》

作者蒋百里（1882—1938），名方震，字百里，号澹宁，出生于浙江一个书香世家，少有神童之誉。青年时代感于时事，投笔从戎，远行日本、德国学习军事，回国后一直从事军事、外交工作，是中国近代著名的军事理论家和外交家。

蒋百里被视为中国近代军事天才，他认为战争是交战双方政略冲突的结果，政略又是由国家根本利益、基本国策决定的；他提出中国的国防应以自卫为原则，中国要增强国防力量，必须进行政治改革，实行民主宪政和义务兵役制。

《国防论》集中反映了近代资产阶级军事理论的优秀成果，当时即已驰名海内外，有很大的社会影响，在中国军事思想史上占有重要地位。

9.《国防新论》

作者杨杰（1889—1949），生于云南，曾在日本陆军大学学习军事，以第一名的成绩毕业获日本天皇赠予的宝刀，回国后曾参加北伐战争、抗日战争等，思想上不断进步，20 世纪 40 年代后投身民主运动，反对蒋介石独裁，1949 年由香港赴北京参加新政治协商会议第一次全体会议时被国民党特务暗杀。

《国防新论》指出，"国防是政治、经济、文化社会、军事等各种力量的结晶体"，只要战争存在，就不能没有国防；中国的国防应属战略防御性的守势国防；国防建设必须同国家其他建设同时并举，寓国防于国家建设之中。

大学生军事理论课教程
DAXUESHENG JUNSHI LILUNKE JIAOCHENG

《国防新论》的观点结合了中国当时的实际，适应了当时中国反侵略战争的需要，在当时产生了很大的影响，不仅丰富了中国军事思想的宝库，对加强国防建设、抗击外国侵略都起到了积极的作用，被誉为民国国防理论的代表作。

》》 第二节　毛泽东军事思想 《《

一、科学含义

在 20 世纪 40 年代，随着"毛泽东思想"这一概念的提出及其在全党地位中的确立，军队系统相应地提出了有关毛泽东军事思想的概念，例如"毛泽东军事路线""毛泽东军事思想""毛泽东军事理论"等概念，但这时全党和全军对"毛泽东军事思想"这一概念的提法和使用问题还没有取得完全的统一。1958年，中央召开军委扩大会议，把学习毛泽东军事思想作为决议的一项重要内容，号召全军认真总结和学习我军的宝贵经验，用毛泽东军事思想指导我军的建设和作战。这次会议精神贯彻执行之后，"毛泽东军事思想"这一概念的提法在全军得到了统一。

随着毛泽东军事思想在全军的统一，全军对毛泽东军事思想的定义也越来越清晰，越来越科学。1960 年，叶剑英在中央军委扩大会议上指出："毛泽东军事思想，就是马克思列宁主义的军事思想，它是马克思列宁主义普遍真理与中国革命战争实践紧密结合的产物。毛泽东同志根据中国革命战争丰富的实践经验，灵活地运用辩证唯物主义的立场、观点和方法，创造性地解决了中国革命战争中的一系列的重大问题，制定了一套完整的马克思列宁主义的军事理论。中国革命战争和国防建设的实践，充分证明了毛主席的军事思想是具有普遍意义的真理，它永远是我军建军和作战的根本指导思想。"

1975 年，邓小平主持中央军委工作后，明确提出："要完整地、准确地理解毛泽东思想。"广大理论工作者对毛泽东军事思想进行了深入的研究，提出过不少的定义，毛泽东军事思想不断完善，日益成为科学的思想体系。1982 年，《中国人民解放军军语》将毛泽东军事思想表述为："马克思列宁主义的普遍原理同中国革命战争的具体实践相结合的科学的军事思想体系。"后来，《中国军事百科全书》把毛泽东军事思想定义为："关于中国革命战争、人民军队和国防建设以及军事领域一般规律问题的科学理论体系，毛泽东思想的重要组成部分，它是马克思列宁主义普遍原理与中国革命战争和国防建设实际相结合的产物，是中国共产党领导中国人民及其军队长期军事实践经验的科学总结和集体智慧的结晶，同时也多方面汲取了古今中外军事思想的精华，是中国共产党领导中国革命战争、军队建设、国防建设和反侵略战争的指导思想。"

随着"毛泽东军事思想"定义的科学化,"毛泽东军事思想"这一概念的科学含义也越来越明确。科学的"毛泽东军事思想"体系应该包含以下四个方面的含义:

（一）毛泽东军事思想是马克思列宁主义军事理论与中国革命战争实践相结合的产物

马克思列宁主义是指导无产阶级革命的科学,马克思主义军事理论是一个完整的科学体系,毛泽东强调,只有这种理论,才是引导中国革命走向胜利的指南。但是,马克思列宁主义所提供的只是一般的革命原理,怎么把马克思列宁主义的原理同中国革命的实际相结合,在占世界人口四分之一又是以农民为主体的半殖民地半封建的中国,无产阶级政党应该怎样组织军队、组织什么样的军队、如何进行革命战争,这在马克思列宁主义中是找不到现成答案的。以毛泽东为代表的中国共产党人,从中国的客观实际出发,运用马克思主义的立场、观点和方法,探索中国革命战争的特点和规律,正确解决了在半殖民地半封建的中国如何夺取革命战争胜利的一系列问题,实现了马克思列宁主义军事理论与中国革命战争实践的结合,从而创立了具有中国特色的科学的军事思想体系——毛泽东军事思想。因此,毛泽东军事思想是马克思主义普遍原理同中国革命战争实践相结合的产物,是马克思列宁主义军事理论在中国革命战争实践中的创造性运用和发展,它不是马克思列宁主义的简单照搬,而是中国化了的马克思列宁主义军事理论。

（二）毛泽东军事思想是中国革命战争实践经验的科学总结和理论升华

理论来源于实践。毛泽东的军事思想是从中国革命的伟大实践中产生的。中国的革命战争经历了北伐战争、土地革命战争、抗日战争、解放战争;新中国成立后,又经历了抗美援朝战争,中印、中苏边境等自卫反击战争。中国如此丰富的战争和军事斗争的实践为毛泽东军事思想的产生、形成和发展提供了丰富的源泉。

长期的革命斗争实践,使毛泽东等老一辈无产阶级革命家不仅有可能从参加和指导战争的实践中总结战争的经验,并升华为理论,而且使他们有机会将这些战争的理论运用到战争中去反复检验,通过对战争的不断实践、认识、再实践、再认识,逐步深化和完善对战争规律的认识,经过认真的总结,再上升到理性的高度,形成了毛泽东军事思想。因此,毛泽东军事思想是中国革命战争实践经验的科学总结和理论升华,毛泽东自己也曾说:"我的军事知识主要是从战争实践中来的。"

（三）毛泽东军事思想是毛泽东思想的重要组成部分

毛泽东思想是一个完整的科学理论体系，中共中央通过的《关于建国以来党的若干历史问题的决议》将毛泽东思想划分为六个方面：一是关于新民主主义革命的思想，二是关于社会主义革命和社会主义建设的思想，三是关于革命军队建设和军事战略的思想，四是关于政策和策略的思想，五是关于思想政治工作和文化工作的思想，六是关于党的建设的思想。由此可见，毛泽东军事思想是毛泽东思想的一个重要组成部分。

毛泽东军事思想在毛泽东思想体系中占有重要位置。在新中国成立之前，在中国共产党独立领导中国革命的20多年的时间里，军事斗争是我们党的工作重心，毛泽东等老一辈无产阶级革命家以极大的精力关注战争，研究夺取武装斗争胜利的战略和策略，因而在毛泽东的著作中，军事著作占有大量篇幅和重要地位。在指导战争中，毛泽东又将政治、军事、经济、文化、哲学和党的建设等工作融为一体，因此，在毛泽东的著作中，军事斗争不可避免地要和其他内容联系在一起，毛泽东还经常把军事斗争中的一些原理和策略运用到政治、经济方面的著述和工作中。由此可见，毛泽东对军事实践倾注了大量精力，指导战争是其一生中最光辉的经历，军事思想自然也是其整个思想体系中最重要的组成部分。

（四）毛泽东军事思想是中国共产党人集体智慧的结晶

毛泽东军事思想是一个内容丰富的科学体系，作为我党的军事理论，它不是靠一两个人的天赋或智慧创造的，而是中国共产党人集体智慧的结晶。这是因为，中国革命战争在相当长的一段时间内在彼此分隔、互不相连的若干地区进行的，从而在不同的地区造就了一大批可以独当一面的领袖人物和军事家，他们对毛泽东军事思想的形成和发展作出了重要的贡献。特别是遵义会议以后，党中央形成了以毛泽东为核心的领导集体，党中央的很多重大路线方针都是经过集体讨论形成的，凝聚了毛泽东和他的战友们的集体智慧。毛泽东善于征询各方面的意见，全党、全军、全国人民在革命战争中迸发出来的聪明才智由毛泽东加以集中概括，成为博大精深的毛泽东军事理论体系。

我们强调毛泽东军事思想是集体智慧的结晶，并不是否认毛泽东在这一军事理论体系形成过程中的作用，而是说在毛泽东军事思想的产生和发展的过程中，其他老一辈无产阶级革命家、军事家不断为它提供充足的原料和丰富的营养，毛泽东是产生这一思想的理论加工者和集大成者。由此可见，毛泽东军事思想既是中国共产党人集体智慧的结晶，又反映了毛泽东个人的智慧和贡献。也正因为如此，中国共产党以毛泽东的名字来命名这一中国化的马克思主义军事理论——毛泽东军事思想。

二、主要内容

毛泽东军事思想是一个完整的科学理论体系，由毛泽东的战争观、战争认识论和方法论，以及人民军队的建设理论、人民战争理论、国防建设理论等几部分构成。

（一）战争观

关于什么是战争，历来争论不休。马克思、恩格斯、列宁都没有给战争下过明确的定义，毛泽东科学而完整地给战争下了一个明确的定义。毛泽东认为战争是"从有私有财产和有阶级以来就开始了的，用以解决阶级和阶级、民族和民族、国家和国家、政治集团和政治集团之间，在一定发展阶段上的矛盾的一种最高的斗争形式"。毛泽东的这一战争定义继承了马克思列宁主义坚持从战争与私有制和阶级的内在联系上去考察战争的根源，认为战争是私有制和阶级的产物，同时，也吸收了德国政治学家克劳塞韦茨在战争与政治关系上的观点。克劳塞韦茨在《战争论》中认为，绝不能离开政治研究战争，否则就不能得出正确的结论，并进一步指出，"战争无非是政治通过另一种手段的继续"。毛泽东从这一观点出发进一步揭示了战争和政治的关系，认为战争和政治具有一致性。一方面，政治决定战争，有什么样的政治就有什么样的战争。毛泽东明确指出，"战争是政治的继续，在这点上说，战争就是政治，战争本身就是政治性质的行动，从古以来没有不带政治性的战争"。在讲到抗日战争时他更明确指出，"战争一刻也离不开政治"。另一方面，战争又为政治服务，反作用于政治。

毛泽东认为，战争与政治之间还具有差别性，毛泽东指出，"战争有其特殊性，在这点上说，战争不仅等于一般的政治，'战争是政治的特殊手段的继续'"。"政治是不流血的战争，战争是流血的政治"，毛泽东的这种认识既道出了战争与政治的关系，又说明了战争的本质特性。

毛泽东认为战争是政治的继续，而政治与经济的关系是互动的，因此战争与经济之间也存在互动关系：一方面，战争依赖于经济；另一方面，战争又对经济具有制约作用。毛泽东不仅从经济问题出发来分析各种战争的原因，还提出了"如果不进行经济建设，革命战争的物质条件就不能有保障"的思想。在革命战争中，毛泽东十分重视经济建设问题，并进而提出边战争边搞经济建设的主张；在抗日战争时期，毛泽东发动和领导了大生产运动，使我军克服了严重的经济困难；解放战争一开始，毛泽东就注意解决战争的物质条件问题。毛泽东始终认为，只有注意经济建设，"才能使革命战争得到相当的物质基础，才能顺利地开展我们军事上的进攻"。

毛泽东把战争分为正义战争和非正义战争，"一切进步的战争都是正义的，一切阻碍进步的战争都是非正义的"。凡是符合广大人民群众的根本利益，能够推动人类社会发展的战争都是进步的、正义的；凡是不符合广大人民群众的根本利益，阻碍人类社会进步的战争都是非进步的、反动的，即非正义的。对于战争，毛泽东没有笼统地拥护一切战争或从和平主义者或人道主义者的立场出发反对一切战争。对不同性质的战争，毛泽东有明确的不同态度，他说："我们共产党人反对一切阻碍进步的非正义的战争，但是不反对进步的正义战争。"而且他主张，对于进步的战争，我们不仅不应反对，而且应该积极地参加；对于非正义战争，我们应积极反对，反对的方法是，"在战争未爆发前，极力阻止其爆发；即爆发后，只要有可能，就用战争反对战争，用正义战争反对非正义战争"。新中国成立后，甚至在中国最困难的时期，毛泽东都以坚定的无产阶级国际主义精神，对世界各国人民的正义斗争给予积极的支持。抗美援朝和对越自卫反击战，就是毛泽东领导中国共产党和中国人民用正义战争反对非正义战争，并取得了胜利。1964 年 6 月 23 日，毛泽东在会见智利新闻工作者代表团时指出："中国要和平。凡是讲和平的，我们就赞成。我们不赞成战争。但是，对被压迫人民的反对帝国主义的战争我们是支持的。"这进一步表明了毛泽东对不同性质战争的不同态度。由于战争的根源是私有制和阶级，毛泽东认为，要彻底消灭战争，就必须首先消灭私有制和阶级。当人类社会进步到消灭了阶级、消灭了国家时，就什么战争都没有了，反革命战争没有了，革命战争也没有了，非正义战争没有了，正义战争也没有了，"人类一经消灭了资本主义，便到达永久和平的时代，那时候便再也不要战争了"。但私有制和阶级、资本主义的消灭并不能自动实现，私有制是一切剥削阶级赖以生存的基础，因此，一切剥削阶级必然要用暴力手段进行反抗，来维护他们赖以生存的基础，这就决定了革命阶级只有用战争去消灭战争。所以毛泽东进一步指出，"我们是战争消灭论者，我们是不要战争的；但是只能经过战争去消灭战争，不要枪杆子必须拿起枪杆子"。

（二）战争认识论与方法论

毛泽东战争认识论与方法论是指以毛泽东为代表的中国共产党人认识战争及其方法的基本理论。

毛泽东承认战争是使人类互相残杀的"怪物"，作为一种特殊的社会实践活动，有其复杂性和特殊性，但它不是不可捉摸的。在客观世界中，战争作为一种必然的客观物质运动过程，自然要受到其内在的一般规律的支配。因此，战争是有客观规律的。

毛泽东把战争的规律分成一般规律和特殊规律。一般规律指的是一般战争的规律，是指一切战争在其运动过程中都具有共同的本质，揭示的是战争矛盾的普遍性，是战争的共性。特殊规律指的是一定时间、一定地域、一定性质具体战争运动过程中的内在的本质联系。特殊规律揭示的是某一时间、某一地域、某一性质甚至某一次战争过程的个性。毛泽东认为，"我们应该研究一般战争的规律"。只有把握了一般战争的规律，人们才能够了解战争的共同本质及其发展的基本趋势，从而掌握认识和指导战争的一般原则和方法，进一步解释战争的特殊规律。但如果只懂得一般的战争规律，不研究和把握战争的特殊规律，便不能对具体的战争进行正确的具体指导。因此毛泽东也很强调对特殊战争规律的研究和把握，尤其是对中国革命战争特殊性的把握。他说："我们的革命战争是在中国这个半殖民地半封建的国度里进行的。因此，我们不但要研究一般战争的规律，还要研究特殊的革命战争的规律，还要研究更加特殊的中国革命战争的规律。"毛泽东认为战争的规律是客观的，是可以认识的，只要透过杂乱的战争现象，深入到战争现象的背后，就可以认识战争的一般规律和特殊规律。

（三）人民军队的建设理论

在总结中国人民军队建设经验的基础上，毛泽东创立了一整套具有中国特色的人民军队建设理论，包括人民军队的政治建设思想、人民军队的民主建设思想、军队教育训练思想等。

1. 政治建设思想

毛泽东对人民军队的政治工作十分重视，他认为，"政治工作是革命军队的生命线"。在毛泽东创建革命军队和进行革命斗争的过程中，政治工作贯穿始终。也正是在创建革命军队和进行革命斗争的过程中，形成了毛泽东的军队政治建设思想。

（1）核心内容是"党指挥枪"。

毛泽东军队政治建设思想的核心内容是"党指挥枪"，即把军队置于党的绝对领导之下，中国人民军队必须完全无条件地置于中国共产党的领导之下，军队的最高领导权和指挥权集中于中共中央和中央军委；军队的一切行动听从党中央和中央军委的指挥，不允许向党闹独立性；不允许其他政党在军队中建立组织和进行活动；不允许任何个人有征兵权；不经党中央和中央军委授权，任何个人不得插手军队，更不得擅自调动和指挥军队。"党指挥枪"的原则是确立和保持人民军队性质的根本保证，中国共产党是在半殖民地半封建的社会历史条件下创建革命军队的，这就使得人民军队的成分相当复杂，军队内部思想混乱，带有农民和小资产阶级的阶级局限性，要消除这些消极的影响，把广大官兵培养成具有共产主义觉悟和富有献身精神的无产阶级战士，就必须把人民军队置于党的绝对领导之下。坚持党对军队的绝对领导，可以使军队具有更高的组织性和纪律性，可以有效地防止其他任何党派和政治团体在军队中的活动，保证人民军队的无产阶级性质，使人民军队始终为无产阶级和广大劳动人民的利益服务。

党在军队中的组织和有效工作是实现党对军队领导的组织保证。在我党建立人民军队之初，就开始了在军队中建立党组织的尝试。1927 年秋收起义后，毛泽东为扭转战争的被动局面，在江西的永新进行了我军历史上具有重要意义的"三湾改编"，提出了"支部建在连上"的原则，这是毛泽东在军队中建立健全的党的组织的初步尝试。从这时起，我们党就确立了党对军队的绝对领导。为了"在军队中建立健全的党"，毛泽东提出以下几点：①健全军队中各级党的组织。"三湾改编"时毛泽东提出了党在军队中的一整套组织机构形式，后来又发展为党代表制和健全的党的政治机关。②加强党的政治思想教育，克服各种非无产阶级思想。毛泽东认为，只有提高军队中广大党员的政治思想水平和抵御各种非无产阶级思想侵蚀的能力，才能在军队中建立起健全的党组织。③严格入党条件。防止不够资格的人入党，以保证党员思想纯洁。④强化党的组织纪律观念。这是在军队中建立坚强的党组织的重要保证。

（2）为人民服务的宗旨。

毛泽东的军队政治建设思想还回答了"军队为谁而建"和"为什么建"的问题。在人民军队创建之初，毛泽东就意识到了人民军队宗旨问题的重要性。他指出，革命武装是为自己为人民打仗。古田会议对人民军队的宗旨有了更明确的规定，到 1945 年，毛泽东关于人民军队宗旨的理论更为完整，指出人民军队是"为着广大人民群众的利益，为着全民族的利益，而结合，而战斗的。紧紧地和中国人民站在一起，全心全意地为中国人民服务，就是这个军队的唯一宗旨"。毛泽东根据人民军队的宗旨和中国革命战争及军队的实际情况，提出了人民军队"战斗队""工作队""生产队"的三大任务。这三大任务是随着人民军队的建立和中国革命的发展而不断完善的。1927 年，在建立茶陵苏维埃政权的过程中，为巩固政权，毛泽东号召部队开展群众工作，开展打土豪的斗争，发动群众建立工农民主政权；年底，毛泽东明确提出了工农革命军要以"打仗消灭敌人、打土豪筹款子、做群众工作"为主要内容的"三大任务"。抗日战争时期，为打破日伪军和国民党顽固派的封锁，与人民群众共渡难关，毛泽东为抗日军队规定了一面作战、一面生产的任务，加上做群众工作，形成了"打仗、生产和做群众工作"三大任务。新中国成立之前，面对解放战争的新形势，面对接受和管理城市的新情况，毛泽东又发出"把军队变为工作队"的指示，他说："军队不但是一个战斗队，而且主要的是一个工作队……严重的时期已经过去了……军队变为工作队，现在已经要求我们这样提出任务了。"但在新中国成立之际，毛泽东并没有因突出人民军队的工作队任务而忽视战斗队的任务，他指出："军队还是一个战斗队，在这一点上绝不能松气，如果松气，那就是错误的。"他还说："人民军队永远是一个战斗队，就是在全国胜利以后，在国内没有消灭阶级和世界上存在帝国主义制度的历史时期内，我们的军队还是一个战斗队。对于这一点不能有任何的误解和动摇。"

2. 民主建设思想

人民军队的民主建设也是毛泽东军队建设的一个重要内容。在建军之初，毛泽东就提出"军队也需要民主"。到抗日战争时期，毛泽东又指出，"军队应实行一定限度的民主化"，他认为，实行了一定限度的民主，可以增加军队的战斗力，如此"长期的残酷的战争就不患不能支持"。1948年，毛泽东系统地提出了人民军队的民主制度，认为军队民主的基本内容有三点，即政治民主、经济民主和军事民主。政治民主指的是官兵在政治上平等，军队的官兵只有职务和分工的不同，没有人格的贵贱，都应享有同等的政治权利，有权参与军队的建设和管理。经济民主主要指伙食单位公开，官兵有权管理和监督经济生活。军事民主主要指在军事训练时实行官兵互教的练兵方法；作战时，发动官兵出主意，想办法，解决战术、技术难点，讨论如何执行作战命令、作战计划，积极完成作战任务等。同时毛泽东强调，军队的民主是"有秩序、有领导的民主"，注意防止和坚决反对只要民主、不要集中统一的极端民主化，指出高度的集中统一是军队生存的重要保证。

3. 军队的教育训练思想

毛泽东认为，人民军队的建设，在加强政治建设的同时，还要加强军事建设，使军队不断向正规化、现代化的方向发展。加强军队的军事建设，根本上是加强对军队的管理工作，逐步实现军队的现代化和正规化，提高军队的战斗力。毛泽东非常重视提高军队的战斗力，他认为，战斗力是衡量军队强弱的主要标志，是决定军队胜败的根本因素。早在1935年，毛泽东就提出要使方面军的战斗力提高到很高的程度。1938年，他又发出"提高主力军的战斗力"的号召，而要真正提高军队的战斗力，除了要抓练兵工作、抓整顿之外，还必须进行军队现代化和正规化建设。毛泽东向来重视军队的现代化和正规化建设，1935年毛泽东就强调，不迅速改变红军的技术条件，要彻底战胜敌人是不可能的。在战争年代，毛泽东提出使我军技术装备改善的途径有三个：一是自己制造，二是从外国输入，三是缴获敌人的武器装备补充自己。毛泽东还看到了军纪的作用，认为管理也可以出战斗力，因为管理可以严肃纪律，去除不良习气，从而提高军队战斗力，所以毛泽东强调要"加强对部队的军事管理工作"，并提出了"带兵即管理"和"以革命军队的管教方法"管理军队及以法管理军队的思想，创立了我军早期的一些规章制度。加强军队的管理工作，为我军的法制化和正规化建设作出了重要贡献。

（四）人民战争理论

人民战争思想就是指人民群众为了反抗阶级压迫和民族压迫，而组织起来进行武装斗争的思想。毛泽东认为，革命的战争是群众的战争，只有动员群众才能进行战争，只有依靠群众才能进行战争。

人民战争思想是毛泽东军事思想的核心。它是在中国革命战争的实践中，运用马克思主义基本原理，集中党和群众的集体智慧，对人民革命战争的丰富经验所做的科学理论概括。

人民战争为着广大人民群众的根本利益而战。因此，它能够把广大人民群众团结起来，为革命战争胜利而英勇奋斗。人民群众参加战争，政治上能使敌人处于孤立无援之地；军事上使敌人处处遭到抵抗而分散兵力，便于我军集中兵力歼灭之；经济上形成了我军物质供应有可能的来源。如果发挥人的主观能动作用，实行正确的作战指导，就能把胜利的可能性变为现实。

人民战争的特性：人民战争是为广大人民群众的自身解放，依靠广大人民自己的力量进行的战争，不是少数人进行的战争，所以具有群众性；人民战争是反抗阶级或民族压迫的正义战争，而不是侵略或掠夺的非正义战争，所以具有正义性；人民战争从中国经济落后的国情出发，在农村建立革命根据地，把武装斗争与土地革命和建立政权结合起来，使之成为发动群众、扩大武装、发展生产、支持长期战争的基地，符合中国革命战争客观规律，所以具有科学性；人民战争在党的领导下，实行正确的政治路线、军事路线、组织路线，把一切可组织起来的人团结动员组织起来，投入战争，因而人民战争是有严密组织纪律的武装进行的战争，所以又具有组织性。

人民战争的主要内容：首先是依靠人民群众，发动群众参军参战，支援前线；建立一支无产阶级领导下的全心全意为人民服务的人民军队，作为人民战争的骨干；实行三结合武装体制，即主力兵团与地方兵团相结合，正规军与游击队、民兵相结合，武装群众与非武装群众相结合的形式；建立巩固的农村革命根据地；实行灵活机动的战略战术。这样的战争，才是中国共产党领导下的人民战争。

（五）国防建设理论

新中国成立后，毛泽东对国际形势不断提出新的认识和判断。新中国成立初期，毛泽东认为，新的世界大战存在爆发的可能性，但可以制止；到 50 年代中期，他认为，世界大战存在可以避免和不可避免的两种可能性；60 年代中期，毛泽东认为世界大战不可避免，我们要立足于"早打、大打、打核战争"的原则。毛泽东这种对国内外形势的判断对中国加强国防建设起了巨大的推动作用。

早在战争年代，毛泽东就认识到国防对国家安全和民族兴旺的重要性，对国防建设进行了考虑，并提出了一些国防建设设想，经过抗日战争和解放战争，毛泽东的国防思想不断发展完善。1949 年，新中国成立之际，毛泽东意识到，国内外的帝国主义势力和反对派绝不会甘心失败，他们还会作最后的挣扎，因此，毛泽东向全党、全军、全国发出了建设强大国防的号召，同时指出新的中央人民政府"将加强人民的陆海空军，巩固国防，保卫领土主权完整，反对任何帝国主义国家的侵略"。新中国成立后，中国处于帝国主义的封锁包围之中，帝国主义和其他敌对势力不愿看到中国崛起，千方百计阻挠中国发展和强大。以美国为首的西方国家把战火烧到了中国大门口，妄图把新中国扼杀在摇篮里。阴谋被挫败后，美国又联合泰国、新加坡等国形成了对中国的"月牙形"军事包围圈。面对严峻的国际形势和周边环境，毛泽东认为加强国防是抵御外敌侵略的关键，1956 年，提出了"国防不可不有"的思想。

新中国成立后，毛泽东还发出了建设现代化国防的号召，他说，中国要建立强大的经济力量，还要建立强大的国防力量。毛泽东指出，面对强大的敌人，我们必须掌握最新的装备和最新的战术，迅速把我军提高到足以在现代化的战争中取胜的水平。在毛泽东的指导下，我军的现代化建设达到了一个新的水平。毛泽东还提出要大力加强民兵和国防后备力量的建设，毛泽东认为后备力量是国防力量和国防潜力的重要组成部分，是常备军的补充。1951 年，中央军委发出了关于加强民兵建设的指示。1958 年，毛泽东在北戴河作出了"全民皆兵"的决策。1962 年，毛泽东又对民兵工作提出"三落实"的政策，即民兵工作要做到组织落实、政治落实、军事落实。在毛泽东的指示下，中国的民兵建设得到了蓬勃的发展。到 60 年代初，全国的工厂、农村、大专院校普遍建立了民兵组织，民兵工作向制度化、普遍化、经常化发展。

在建设现代化国防的过程中，毛泽东非常重视国防科学技术的发展，多次强调要下决心发展我国的国防尖端技术。1955 年初，毛泽东在中南海主持召开了中共中央书记处扩大会议，研究我国发展原子弹和核武器的问题，他认为，当时是发展核武器和原子弹的时候了。1958 年，毛泽东明确提出了"要搞一点原子弹、氢弹"的宏伟目标，五六十年代，在中国经济严重困难时期，毛泽东以战略家的胆识和气魄，下决心搞尖端技术。1964 年，我国成功爆炸了第一颗原子弹，之后毛泽东又提出发展洲际导弹和造人造卫星。事实证明，毛泽东关于下决心搞国防尖端技术的思想和研制"两弹一星"的科学决策，促成了我国国防现代化事业质的飞跃，有效地打破了帝国主义的核垄断。

三、历史地位和现实意义

毛泽东是新中国的缔造者，他集军事统帅和军事理论家于一身，在数十年的军事实践中，留下了众多非常有影响的军事论著，其军事思想在军事科学发展史上独树一帜，在中国甚至世界军事思想史上都占有极其重要的历史地位。

（一）毛泽东军事思想丰富和发展了马克思主义军事科学，并将中国的军事科学发展到一个新阶段

毛泽东是当代伟大的军事家、战略家和军事理论家，他指挥战争时间之长、规模之大、经验之丰富，在无产阶级革命家中是首屈一指的。在实践的基础上，毛泽东将马列主义原理同中国革命斗争的实践相结合，在一系列重大问题上发展了马克思主义军事理论，如他的战争观和方法论，他开辟的农村包围城市、武装夺取政权的道路，他提出的人民战争思想、适合中国革命特点的战略战术以及关于国防现代化建设的理论等，既是对马克思主义军事思想的继承，又是马克思主义军事思想在中国的创造性运用，是对马克思主义军事理论的丰富和发展。正如基辛格所言，"毛泽东基于大家熟悉的列宁主义学说，即战争是斗争的最高形式，研究出一套军事理论"。

（二）毛泽东军事思想是中国革命战争胜利和国防现代化建设的理论指南

理论来源于实践，又对实践具有指导意义。毛泽东军事思想来源于中国革命的伟大实践，是对中国革命实践的理论总结，在中国长期的革命斗争实践中，毛泽东等老一辈无产阶级革命家把马克思主义的辩证唯物主义与历史唯物主义同中国革命的实践相结合，通过对战争的不断实践、认识、再实践、再认识，逐步深化和完善对战争规律的认识，并上升到理论的高度，形成了毛泽东军事思想。实践已经证明，中国革命战争的胜利正是在来源于中国革命斗争实践的毛泽东军事思想的指导下取得的。

毛泽东的军事思想又是一个完整的科学理论体系，揭示了中国革命战争、人民军队和国防建设的客观规律；毛泽东的国防建设思想是在新中国成立后提出的，是毛泽东军事思想在新的历史条件下的创造性发展，阐明了和平时期国防建设的重要性，提出了国防建设的一系列指导思想、方针和原则。毛泽东军事思想也是我们国防现代化建设的理论指南。

（三）毛泽东军事思想在世界上有着广泛而深刻的影响

毛泽东的军事思想是世界军事科学的一部分，其理论价值为世所公认，在许多国家起着实际的指导作用。

毛泽东军事思想在第三世界国家广泛传播，为这些国家的人民摆脱民族压迫、争取民族独立提供了强大的思想武器。毛泽东军事思想揭示了革命战争的规律，尤其是他在领导中国人民争取胜利的革命战争中创立的以弱胜强的高超战争艺术，为第三世界国家被压迫民族和被压迫阶级实现以小胜大、以劣势装备战胜优势装备之敌提供了成功的范例和理论武器，对这些国家和地区争取民族独立和解放的斗争起到了现实的指导意义。巴基斯坦有报纸指出，"毛泽东作为军事战略家是一位开路先锋，他的人民战争学说，对亚洲和非洲的历史发展的影响是不可估量的"。

毛泽东的军事思想是一座博大精深的军事理论宝库，它所揭示的军事规律达到了前所未有的深度和广度，对于指导军事斗争和军事建设的实践具有普遍的真理性意义。毛泽东军事思想受到世界各国的重视，许多国家多次翻译和出版毛泽东的军事著作，一些国家成立了专门的毛泽东军事思想研究机构，有的国家将毛泽东的军事著作作为军事院校的必修课，还有一些国家则派军官来中国学习，其中一个重要内容就是学习毛泽东的军事思想。这些都表明，毛泽东军事思想已经超越国界，成为世界人民的共同财富，对世界发挥着巨大的影响，正如尼克松亲自对毛泽东所讲的，"主席的著作推动了一个民族，改变了整个世界"。

》》 第三节　邓小平新时期军队建设思想 《《

一、科学含义

（一）邓小平新时期军队建设思想是马克思主义军事理论和毛泽东军事思想在"新时期""新阶段"的"新发展"

所谓的"新时期"不仅是一个时间概念，更是我党我军现代化建设的标志。十一届三中全会以后，党的工作重心转移，邓小平根据对国际形势的分析，提出世界大战是可以避免的，战争规模趋于有限化、局部化，维护世界和平是有希望的。基于这种对战争与和平问题的判断，为适应党和国家工作重心的转移，军队和国防建设指导思想也实行了战略性转变，从准备"早打、大打、打核战争"状态，转移到和平建设轨道上来，并充分利用大仗打不起来的这段和平时期，在服从国家经济建设大局的前提下，抓紧时间，有计划、有步骤地加强现代化建设，从根本上实现我军由低级阶段向高级阶段的转化。"新阶段"主要是指我国国防和军队建设指导思想的战略性转变时期，即我军建设进入了一个新的发展阶段。"新发展"主要是指在新的历史条件下，邓小平同志及中央军委对马克思主义军事理论和毛泽东军事思想的继承和发展。毛泽东军事思想是我党我军宝贵的精神财富，并不是过时的军事理论。邓小平新时期军队建设思想正是建立在毛泽东军事思想科学基础之上的，是毛泽东军事思想在我党我军新时期的创造性运用和发展，不论是在深度还是在广度上都是对毛泽东军事思想体系的丰富和发展。

（二）邓小平新时期军队建设思想是对新时期我国国防和军队建设的一系列方针、政策、措施的科学概括和总结

邓小平新时期军队建设思想是着眼于解决新的历史时期所出现的新情况、新问题而提出的。我军进入以现代化为中心的新的历史时期后，面临着许多新情况、新问题。新的军事实践给我们提出了新的要求，如我们该如何全面贯彻和执行我国军队建设指导思想战略性转变的决策；如何在服从国家经济建设大局的前提下，确定我国的国防发展战略，搞好国防建设等问题。这些问题我们都不可能从老一辈无产阶级革命家的军事论著中找到现成的答案，特别是关于高技术条件下的局部战争和我军现代化建设等问题的答案，更不可能在马克思主义军事学说和毛泽东军事论著中找到具体答案。在这种情况下，邓小平同志从我军的现状出发，把毛泽东军事思想同当前我军现代化建设实践统一起来，提出了新时期"必须把我军建设成为一支强大的现代化、正规化的革命军队"的总目标和总任务，并围绕这一目标和任务制定了一系列关于我国国防和军队建设的具体方针、政策和措施，在此基础上，邓小平运用马克思主义的基本原理，对这些方针、政策和措施进行科学概括和总结，将其上升到理论的高度，从而形成了他关于我国国防和军队建设的一整套完整的理论。

二、主要内容

邓小平军事理论是马列主义军事理论、毛泽东军事思想在新的历史条件下的创造性运用与发展，是中国化了的、最具有时代特色的当代马克思主义军事理论，其内容是极其丰富的，概括起来主要有以下几个方面：

（一）战争与和平理论

战争与和平问题是马克思主义军事理论的一个重要内容，是制约军事战略、国防建设和军队建设，影响国家内外政策的基本问题。邓小平依据马克思主义的基本原理，对国际形势进行了全面而深刻的观察、思考和分析，并据此提出了现

代战争的新理论，极大地丰富和发展了马克思主义的战争理论。

1. 和平与发展是当代世界的两大问题

自 20 世纪 70 年代后期开始，世界政治和国际关系向更加缓和的方向发展，两种社会制度已由冷战时期的并存、对峙和对抗开始转向和平共处、协作竞争。邓小平根据对国际形势的长期观察和冷静思考，实事求是地分析了时代的主要矛盾和矛盾斗争中的力量对比，到 80 年代中期，逐渐形成了和平与发展的时代主题观，提出了"和平与发展是当代世界的两大问题"的论断。他认为，"现在世界上真正大的问题，带有全球性的战略问题，一个是和平问题，一个是经济问题或者说发展问题。和平问题是东西问题，发展问题是南北问题。概括起来，就是东西南北四个字。其中南北问题是核心问题"。

邓小平提出的和平与发展的时代主题观真实地反映了当代世界的基本特征。第二次世界大战结束后，维护世界和平始终是世界上头等大事；发展问题在发展中国家政治独立后也成为世界最重要的问题之一，不仅直接关系着 130 多个国家和地区的繁荣与稳定，而且对发达国家经济再发展的影响也越来越大，实际上已经成为整个人类进一步发展的问题。冷战结束后，世界多极化趋势加速发展，大国之间的关系进行深刻调整，通过建立各种新型伙伴关系，相互借重，相互牵制，爆发世界大战的危险性进一步减弱。世界上大部分国家都把发展作为国家首要的战略任务，包括中国在内的发展中国家都加快了发展的步伐。"和平与发展"作为当代世界主题的地位得到进一步的确认和加强。

2. 世界大战可以避免，但战争危险依然存在

党的十一届三中全会后，邓小平本着实事求是的精神，在总结历史经验的基础上，通过对当代国际形势的分析，对世界大战不会爆发的问题作出了科学的判断。1983 年初，邓小平在谈到经济建设时就曾说："大战打不起来，不要怕，不存在什么冒险的问题。" 1985 年，在军委扩大会议上邓小平明确指出："在较长时间内不发生大规模的世界战争是有可能的，维护世界和平是有希望的。"之后，邓小平又进一步指出："战争是可以避免的，和平是可以赢得的。""对于总的国际局势，我的看法是，争取比较长期的和平是可能的，战争是可以避免的。"邓小平认为，第三世界是最希望和平的，第三世界力量的增长意味着和平力量的增长；中国的发展也将是成为制止战争、维护和平的一支重要力量；在世界上有资格打世界大战的只有美、苏两个超级大国，但这两个国家都拥有能够毁灭世界几次的军事力量，这对世界大战是一种制约；处在美、苏两个超级大国之间的欧洲发达国家也可以成为第三世界国家反对霸权主义的同盟军。因此，和平力量的增长已经超过了战争力量的增长，世界大战是可以避免的。世界形势的发展已经证明邓小平关于世界大战可以推迟或避免的论断是正确的。

大战可以避免，但战争危险依然存在，和平只是相对的。邓小平明确指出，"因为霸权主义者有疯狂性，不知道他们在什么地方制造一件什么小事情，就可能挑起战争。大战虽然可能推迟，但是一些偶然的、局部的情况是难以完全预料的"。对此，我们必须有充分的认识和高度的警惕，绝不能就此认为"天下太平"了。在大战打不起来的情况下，局部战争和地区性冲突依然存在。发达资本主义国家对社会主义国家更多地采用"和平演变"的战略，妄图通过"没有硝烟的战争"达到"不战而胜"的目的，我国安全仍然面临着现实的威胁。因此，在严重的国际斗争中，绝不能丧失警惕，松懈斗志，产生麻痹的思想。

3. 霸权主义是当代战争的主要根源，要维护和平，制止战争，就要反对霸权主义

在20世纪七八十年代，邓小平根据对国际形势的分析和判断，作出了霸权主义是当代战争主要根源的科学论断。1978年，邓小平在会见外国领导人时就明确指出："国际形势的发展越来越证明霸权主义是世界不安宁的根源，严重地威胁着全世界，包括东南亚地区的和平与安全。"之后，邓小平又不止一次地论述了霸权主义与当代战争的关系，"当今世界不安宁来源于霸权主义的争夺"，"战争是同霸权主义连接在一起的"，"霸权主义是战争的根源"。邓小平的这一观点，在探讨现代战争的根源时，没有仅仅停留在社会制度或意识形态的差别上，而是从现实出发，深入考察一个国家是否推行对外扩张政策，国家不论大小，不论是资本主义还是社会主义，只要搞霸权主义，就早晚会成为战争的发动者，所以邓小平认为，对外奉行霸权主义的资本主义国家，是现代战争的根源；某些实行社会主义制度的国家如果奉行霸权主义的对外政策，同样也是现代战争的策源地。中国是一个爱好和平的国家，邓小平强调指出，我们的政策就是"谁搞霸权就反对谁，谁搞战争就反对谁"。为了制止战争的爆发，促进世界和平，邓小平坚持实事求是的思想方法，针对我国和世界上一些国家之间存在争端的实际，经过长时间的观察和思考，创造性地提出了和平解决国际争端的新思路，并进而提出了"一国两制"的崭新构想和解决国际争端的新办法。邓小平的战争根源理论及和平解决国际争端的新思路，反映了当代战争的客观现实，推动了世界人民反对霸权主义、维护世界和平、制止战争的斗争。

(二) 军事战略理论

在新的历史时期，邓小平依据马克思主义的原理，认真分析国际形势，根据我们党和国家路线、方针、政策的调整，从新的历史条件出发，明确地提出了新时期的军事战略理论，其内容集中体现在以下两个方面：

1. 在新的历史时期，必须坚持积极防御的战略方针

邓小平全面考察了现代战争的特点和敌我双方所发生的重大变化，从我国的

国情和军情出发，结合当前的国际形势，明确指出，我们的战略方针是积极防御。积极防御的思想是寓攻于防、攻防结合，即"积极防御本身就不只是一个防御，防御中有进攻"。积极防御的战略方针重视备战工作，邓小平指出："仗总可能有一天要打起来。我们绝不能浪费时间，要加紧备战工作，特别是要训练干部学会指挥现代战争。"邓小平从我国我军的实际情况出发，强调积极防御必须立足于以劣势装备战胜优势装备之敌，指出以劣势装备战胜优势装备之敌是我军的优良传统，未来的反侵略战争仍要立足于以劣势装备战胜优势装备的敌人。我军按照积极防御的战略方针，在边境局部战争中取得了反击地区霸权主义的胜利，有效地捍卫了国家的尊严和领土的完整。事实证明，我军积极防御的战略方针是科学的，是经得起实践检验的。

2. 必须坚持现代条件下的人民战争

人民战争是中国革命战争的指导路线，是毛泽东军事思想的核心，对无产阶级的军事斗争和军队建设具有长远、稳定和普遍的指导意义。邓小平认为，在新的历史条件下，科学技术的发展，武器装备的更新，只是改变了战争的物质条件，只能影响战争的进程，但不能改变战争的性质，也不可能根本改变人民群众在战争中的决定作用。我军有丰富的人民战争经验，有以劣势装备战胜优势装备之敌的光荣传统，现在，我军的武器装备较过去已有了很大改善，这就为我们实行现代条件下的人民战争创造了有利条件，使我们的人民战争更具威力。邓小平继承了毛泽东的人民战争思想，他多次强调，我们的战略是毛泽东制定的，毛主席的战略就是人民战争，现在我们还是坚持人民战争；邓小平还创造性地发展了毛泽东的人民战争理论，提出了适应现代技术特别是高技术条件下的人民战争理论。邓小平认为，真正的马克思列宁主义必须根据现有的情况，认识、继承和发展马克思主义，所以他提出，在现代的条件下，坚持人民战争就必须根据发展变化了的实际，努力研究新情况，总结新经验，探讨新战法，概括新理论，发展人民战争的战略战术，使人民战争理论能够随着科学技术的发展和现代战争条件的变化，从内容到形式都获得新的充实和发展，以适应现代条件下人民战争实践的需要。

(三) 国防建设理论

在新的历史条件下，邓小平以马克思主义实事求是的科学态度，对国内外形势进行了深远的思考，提出了系统地建设有中国特色现代化国防的理论。

1. 关于我国国防建设、军队建设指导思想实行战略性转变的理论

党的十一届三中全会以后，我党的工作重心实现了转移，即开始以经济建设为中心。邓小平通过对国际形势的长时间观察和思考，认为国际形势整体上是走

向缓和的，和平力量的增长超过了战争力量的增长，新的世界大战是可以避免的，这就打破了中国长期以来"大战不可避免，而且迫在眉睫"、要立足于"早打、大打、打核战争"的思想观念，是对马克思主义战争观的重大发展。邓小平对国际形势的这一科学判断，为我军建设的重大决策提供了科学的理论依据，使我国国防建设和军队建设的指导思想能够从社会主义建设的全局出发，迅速从立足"早打、大打、打核战"的临战状态转到和平时期的建设轨道上来，既充分利用相对和平的环境，在服从国家经济建设大局的前提下，抓紧时间，有计划、有步骤地加强以现代化为中心的根本建设，又提高军队军政素质，增强我军在现代战争条件下的自卫能力。这一战略性转变使我国的国防建设、军队建设走上了和平时期健康发展的正确轨道。

2. 从国情、军情实际出发，走有中国特色的国防现代化建设道路

邓小平对国际形势出发作出新的世界大战可以推迟或避免的论断，但他并没有忽视国防建设，他指出，"国家的主权、国家安全要始终放在第一位"，"我们自己要保持警惕，放松不得。要维护我们独立自主、不信邪、不怕鬼的形象"。邓小平认为，我们的现代化建设，必须从中国的实际出发，要注意学习和借鉴外国的经验，但不能照抄照搬别国经验和模式，只有把马克思主义普遍原理同我国的具体实际相结合，走自己的路，建设有中国特色的社会主义。在国防建设上，邓小平指出，我们要坚持不称霸、不扩张、不结盟，坚持和平共处、独立自主的防卫原则，这就为我国确立了建设防卫型国防的方针。

建设有中国特色的现代化国防就是从中国的国情、军情和国力实际出发，一方面要坚持以国家利益为最高原则，处理一切问题都要从国家自身的战略利益出发，另一方面要坚持独立自主、自力更生的方针，这是我国国防建设的基本经验之一。按照邓小平的构想，我们的国防建设要充分利用世界大战可以避免、国际形势趋于缓和的有利时机，随着国民经济的不断发展，努力加强国防建设，力争到 21 世纪中叶，即在中华人民共和国成立 100 周年的时候，使我国的国防综合实力接近或赶上当时世界其他军事强国，能在维护国家安全利益和维护世界和平中发挥更加积极的作用。

(四) 军队建设理论

在新的历史时期，以邓小平为核心的党中央、中央军委，根据新时期的历史条件和军事斗争的实际需要，提出了将我军建设成为一支强大的现代化、正规化革命军队的总目标，提出了实现军队建设目标的指导原则，形成了系统的军队建设的理论。

1. 提出了新时期军队建设的总目标和指导原则

邓小平根据新的历史条件，明确提出，中国人民解放军必须建设成为一支强

大的现代化正规化的革命军队。这是新时期我国军队建设的总目标和任务。邓小平还根据国内外形势的变化、军队建设的规律以及我军的性质和任务，规定了这个目标的基本内容和实现这一发展目标的具体要求。

邓小平在总结我军几十年建设经验的基础上，提出了我军建设的指导原则。他一再强调军队建设必须坚持党对军队的绝对领导，"我们这个军队是党指挥枪，不是枪指挥党"，"党要管军队，因为军队始终是党领导的"。我们的军队建设必须坚持在改革中进行的原则，邓小平认为，改革是解决我军建设主要矛盾和各种现实问题的需要；我军的建设还必须继承和发扬我党我军的优良传统和艰苦奋斗、勤俭节约的原则，这是我军战斗力的源泉，是我军建设的传家宝，必须永远坚持和发扬。

2. 强调新时期军队建设要以现代化为中心

邓小平指出要把我军建设成为一支强大的现代化、正规化的革命军队，这就为我军新时期的建设提出了现代化、正规化、革命化的明确目标和前进方向，其中现代化是中心。不论是革命化，还是正规化，都必须围绕着现代化这个中心来进行。早在20世纪70年代，邓小平就尖锐地指出我军存在的两个弱点：一个是"我们军队打现代战争的能力不够"，另一个是我们军队的各级干部"指挥现代战争，包括我们老同志在内，能力都不够"。这就意味着，我军的现代化建设是现代战争提出的必然要求，正是这个要求，决定了我军建设必须以现代化为中心。实现军队的现代化是人民解放军全部工作的中心，也是人民解放军向高级阶段发展的必由之路。军队的一切工作和正在进行的一切改革，都要服从和服务于现代化建设，都要紧紧围绕这个中心来进行。

3. 坚持质量建军的根本要求，走有中国特色的精兵之路

进入新的历史时期以后，邓小平根据各国军队建设的普遍规律，从我国的国情、军情出发，明确提出我军的现代化建设一定要注重质量建设，他说："我们不需要太多，但要精，要真正是现代化的东西。"军队建设只讲数量、不讲质量是不行的，注重质量建军是现代战争的客观要求。现在世界各国都把减少数量、提高质量作为军队建设的基本方针，邓小平把质量建设提到了我军现代化建设的首位。邓小平提出要以精简整编和体制改革为突破口，坚持独立自主、自力更生的方针，加强政治教育，进行严格的教育训练以提高军队的素质和战斗力，努力开展军事科学技术研究，积极发展和改善我军的武器装备，来实现我军的现代化。邓小平质量建军的思想为我军的质量建设指明了方向，开辟了一条有中国特色的社会主义精兵之路。

三、地位和作用

邓小平同志是我党我军第二代领导集体的核心，毛泽东逝世后，他领导全党

全军和全国人民，"把毛泽东同志已经提出，但是没有做好的事情做起来"。在领导中国伟大建设的实践中，邓小平根据马克思主义同中国实际相结合的原则，继承、丰富与发展了包括军事思想在内的毛泽东思想，提出了一系列的观点和理论，形成了包括邓小平军事理论在内的邓小平理论。

（一）邓小平军事理论是对毛泽东军事思想的丰富和发展，是最富有时代精神的马克思主义军事理论

在十四大报告中，江泽民指出邓小平建设有中国特色社会主义的理论是马克思列宁主义基本原理与当代中国实际和时代特征相结合的产物，是对毛泽东思想的继承和发展，是全党全国人民集体智慧的结晶，是中国共产党和人民最珍贵的精神财富。在党的十五大报告中，江泽民进一步指出，邓小平理论是当代中国的马克思主义，是马克思主义在中国发展的新阶段。

邓小平主持我党我军的工作后，以马克思主义实事求是的科学态度、无产阶级革命家的创新精神和战略家的远见卓识，把毛泽东军事思想与新时期我国我军的客观实际相结合，对国内外大势和新的历史条件进行了深远的思考，提出了我国新时期国防建设和军队建设发展的总体战略，极大地丰富和发展了毛泽东军事思想。

1. 着眼于时代的特点，提出了新的战争观

毛泽东认为战争的根源是私有制和阶级，并把战争划分为正义战争和非正义战争。邓小平发展了毛泽东的军事思想，认为霸权主义是当代战争的主要根源，战争危险依然存在，但和平力量的增长超过了战争力量的增长，国际形势总的趋势是趋于缓和，和平与发展成为当今世界的两大问题，世界战争可以推迟或避免。这就为我军新时期建设的指导思想的战略性转变提供了理论依据，并推动我国国防与军队建设真正走上了和平时期建设的轨道。邓小平还主张要在和平共处五项原则的基础上建立国际政治、经济新秩序，争取用和平方式解决国际争端和国家统一问题。要立足于中国力量的发展，促进世界和平力量的发展，反对霸权主义，制止战争，维护和平。

2. 适应社会主义现代化建设的要求，提出了建设具有中国特色的现代化正规化革命军队的科学理论

毛泽东将建设强大的国防和经济力量作为新中国的两大任务，并发出了建设现代化国防的号召。邓小平考察了现代战争对军队的要求和其他国家军队建设的经验，对我军建设的总目标和实现这一总目标的方针、措施和步骤提出了一系列科学的理论和观点，强调"必须把我军建设成为一支强大的现代化、正规化的革命军队"，确立了国防和军队建设的基本精神是以现代化为中心，以革命化为根本，把建设有中国特色的现代化、正规化革命军队作为新时期军队建设的总任务。

3. 围绕党在社会主义初级阶段的基本路线，制定了国防建设、军队建设要服从国家建设大局的基本原则

新中国成立之后，毛泽东就提出了和平时期国防建设必须服从国家经济建设的原则。在新时期，邓小平将毛泽东的这一理论加以完善化和系统化，并用以指导我国的国防建设，理顺了国防建设和经济建设的关系。邓小平强调社会主义现代化建设才是最大的政治，代表着人民的根本利益，军队建设要紧紧围绕党的基本路线进行，必须服从国家经济建设的大局，国防建设、军队建设要在大局下行动。只有把经济建设搞上去，才能从根本上增强国力和军力。同时，在国防经费不可能有大的增加的情况下，军队和国防建设要立足现有条件，在服从国家经济建设大局中积极谋求军队和国防建设的发展，逐步实现军队现代化。

4. 探索实现我国国防和军队现代化的全面改革之路

邓小平反复强调，不改革就没有出路。军队的改革必须以战斗力标准为尺度，着眼于提高质量，着眼于全面提高军队的素质，要从自身特点出发，积极稳妥地促进我军的"三化"建设。邓小平还指出，军队改革要与国家改革相协调，要在发扬党对军队的绝对领导、军队的政治工作、全心全意为人民服务的宗旨等优良传统的基础上，依据现代化军队建设的规律，改革和调整军队编制体制、教育训练和管理方面存在的问题。这样才能适应现代战争的需要，保证人民军队的本色，保证它在政治上永远合格。

5. 考察了国际形势的变化和现代科学技术对战争的影响，明确提出我军要继续坚持积极防御和人民战争的战略方针

积极防御和人民战争的战略方针是毛泽东军事思想的重要内容，邓小平考察了现代战争的特点和规律，立足中国的国情和军情，明确提出我军要坚持寓攻于防、攻防结合的战略方针。同时强调要研究战争形态和样式的新变化，适应现代技术特别是高技术条件下局部战争的需要，在继承我军优良传统的基础上，坚持和发展人民战争理论，实行现代条件下的人民战争，使我军在未来的反侵略战争中永远立于不败之地。

邓小平的新时期的军事理论进一步揭示了相对和平时期国防与军队建设的规律，创造性地阐述了新时期我国国防与军队建设的基本理论问题，是毛泽东军事思想在新的历史条件下的重大发展。

（二）邓小平军事理论是新时期我国国防和军队建设实践经验的科学总结，是我国国防和军队建设的指导思想

江泽民在党的十五大报告中指出："在社会主义改革开放和现代化建设的新时期，在跨越世纪的新征途上，一定要高举邓小平理论的伟大旗帜，用邓小平理论来指导我们的整个事业和各项工作。这是党从历史和现实中得出的不可动摇的

结论。"邓小平理论包括邓小平军事理论，我们的整个事业和各项工作也包括中国的国防和军队建设。邓小平理论是全党的旗帜，是全国人民的旗帜，也是军队的旗帜。高举邓小平理论伟大旗帜，是确保党、国家和军队沿着正确的方向和道路胜利前进的科学指南。

邓小平主持党中央和中央军委工作之后，从我国的国情、军情出发，运用马克思主义的基本原理，科学地分析了国际战略形势，又结合我国国防和军队建设的伟大实践，对新时期的军事战略与作战指导，对国防建设、军队建设及其与经济建设的关系，对军队现代化建设和改革的指导方针与任务，对军队的体制编制、教育训练、政治工作、后勤保障、国防科研、军政军民团结、军事科学理论的发展等各个方面，都作出了一系列重要论述。这些论述深刻分析了我军建设所处的国际环境，认为和平与发展是当今时代的两大主题，世界性的战争一时打不起来，军队建设指导思想要实行战略性转变，即由随时准备"早打、大打、打核战争"的临战准备状态，转到和平时期从长计议地建设军队的轨道上来；分析了我军建设的国内条件，认为在建设有中国特色社会主义的新时期，我们必须坚持以经济建设为中心的方针，确定了国防和军队建设同经济建设协调发展的原则；揭示了现代战争的特点和规律，分析了现代科学技术对战争方式的影响以及对军队建设的要求，强调要以现代化为中心，按照现代和未来战争的客观要求，全面加强军队质量建设，全面提高我军实现现代条件下人民战争的能力。邓小平的军事论述揭示了我国国防和军队建设的基本规律，解决了我国国防和军队建设实践中所遇到的一系列重大现实问题。

邓小平的军事理论实现了马列主义、毛泽东思想的基本原理与新时期我国国防和军队建设实践的结合，是对马列主义军事理论和毛泽东军事思想在新的历史条件下的创造性运用和发展，是当代马克思主义军事理论宝库中的最新成果，它为相对和平时期加强我国国防和军队建设指明了方向。

》》》 第四节　江泽民论国防与军队建设 《《《

一、主要内容

在跨越世纪的新征途上，以江泽民为核心的党中央、中央军委，根据发展变化了的国内、国际新形势和我军建设与军事斗争的客观实际，从解决新形势下国防建设、军队建设和军事斗争所面临的新情况、新问题出发，对国防建设、军队建设和军事斗争作出了一系列重要论述，是继承和发展邓小平军事理论的最新成果。

（一）江泽民的军事战略观点

1. 继承和发扬了我军积极防御的战略方针

江泽民指出，积极防御是后发制人、攻防结合的战略，而不是单纯防守的战略。积极防御是攻守兼备的战略。积极防御战略方针已经成为指导全军各项建设和一切工作的总的战略方针，全军的各项建设和一切工作包括军事训练、政治工作、后勤保障、国防科研、院校教育、军事理论研究等，都要在积极防御的战略方针的指导下进行。江泽民根据我国军事斗争和军事建设的实际情况，强调指出，要从我军的实际出发，面向现代化、面向世界、面向未来，努力发展军事理论；千方百计把我军的武器装备搞上去；围绕建设一支现代化正规化革命军队这个总目标，朝着规模适度、结构合理、指挥灵活的方向，按照"精兵、合成、高效"的原则，积极稳妥地推进我军的体制编制改革；要把教育训练摆在战略地位，将我军潜在的战斗力变成现实的战斗力。江泽民还指出，我们积极防御的战略方针是建立在人民战争基础之上的，而我们实行人民战争又要依赖于军事战略方针的指导。军事战略方针和人民战争是相辅相成、不可分割的统一整体，因此，坚持积极防御的战略方针，我们还要坚定不移地坚持和发展现代条件下的人民战争。

2. 提出发展高技术条件下人民战争的战略战术

人民战争是我们克敌制胜的根本法宝。江泽民指出，人民战争的思想任何时候都不能丢。在现代高技术条件下，战争形态变了，但战争的本质没有变，人仍然是战争胜负的决定因素；江泽民强调，我们要坚定不移地坚持和发展现代条件下的人民战争，高度重视对现代条件下人民战争的研究，并指出，现代高技术对人民战争提出了严峻的挑战，也注入了新的活力，必须有针对性地进行研究，必须研究现代人民战争的作战思想、作战指挥、地理环境、作战形式、战法运用、武器运用等，积极寻找和创造适应高技术条件的人民战争战略战术；在加强军队建设的同时，我们还必须重视国防后备力量的建设，努力建设一支强大的民兵和预备役后备力量。我国不断发展的社会主义市场经济，又为我国的军事斗争准备提供了更加雄厚的物质技术保障。正如江泽民所说的，我们有强大的正规军，有民兵和预备役部队，如果有人把战争强加在我们头上，我们是不惧怕的，我们要坚决以正义的反侵略的人民战争来对付它，坚决把敢于来犯之敌消灭在人民战争的汪洋大海之中。

（二）江泽民论军队建设

1. 高举邓小平理论伟大旗帜，把军队建设胜利推向21世纪

我党历来重视理论的指导作用，在新时期，我们要加强军队建设，首先就要

有科学理论的指导。高举邓小平理论伟大旗帜，把军队建设胜利推向 21 世纪，既是江泽民新形势下加强军队建设的总的指导思想，也是根本方略，是江泽民军事论述的基本依据。

江泽民认为，邓小平理论是全党的旗帜，是全国人民的旗帜，也是全军的旗帜，高举邓小平理论的伟大旗帜是确保党、国家和军队沿着正确的方向和道路胜利前进的科学指南。在党的十五大上，我们党把邓小平理论确立为党的指导思想，并明确指出，"在当代中国，只有把马克思主义同当代中国实践和时代特征结合起来的邓小平理论，而没有别的理论能够解决社会主义的前途和命运问题"，"在跨越世纪的新征途上，一定要高举邓小平理论的伟大旗帜，用邓小平理论来指导我们整个事业和各项工作"。这是把建设有中国特色社会主义事业全面推向21 世纪的根本保证。

高举邓小平理论伟大旗帜，关系到我军的发展壮大。我军是中国共产党绝对领导下的人民军队，党的旗帜就是军队的旗帜，党的方向就是军队的方向。在新的历史时期，只有坚定不移地高举邓小平理论的伟大旗帜，才能保持我军建设的正确方向，才能保持人民军队的性质和宗旨，才能在正确理论的指导下，把我军现代化建设搞上去，才能确保人民军队的性质，进而确保成功履行其根本职能，为国家改革和建设提供坚强有力的安全保证。为此，江泽民反复强调要高举邓小平理论的伟大旗帜，就必须用邓小平建设有中国特色的社会主义理论武装全军、指导行动，必须在坚持贯彻邓小平新时期军队建设思想上狠下功夫，这是由邓小平理论的科学性决定的。江泽民指出，邓小平同志关于新时期军队建设的思想，反映了新时期军队建设的基本规律，是我们在新的历史条件下搞好军队建设和进行改革的根本依据和指导思想。因此，我们要下功夫学习好、领会好，切实按照小平同志设计的军队建设蓝图，走有中国特色的精兵之路，全面提高部队的战斗力，履行好维护祖国安全、社会稳定和推进祖国统一的神圣使命。

2. 坚持党对军队的绝对领导是人民军队的军魂

党对军队的绝对领导是我们党三代领导人都十分重视的问题。早在 20 世纪80 年代末，江泽民就在深刻分析我军建设所面临的新形势、新问题的基础上指出，坚持党对军队的绝对领导，是我们建军的根本原则，是我们党的优良传统，是我们军队特有的政治优势，必须继续保持和发扬。1993 年 9 月他又强调指出，坚持党的绝对领导是我们军队的军魂。江泽民认为人民军队是在党的缔造和领导下发展起来的。人民军队从创建到发展，从战时作战到平时建设，从建军性质、任务和一系列原则的设立到一系列的革命实践，都是在中国共产党的绝对领导、指挥下进行的。历史证明，只有坚持中国共产党的领导才能缔造彻底革命性、广泛群众性、严明纪律性的新型人民军队。也只有坚持党对军队的绝对领导，才能永葆人民军队的性质。1990 年，江泽民在建军 63 周年的讲话中强调，加强军队建设，最根本的是要坚持党对军队的绝对领导。江泽民更明确指出坚持党对军队的绝对领导是人民军队的军魂，必须把思想政治工作摆在全军各项建设的首位，他说，"我们必须高度重视军队的思想政治建设，必须把它摆在全军各项建设的首位"，而加强军队的思想政治工作要着眼于确保党对军队的绝对领导，这就为我军的思想政治工作提出了指导方针，指明了工作重点。

3. 提出了实现新时期军队建设目标的总要求

江泽民依据邓小平新时期军队建设思想，结合军队建设不断发展的实际，从增强国防实力和履行军队根本职能出发，提出了"政治合格，军事过硬，作风优良，纪律严明，保障有力"的总要求，这个总要求涵盖了新时期我军建设的基本内容，已经成为我国军队建设的行动准绳和纲领。在党的十五大报告中江泽民又进一步强调，要按照这个总要求，积极推进军队的建设和改革，把人民解放军的革命化、现代化、正规化建设提高到一个新水平。

人才为军事之本，也是建军治军之本。我军的高级干部是治军的骨干，党中央和中央军委的战略意图首先要通过高级干部去贯彻执行。实现江泽民提出的这五个总要求，关键在于要有一支高素质的干部队伍。江泽民总书记在这个问题上发表了一系列论述，在党的十五大报告中江泽民又进一步强调，按照革命化、年轻化、知识化、专业化方针，建设一支适应社会主义现代化建设需要的高素质干部队伍，是我们的事业不断取得成功的关键。

4. 注重质量建设，走有中国特色的精兵之路，是一个必须长期坚持的根本方针

江泽民提出，中国的军队建设要从中国社会主义初级阶段的国情军情出发，走有中国特色的精兵之路。"目标是建设一支有中国特色的革命化、现代化、正规化的人民军队。减少数量，提高质量，是军队现代化建设的一条基本方针。中国军队依靠科技强军，实现军队由数量规模型向质量效能型、由人力密集型向科技密集型的转变；按照现代战争的特点，努力提高武器装备现代化建设的水平，改革和完善军队的体制编制，改进部队的训练和院校教育的内容与方法。"走有中国特色的精兵之路，就必须把握军队建设的中国特色，就是从中国社会主义初级阶段的政治、经济、文化、军事、科技、外交等方面的传统、现状和发展趋势的综合情况出发，扬长避短，使军队的革命化、现代化、正规化建设都深深打上中国特色的烙印，反映和体现中国国情的要求。这就要求我国的军队建设和军队现代化要以经济建设为依托，要同经济发展相协调，要服从和服务于我们国家的发展战略；江泽民还指出，现代战争已成为高新技术战争，是电子战、导弹战、立体战，落后就意味着挨打。江泽民非常重视我军的质量建设，一再强调"坚定

不移地贯彻科技强军战略"，全面提高我军的战斗力；加强思想政治工作，加强教育训练，提高军队的军政素质，提升我军以劣势装备战胜优势装备之敌的能力。

（三）加强新时期国防现代化建设

加强新时期国防现代化建设，江泽民的论述集中体现在三个方面：一是特别强调要正确处理国防建设与经济的关系；二是要求建设具有中国特色的现代化国防；三是要加强全民国防教育，增强全民国防观念。

1. 正确处理国防建设与经济建设的关系

以江泽民为核心的党的第三代领导集体，从国防战略全局出发，根据国家经济不断发展的实际，高度重视国防和军队建设，提出既要服从大局，两者又要相互促进，协调发展。一是必须继续坚持以经济建设为中心，在集中力量进行经济建设的同时，努力加强国防建设，使国防建设在国家财力增加的基础上不断发展。二是必须形成国防建设和经济建设相互促进、协调发展的机制。比如军队要为国家的经济建设积极贡献力量，通用性较强的军事设施要实行军民合用，国防科技工业要能军能民等。而国家在经济，特别是基础设施建设中，要充分考虑国防和军队的需求，做到既能促进经济发展，又能增强国防实力。三是要努力提高以经济科技实力、国防实力和民族凝聚力为主要内容的综合国力。传统意义上对国家安全利益的保障，主要凭借一个国家的军事能力，即通过战争手段保卫自己和征服对手的能力。随着人类社会化大生产的日益发展，科学技术的突飞猛进，国家之间单一军事力量的较量与竞争，日益深化为以经济科技实力、国防实力和民族凝聚力为主要内容的综合国力的较量和竞争。加强这三大实力，是实现中华民族振兴的必由之路。

2. 建设具有中国社会主义特色的现代化国防

国防现代化是国家战略目标之一。首先，必须建立现代化的军事理论。要建立现代化的军事理论，就必须正确处理继承与创新的关系。军事理论来源于军事实践，科学技术的发展强制性地改变了战争的形态、方式和方法，有了新的战略战术。根据新的时代条件的变化和军队建设、国防建设的现实需要，努力发展具有中国特色的军事指导理论。其次，国防现代化的重要内容是实现武器装备的现代化。要把国防科技发展和武器装备建设放在突出地位，必须坚持国防建设与经济建设相互促进、协调发展，使国防科技发展与武器装备建设适应新时期军事战略以及整个国家现代化建设事业发展的需要。再次，建立具有中国社会主义特色的现代化国防工业体系。国防工业在保卫国家主权，反对外国入侵，维护世界和平，反对霸权主义和强权政治的斗争中作出了巨大的贡献，捍卫了国家的尊严。

要坚持寓军于民，坚持大力协同，坚持自力更生，加强自主创新，实现国防工业跨越式发展。

3. 加强全民国防教育，增强全民国防观念

国防现代化包括十分丰富的内容，国防精神和国防观念是其中不可忽视的重要方面。在长期的和平环境和发展社会主义市场经济的条件下，一方面，人们容易淡化国防意识，产生和平麻痹思想；另一方面，市场经济的利益主体多元化，容易使局部利益或个人主义倾向得到强化。因此，我们必须针对发展市场经济给人们的思想观念、利益关系、价值取向、精神状态带来的负面影响，切实加强国防教育，大力增强全民的国防观念。江泽民指出，越是在和平时期，越要宣传国防建设的意义，克服和平麻痹思想，增强人们的国防观念。在进行国防教育中，必须全面落实江泽民关于"抓好全民国防教育，广泛深入持久地开展拥政爱民、拥军优属活动，发扬军政军民相互团结、相互支持的大好局面"的指示，树立常备不懈的观念，全面认识我国疆土的概念，要有大国防和海洋国土的意识，深入开展以爱国主义为核心的国防教育，建立国家、军队、社会、学校、家庭"五位一体"的国防教育系统工程网络，促进我国社会主义市场经济的健康发展，捍卫我国社会主义建设的伟大成果。

二、指导作用

江泽民和以江泽民为核心的党中央和中央军委在深刻分析国际战略格局变化、世界科技和军事发生重大变化以及我国改革开放和现代化建设事业深入发展的新形势的基础上，从解决新形势下我国国防建设、军队建设和军事斗争所面临的新情况、新问题出发，对国防建设、军队建设和军事斗争等工作作出了一系列重要论述，明确提出高举邓小平理论伟大旗帜，按照"政治合格、军事过硬、作风优良、纪律严明、保障有力"的五个总要求，全面推进军队的建设和改革，将我军的革命化、现代化、正规化建设提高到一个新的高度；提出人民军队要把思想政治建设摆在首位，永葆人民军队的政治本色和优良传统；提出贯彻科技强军战略，减少数量，提高质量，走有中国特色的精兵之路，实现军队建设由数量规模型向质量效能型、由人力密集型向科技密集型转变，军事训练要立足于以现有装备战胜优势装备之敌；提出国防和军队建设要以经济建设为依托，要同经济发展相适应，走出一条符合中国国情的国防和军队发展之路等。江泽民的这些重要论述是根据变化了的国内国际新形势、我军建设和现代军事斗争的客观实际提出的，是马克思主义普遍原理与中国社会主义建设实践经验的科学总结，是继承和发展邓小平军事理论的最新成果，是继邓小平军事理论之后，我国国防和军队建设的最新科学指南。

》》第五节 胡锦涛论国防与军队建设 《《

科学发展观的提出，深化了人们对社会主义发展规律的认识，向人们指明了实现经济社会又快又好发展的科学道路，也为国防和军队建设的科学发展进一步指明了方向。胡锦涛同志围绕在国防和军队建设中贯彻落实科学发展观所做的一系列重要论述，深刻揭示了新世纪新阶段国防和军队建设发展的特点和规律，是科学发展观在军事领域中的具体运用和生动展开，具有丰富而深刻的内涵。必须把学习贯彻科学发展观作为首要政治任务和长期战略任务，作为贯穿国防和军队建设的主线，不断深化对科学发展观的学习理解，不断增强贯彻落实科学发展观的自觉性和坚定性。

一、党的军事指导理论的重大创新发展

胡锦涛同志把科学发展观作为重要指导方针，实现了党的军事指导理论的与时俱进，根据时代发展和军事实践的新要求，着眼于科学发展观在军事领域的运用，创造性地提出了新世纪新阶段我军的历史使命、贯彻以人为本的建军治军理念、科学统筹军队建设和改革的全局、坚持"三个有利于"标准等一系列新思想、新观点、新论断。这些新思想、新观点、新论断，运用马克思主义军事理论的基本立场、观点和方法，继承中华民族优秀军事文化传统，既坚持了我们党领导军队建设发展的重要原则，又充分吸纳了世界军事理论的先进成果，既同毛泽东军事思想、邓小平军事理论、江泽民国防和军队建设思想一脉相承，又与时俱进，为党的军事指导理论赋予了新内涵，谱写了马克思主义军事理论在中国发展的新篇章。

把科学发展观作为重要指导方针，为推进国防和军队建设又快又好发展提供了强大的思想武器。当前，我军建设在取得巨大成就的同时，也面临着现代化水平与打赢信息化条件下局部战争的要求还不相适应、军事能力与履行我军新世纪新阶段的历史使命的要求还不相适应等问题，部队建设中一些深层次矛盾亟须解决，一些重大关系需要进一步科学把握。解决这些问题，迫切需要以科学发展观为指导，在理乱驭繁中打开新的建设局面，在攻坚破难中开辟又快又好发展的道路。

围绕在国防和军队建设中全面贯彻落实科学发展观，胡锦涛同志作出的一系列重要论述，深刻地揭示了新世纪新阶段国防和军队建设发展的特点和规律。这些重要论述是科学发展观在军事领域中的具体运用和生动展开，是党的军事指导理论的重大创新发展，具有丰富而深刻的内涵。

二、新世纪新阶段我军建设发展规律的集中体现

胡锦涛同志提出我军"三个提供、一个发挥"的历史使命,确立了国防和军队建设的首要目标和任务。我军要为党巩固执政地位提供重要的力量保证,为维护国家发展的重要战略机遇期提供坚强的安全保障,为维护国家利益提供有力的战略支撑,为维护世界和平与促进共同发展发挥重要作用。这"三个提供、一个发挥",进一步拓展了军事战略指导的视野,为建设一支同国家安全和发展利益相适应的军事力量指明了方向。

胡锦涛同志强调把国防和军队建设融入国家现代化建设的战略全局,明确了富国与强军相统一的发展方针。国防和军队发展战略应与国家发展战略相适应,积极探索军民结合、寓军于民的发展路子,把国防和军队现代化建设融入国家经济社会发展体系之中,实现国防建设和经济建设相互促进、协调发展。这就为科学统筹国防建设和经济建设提供了基本原则和崭新思路。

胡锦涛同志强调全面加强、协调推进军队革命化、现代化、正规化建设,明确了我军建设发展的重要原则。革命化、现代化、正规化相互联系、相互促进,构成一个有机的统一整体。必须按照革命化、现代化、正规化相统一的原则加强全面建设,科学统筹中国特色军事变革与军事斗争准备、机械化建设与信息化建设、诸军兵种作战力量建设、当前建设与长远发展、主要战略方向建设与其他战略方向建设。这就明确了军队贯彻落实科学发展观的基本要求,为正确把握军队建设的重大关系、合理布局各项建设提供了科学方法。

胡锦涛同志强调以军事斗争准备为龙头带动军队现代化建设整体发展,明确了我军建设发展的战略牵引。军事斗争准备是最重要、最现实、最紧迫的战略任务,也是我军长期的主要战略任务。我军现代化建设要从国情和军情出发,根据维护国家安全统一需要和军事斗争任务的轻重缓急,逐步加以推进。要坚持以军事斗争准备为龙头,抓住发展重点,统筹发展全局,通过局部跃升促进整体提高。这是胡锦涛同志对我军现代化建设提出的明确而具体的要求,同时也为我军现代化建设提供了实实在在的抓手。

胡锦涛同志强调要把以人为本作为重要的建军治军理念,明确了我军建设发展的宗旨和主体。军队坚持以人为本,最重要的是必须始终坚持人民军队的根本性质,坚决维护人民群众的根本利益;要充分尊重官兵的主体地位和创造精神,把推动部队建设与促进官兵全面发展统一起来;要符合军队作为武装集团的特殊性,把爱护官兵生命与培育战斗精神统一起来,把关心官兵个人发展与从严治军统一起来,把尊重官兵权益与确保一切行动听指挥统一起来。这就赋予了人民军队的性质宗旨以新的时代内涵。

胡锦涛同志强调依靠科技进步来转变战斗力的生成模式，明确了国防和军队建设的途径，要求必须进一步实施科技强军战略，推动我军高新技术武器装备自主式、跨越式、可持续发展，造就大批高素质新型军事人才，运用科技成果提高训练质量，实现军队建设由数量规模型向质量效能型、由人力密集型向科技密集型转变。这就指明了实现建设信息化军队、打赢信息化战争战略目标的途径。

胡锦涛同志强调"四个创新"，明确了国防和军队建设的动力。胡锦涛同志把改革创新作为实现国防和军队建设科学发展的根本出路，强调着力推动军事理论、军事技术、军事组织体制和军事管理创新，为国防和军队建设发展提供不竭动力。这就明确了军队改革创新的主要任务以及国防和军队建设的动力所在。

胡锦涛同志强调大力加强科学管理，指明了提高我军现代化建设质量效益的路子。他指出军队科学发展离不开科学管理，要加强现代管理知识学习，更新管理观念，提高管理能力，积极探索具有我军特色的科学管理模式，向科学管理要效益、要战斗力；始终发扬艰苦奋斗精神，贯彻勤俭建军方针。这为我军建设实现又快又好发展提供了重要的方法。

胡锦涛同志强调各领导干部要更加有力、更加扎实、更加富有成效地推进思想政治建设，明确国防和军队建设科学发展的思想政治保证。他还指出要坚持不懈地用党的创新理论武装官兵，深入开展我军历史使命教育、理想信念教育、战斗精神教育和社会主义荣辱观教育；要着眼增强主动性、针对性、实效性，积极推进思想政治工作创新发展；要毫不动摇地坚持党对军队的绝对领导，大力加强党的先进性建设和干部队伍建设，确保党从思想上政治上组织上牢牢掌握部队。这为在新的历史条件下正确应对革命化建设面临的挑战和考验指明了方向。

胡锦涛同志强调注重解决体制机制上的深层次矛盾和问题，明确了国防和军队建设科学发展的制度保证。他指出一些体制机制上的深层次矛盾和问题，特别是一些重要政策制度滞后，成为影响军队建设发展和战斗力提高的关键因素。所以必须解放思想、开拓创新，积极推进中国特色军事变革，继续深化体制编制和政策制度调整改革，为军队建设科学发展提供更具活力的体制机制保证。这是实现国防和军队建设科学发展必须解决好的一个重大课题。

胡锦涛同志强调提高各级党委贯彻落实科学发展观的能力，明确了国防和军队建设科学发展的组织保证。他要求军队各级党委要下功夫学理论、学科技、学管理，努力提高科学决策、民主决策、依法决策水平，认真转变领导作风和工作作风，不断提高加强部队思想政治建设、把握部队建设正确方向的本领，领导军事斗争准备、带领部队完成信息化条件下作战任务的本领，推进中国特色军事变革、推进部队机械化信息化建设的本领，依法从严治军、加强部队正规化建设的本领。这一要求，明确了在国防和军队建设中贯彻落实科学发展观的关键所在。

　　胡锦涛同志强调坚持求真务实，明确了国防和军队建设科学发展的作风保证。胡锦涛同志强调，要树立正确的政绩观，坚持战斗力标准，自觉用"是否有利于部队建设的发展进步、有利于部队战斗力的提高、有利于解决官兵的实际问题"来衡量和检验各项工作。要坚持重实际、干实事、求实效，始终把工作重心放在基层。要在加强部队思想政治教育的针对性、实效性上下功夫，在抓基层、打基础上下功夫，在克服形式主义、官僚主义上下功夫，把从严治军真正落到实处。切实贯彻这些要求，才能培养促进部队建设科学发展的领导作风和工作作风，打牢部队建设科学发展的坚实基础。

三、坚持用科学发展观指导国防和军队建设

　　胡锦涛同志关于国防和军队建设的重要论述，是我国国防和军队建设中带方向性、全局性、根本性的重大战略问题。我们必须把学习贯彻科学发展观作为首要政治任务和长期战略任务，作为贯穿国防和军队建设的主线，务求在思想认识上有新提高，在学习理解上有新收获，在提高能力上有新进步，在贯彻落实上有新成效。

　　胡锦涛同志关于国防和军队建设的重要论述，深化了对科学发展观的学习理解。他指出应把科学发展观放在党的指导理论体系中，与学习毛泽东思想、邓小平理论和"三个代表"重要思想结合起来，与学习毛泽东军事思想、邓小平新时期军队建设思想、江泽民国防和军队建设思想结合起来，紧密联系国防和军队建设的实践，全面理解把握科学发展观的科学内涵、精神实质、基本要求和指导意义，切实掌握蕴含其中的科学世界观和方法论，使党的创新理论在头脑中深深扎根。

　　胡锦涛同志关于国防和军队建设的重要论述，增强了贯彻落实科学发展观的自觉性和坚定性，是充分认识树立和落实科学发展观、高举邓小平理论和"三个代表"重要思想伟大旗帜的集中体现，是我军推进科学发展、有效履行使命的根本保证。他指出要努力使我们的认识随着学习贯彻的深入而不断深化，信仰随着实践的发展而不断坚定，切实把科学发展观作为科学真理来追求，把贯彻落实科学发展观作为伟大事业来推进，真正把军心意志和智慧力量凝聚到党的创新理论的旗帜下。

　　胡锦涛同志关于国防和军队建设的重要论述，要求我们把科学发展观贯彻落实到国防和军队建设的方方面面，把科学发展观的普遍要求与部队建设发展的具体实际相结合，与本单位履行使命任务的具体工作相结合，努力转化为谋划发展的正确思路、促进发展的政策措施、领导发展的实际能力；深入研究把握部队建设的阶段性特点，切实按客观规律办事，科学统筹部队建设和改革全局；把以人

为本作为重要建军治军理念，把讲求质量效益作为抓工作搞建设的重要原则，从政策制度调整改革入手，积极推进改革创新，力求在解决影响和制约部队建设发展的突出矛盾和问题上有所突破。各级领导干部应把提高贯彻落实科学发展观的能力作为紧迫任务，自觉做科学发展观的坚定信仰者、模范实践者，并带动部队把学习贯彻科学发展观引向深入。

≫ 第六节　习近平关于国防和军队建设的重要论述 ≪

一、习近平关于国防和军队建设重要论述的主要内容

以习近平为核心的党中央和中央军委科学判断国际形势，准确把握世界脉搏，科学总结我们党建军治军的成功经验，提出了新形势下党的强军目标，明确了加强军队建设的聚焦点和着力点，并成为我国国防和军队建设的科学指南与行动纲领。

1. 科学判断国际形势，准确把握世界脉搏

以习近平为核心的党中央和中央军委认为，21世纪以来，世界发生了深刻复杂的变化，和平与发展仍然是时代主题。经济全球化、世界多极化深入发展，文化多样化、社会信息化持续推进，国际力量对比朝着有利于维护世界和平的方向发展，国际形势保持总体和平稳定的基本态势。与此同时，世界仍然很不安宁，霸权主义、强权政治和新干涉主义有所上升，局部动荡频繁发生，热点问题此起彼伏，传统与非传统安全挑战交织互动，国际军事领域竞争更趋激烈，国际安全问题的突发性、关联性、综合性明显上升。尤其亚太地区日益成为世界经济发展和大国战略博弈的重要舞台，美国调整亚太安全战略，地区格局也随之经历了深刻调整。

改革开放30多年，中国抓住机遇，迎接挑战，取得了举世瞩目的成就，综合国力大幅跃升，国际竞争力和影响力不断提高。但是，中国仍面临多元复杂的安全威胁和挑战，生存安全问题和发展安全问题、传统安全威胁和非传统安全威胁相互交织，维护国家统一、维护领土完整、维护发展利益的任务艰巨繁重。有的国家深化亚太军事同盟，扩大军事存在，频繁制造地区紧张局势。个别邻国在涉及中国领土主权和海洋权益的问题上采取使问题复杂化、扩大化的举动。日本在钓鱼岛问题上制造事端，恐怖主义、分裂主义、极端主义"三股势力"威胁上升。"台独"分裂势力及其分裂活动仍然是两岸关系和平发展的最大威胁，重大自然灾害、安全事故和公共卫生事件频发，影响社会和谐稳定的因素增加，国家海外利益安全风险上升。机械化战争形态向信息化战争形态加速演变，主要国

家大力发展军事高新技术，抢占太空、网络空间等国际竞争战略制高点。

面对复杂多变的安全环境，党中央和中央军委要求中国人民解放军要坚决履行新世纪新阶段的历史使命，拓展国家安全战略和军事战略视野，立足打赢信息化条件下的局部战争，积极运筹和平时期武装力量的运用，有效应对多种安全威胁，完成多样化军事任务。

2. 坚持党对军队的绝对领导

坚持党对军队的绝对领导，是我军的优良传统，也是人民解放军忠于人民、为人民服务的根本保证。习近平认为，必须毫不动摇地坚持党对军队的绝对领导。保证党对军队的绝对领导，关系我军性质和宗旨，关系社会主义前途命运，关系党和国家长治久安，是我军的立军之本和建军之魂。2013年3月，习近平出席十二届一次会议会见解放军代表时重申：建设一支听党指挥、能打胜仗、作风优良的人民军队，是党在新形势下的强军目标。他还指出"听党指挥是灵魂，决定军队建设的政治方向"。他要求全军准确把握这一强军目标，铸牢听党指挥这个强军之魂，坚持党对军队绝对领导的根本原则和人民军队的根本宗旨不动摇，确保部队绝对忠诚、绝对纯洁、绝对可靠，永葆人民军队的性质和本色，确保全军在任何时候任何情况下都坚决听从党中央、中央军委指挥。习近平要求要始终把思想政治建设摆在军队各项建设首位，坚持不懈用中国特色社会主义理论体系武装官兵，持续培育当代革命军人核心价值观，弘扬我军光荣传统和优良作风，使坚持党对军队的绝对领导在官兵思想中深深扎根，进一步打牢官兵高举旗帜、听党指挥、履行使命的思想政治基础。

3. 深化国防和军队改革

习近平认为，国防和军队改革是全面改革的重要组成部分，也是全面深化改革的重要标志。十八届三中全会提出了我党在新形势下的强军目标，要实现强军目标，就必须深化国防和军队改革。2014年3月，在十二届人大二次会议会见解放军代表时，习近平强调：实现强军目标，必须抓住战略契机深化国防和军队改革，解决制约国防和军队建设的体制性障碍、结构性矛盾、政策性问题，深入推进军队组织形态现代化。他还指出，"要坚持改革正确政治方向，坚持贯彻能打仗、打胜仗要求，坚持以军事战略创新为先导，进一步解放思想、更新观念，进一步解放和发展战斗力，进一步解放和增强军队活力，为实现强军目标提供体制机制和政策制度保障。要破除思维定式，树立与强军目标要求相适应的思维方式和思想观念"。要着眼实现强军目标，正确把握深化国防和军队改革的指导原则。要牢牢把握坚持改革正确方向这个根本。深化国防和军队改革是中国特色社会主义军事制度的自我完善和发展，是为了更好地发挥中国特色社会主义军事制度的优势。改革是要更好地坚持党对军队的绝对领导，更好地坚持人民军队的性质和宗旨，更好地坚持我军的光荣传统和优良作风。要牢牢把握能打仗、打胜仗这个聚焦点，坚持以军事斗争准备为龙头，坚持问题导向，把改革主攻方向放在军事斗争准备的重点、难点问题上，放在战斗力建设的薄弱环节上，推动信息化建设，不断拓展和深化军事斗争准备，提高部队以打赢信息化条件下局部战争能力为核心的完成多样化军事任务能力，建设一支召之即来、来之能战、战之能胜的现代化人民军队。

4. 坚持走中国特色军民融合的发展道路

习近平强调，实现强军目标，必须同心协力做好军民融合深度发展这篇大文章，要统筹经济建设和国防建设，努力实现富国和强军的统一，既要发挥国家主导作用，又要发挥市场的作用，坚持需求牵引、国家主导，努力形成基础设施和重要领域军民深度融合的发展格局。军队要遵循国防经济规律和信息化条件下战斗力建设规律，自觉将国防和军队建设融入经济社会发展体系。地方要注重在经济建设中贯彻国防需求，自觉把经济布局调整同国防布局完善有机结合起来。要深入做好新形势下的双拥工作，要弘扬拥政爱民、拥军优属的光荣传统，开展军民共建与和谐创建活动。地方各级党委和政府要关心支持国防和军队建设与改革，配合军队完成多样化军事任务，加强国防教育，增强全民国防观念，使关心国防、热爱国防、建设国防、保卫国防成为全社会的思想共识和自觉行动，为实现强军目标提供有力保障。

二、习近平关于国防和军队建设重要论述的时代意义

中央军委主席习近平于 2013 年 3 月 11 日，在十二届全国人大一次会议会见解放军代表时，重申了建设一支听党指挥、能打胜仗、作风优良的人民军队是党在新形势下的强军目标，并作了深入阐述。习主席关于党在新形势下国防和军队建设的一系列重要论述，从坚持和发展中国特色社会主义、实现中华民族伟大复兴中国梦的战略高度，科学地总结我们党建军治军的成功经验，在准确把握当今国际形势的前提下，鲜明地回答了我国国防和军队建设面临的重大时代课题。习主席对国防和军队建设的一系列重要论述是对毛泽东军事思想、邓小平军事理论和江泽民、胡锦涛主席关于国防和军队建设理论的继承与发展，是我党在新形势下强军兴军的伟大战略，是加快我国国防和军队现代化建设的行动纲领，对建设巩固国防和强大人民军队具有重大的时代意义。

1. 托起强军梦、中国梦的伟大战略思想

2012 年 12 月，习主席视察广州军区，在会见驻穗部队师以上干部时，他指出："实现中华民族伟大复兴，是中华民族近代以来最大的梦想。可以说，这个梦是强国梦，对军队来说，也是强军梦。我们要实现中华民族伟大复兴，必须坚

持富国和强军相统一，努力建设巩固国防和强大军队。"富国和强军是实现中华民族伟大复兴梦的两大基石，党的强军目标和习主席关于国防和军队建设的一系列论述顺应时代发展趋势，明确了党和人民实现强军梦的战略任务和根本要求，成为建设强大国防和人民军队的行动纲领，是托起强军梦、中国梦的伟大战略思想。

2. 党在新形势下强军、兴军的科学指南

习近平主席在深入阐述党的强军目标时强调指出：听党指挥是灵魂，决定军队建设的政治方向；能打胜仗是核心，反映军队的根本职能和军队建设的根本指向；作风优良是保证，关系军队的性质、宗旨、本色。习主席关于国防和军队建设的一系列重要论述，准确把握了世界形势和我军实际，继承了我党国防和军队建设的理论成果，发扬了我军优良传统，抓住了建设强大国防的关键，明确了加强军队建设的着力点和聚焦点，成为我党在新形势下强军、兴军的行动纲领。

坚决听党指挥是强军之魂。习近平指出：我军作为执行党的政治任务的武装集团，必须把听党指挥作为军队建设的首要。坚持党对军队的绝对领导，是我军立军之本、强军之魂，是我军生命所系、力量所在。在任何情况下，我军都必须铸牢听党指挥这个强军之魂，坚持党对军队的绝对领导和人民军队的根本宗旨不动摇，贯彻执行党的理论和路线方针政策不动摇，确保部队绝对忠诚、绝对纯洁、绝对可靠，始终忠于党、忠于社会主义、忠于祖国、忠于人民。要坚定党对军队绝对领导的政治自信和政治自觉，坚决维护党中央、中央军委的权威，一切行动听从党中央、中央军委指挥。

能打胜仗是强军之要。习近平主席指出："军队首先是一个战斗队，必须坚持一切建设和工作向能打仗聚焦。"因此习近平特别强调，必须树立军队要能打仗、打胜仗的思想，什么时候都要有带领部队打胜仗的观念，全部心思要向打仗聚焦，各项工作要向打仗用劲；我们必须扭住能打仗、打胜仗这个强军之要，强化官兵当兵打仗、带兵打仗、练兵打仗思想，牢固树立战斗力这个唯一的标准，按照打仗的标准搞建设、抓战备，确保部队招之即来、来之能战、战之必胜。习近平主席这一系列论述，为我们科学把握围绕强军目标开展政治工作指明了出发点和落脚点，也为我们提供了重要的思想理论依据。

弘扬优良传统是强军之基。习近平主席指出："作风优良是我军鲜明特色和政治优势，必须把作风建设作为一项基础性长期性工作抓紧抓实，永葆人民军队政治本色。"我军在长期的革命斗争实践中形成了一整套光荣传统和优良作风，是我军完成各项使命和任务的独特政治优势，是我军战斗力构成的重要因素。习近平主席特别强调：依法治军、从严治军是强军之基，必须保持严明的作风和铁的纪律，确保部队高度集中统一和安全稳定。加强作风建设是党的建设、军队建设的一个重要方面，直接关系军队形象和战斗力。这些论述既为实现强军目标、开展政治工作指明了方向，又提供了理论依据和着力点。

3. 体现中国民族振兴的"大国防观"

"大国防观"是指跳出国防和军队建设本身，站在国家和中华民族发展、振兴的全局高度，甚至以世界眼光来看待国防和军队建设而提出来的重大战略思想。党的十八大以来，习近平主席推动海洋强国建设等关于国防和军队建设的一系列新思想、新观点、新论断，都鲜明地体现了这种"大国防观"。

过去，在中国传统的国家安全观念里，我们对海洋的重视一直是不够的。过去，国防更多地强调守土，有时候甚至把它缩小为守边。而"大国防观"是指，在全球竞争的这个新时代，我们国家的边疆利益、边疆安全的概念都急剧扩大了。因此我们要适应时代的要求，适应国家利益拓展对国防提出的新要求。我军要跟上"大国防观"，就是要把十八大以来习近平主席关于国防和军队建设的重要观点学习好、领会好，要把习近平主席关于国防和军队建设的重大战略部署把握好、落实好，只有这样，国防和军队建设才能取得历史性进步，才能为中国特色社会主义伟大事业提供坚强的安全保障。

（资料来源：中国人民解放军总政治部宣传部）

【思考题】
1. 中国古代提出过哪些重要的军事思想？对现代军事思想有何启示？
2. 什么是毛泽东军事思想？包括哪些具体内容？
3. 江泽民、邓小平军事思想从哪些方面继承了毛泽东军事思想？
4. 胡锦涛关于国防和军队建设重要论述的核心内容是什么？

第三章　国际战略环境

当今世界，全球化浪潮风起云涌，科技发展日新月异，大国关系充满变数，这一切深刻地影响着世界军事战略环境的发展。进入 21 世纪后，我们仍然需要直面危机与冲突不断的军事战争环境。认识和把握动荡、调整中的国际战略格局，分析和研究变化、发展中的我国安全环境，是我们应对日益多元化的国际军事挑战的一个基本出发点。

>>> 第一节　国际战略环境概述 <<<

一、战　略

（一）战略的含义

"战略"这一名词具有悠久的历史和复杂的内涵，它最初是一个军事概念。在西方，早期的一些军事理论家是在战略与战术的对比研究中提出战略的定义的。直到 19 世纪末 20 世纪初，随着政治、经济、科技和精神等因素对战争的影响越来越大，西方学者提出了超越军事战略的"大战略"概念。英国人利德尔·哈特指出，战略是"协调和集中国家的全部资源用于实现由国家政策规定的在战争中的政治目标"。第一次世界大战后，广义的大战略概念在英国确立，并指导了第二次世界大战期间英国的战略计划的制订。战略的概念不再局限于军事领域，手段也不仅是军事力量，而是包括财政、商业、外交及意识形态的力量，关注实现怎样的战后和平。随着第二次世界大战后总体和平的持续及美国超级大国地位的确立，"大战略"研究在美国兴起。美国战略学家约翰·柯林斯认为大战略是在各种情况下运用国家力量的一门科学和艺术，以便通过威胁、武力、间接压力、外交、诡计以及其他可以想象得到的手段，对敌方实施各种程度和各种样式的控制，以实现国家安全利益和目标。① 大战略的核心是事关大局的国际安全问题，是指综合运用战略和战略手段保护并拓展本国整体安全、价值观和国家利益等。

为了便于对不同领域的战略作出明确区分，使用时须在"战略"二字之前冠以领域的名称，如政治战略、外交战略、经济战略等。如果只在军事领域内进行研究和使用，也可直接使用战略称谓。军事领域的战略，即军事战略，就是对军事斗争全局的筹划和指导。

军事战略是从全局上对军事领域的活动进行的谋划和运筹。军事战略通常由战略目的、战略方针、战略手段、战略力量等几个基本的要素构成，主要通过对军事力量的建设和运用来达成既定的政治目的。军事战略应当解决的主要问题是：判明国家（集团）安全面临威胁的性质和程度，确定战略上的主要对手和作战对象，提出军事斗争所要达到的总体目的，规定战略上的重点方向、地区，确定准备与实施军事斗争的指导方针和基本原则，明确斗争的主要手段、形式和协同、保障的主要方法等，并依此制订总体的行动计划和实施步骤。不同历史时期的战略，有着不同的内容和特点，其决定因素主要有以下三个方面：一是战略思想，即国家（集团）对待军事斗争特别是战争问题的根本立场和态度，指导军事斗争的基本观点和理论原则，这是它的理论基础；二是战略环境，包括世界战略格局、国际战略形势，尤其是周边安全和国内稳定的基本状况，这是它的客观依据；三是军事力量，主要是国家（集团）军事力量的性质、职能、构成、规模、作战能力、战争潜力、动员机制和发展方向等，这是它的物质条件。战略指导者基于对一定历史时期内上述情况的综合分析，提出军事斗争的基本对策和保障国家（集团）安全的基本方法，就是这个时期军事战略的基本内容。

军事战略的指导对象是军事斗争全局。军事斗争是为了一定的政治目的，在军事领域或以军事手段进行的各种形式的对抗活动。它既是人类社会的一种特殊历史现象，又是社会斗争的一种特殊活动方式，有着自身的特殊活动规律。军事斗争本身是一个复杂的系统，军事战略则从全局上对其进行谋划和运筹，既指导它从发生、发展到结束的全部过程，又关照其各个方面和各个部分间的关系，以充分发挥它的整体效能。军事斗争的表现形式，既有战争方式，也有非战争方式。军事战略从全局上对不同方式的军事斗争进行统一筹划和指导，根据不同时期军事斗争的目的和主客观条件，提出斗争的方针和方法，规定不同斗争方式的运用时机和原则，明确它们之间的主次地位和关系，充分发挥不同方式的优长，以获得最好的整体效益。

军事战略是国家总体战略的重要组成部分。一个国家要生存和发展，必须根

---

① ［美］J. M. 柯林斯著，钮先钟译：《大战略》，台北：黎明文化事业股份有限公司 1975 年版，第47 页。

据社会发展的要求和现实斗争的特点，从总体上对各个领域的活动和斗争进行运筹和指导。国家总体战略由生存与发展的总体目标和任务，总的路线、方针、政策和计划、部署、步骤等内容构成，通过政治、外交、经济、科技、军事、思想文化等各个领域分目标的达成来实现。军事战略同其他领域的战略一样，是国家总体战略构成的重要组成部分，是国家总的路线、方针、政策在军事方面的具体表现，是国家关于军事斗争的路线、方针、政策和策略、原则的集中反映。在不同的历史条件下，国家有不同的历史任务和建设发展目标，实现目标的方式也不尽相同，军事战略在国家总体战略中所处的地位和作用也不完全一样。军事战略只有符合国家战略的总体要求，并与其他领域的战略相互协调，才能得到实现既定目标的可靠条件，同时，也才能为共同实现国家战略的总体目标发挥应有的作用。

军事战略是为国家利益服务的。国家利益有多种表现，但总体说来包括生存和发展两个基本方面，军事战略应为其提供基本的条件和可靠的保证。也就是说，军事战略既要为国家的主权、民族的解放而斗争，为国家和民族提供最基本的生存条件，又要为政权的巩固、社会的稳定而斗争，为国家和民族的发展和繁荣昌盛提供强有力的安全保证。因此，军事战略把国家的安全利益作为其基本的历史使命，具有对外反侵略、对内反颠覆的双重职能。根据国家战略利益的要求，它既指导战争时期的作战活动，也指导和平时期的军事斗争；既指导准备和打赢战争，也指导遏制和防止战争；既要保卫国家的和平与安全，维护国家的统一和稳定，又要捍卫国家主权和领土完整，还要以有效的军事行动，支持国家的外交斗争，维护国家的国际地位、威望和权益。

（二）战略的特点

世界上任何事物都有区别于其他事物的本质属性，战略亦不例外。军事战略因其特定的研究对象、内容和表现形式而具有自身的鲜明特点。

1. 全局性

全局性是战略的首要特点。这个全局指的是国家（集团）整个军事斗争的全局，带有照顾各方面、各部分和各阶段的性质。

战略是国家（集团）关于军事问题的最高决策，处于军事领域的最高层次。在现实生活中，全局是可以区分层次的。凡是相对独立的，具有照顾各个方面、各个部分、各个阶段性质的事物，都可以称之为全局。比如，世界可以是一个全局，一国可以是一个全局，一个独立的战区也可以成为一个全局。但是，作为国家（集团）的军事战略，它的全局有其特定的对象和范围。具体说来，它把整个国家（集团）作为全局，各个方向、各个地区是它的局部；它把整个军事斗争作为全局，各种样式、各种手段是它的局部；它把全国（集团）的军事力量作为全局，构成军事力量的各种成分是它的局部；它把整个战争作为全局，各个战区、各个战场以及战役和战斗是它的局部。在军事领域里，战略的层次最高，指导的范围最广，是各项工作的"龙头"和总纲，是各种活动的依据。

战略统筹军事斗争的各个方面和各个部分。军事是国家活动的一个重要领域，军事斗争是国家达成一定政治目的的重要手段。然而，军事领域又是一个大的、相对独立的领域，包含着各个方面和各个部分。一方面，战略必须接受国家基本路线和总方针、总政策的指导，把服从和服务于国家全局利益的需要作为根本出发点，并充分考虑军事斗争与政治、外交、经济、科技、思想文化等领域斗争的联系，使之有机结合，密切协调，以有效地实现国家总的战略目标；另一方面，战略又必须从军事斗争的全局出发，将国家对军事斗争的总需求体现在自身的各项内容之中，确立军事斗争的总纲领以统筹军事领域的各项工作和活动。在战争条件下，各项战争准备工作的落实；各种战争力量的运用；各种作战活动的指挥与协调，以及各项作战保障工作的组织与实施等，都要在战略的指导下进行。在和平条件下，各种军事力量的建设、各种方式军事斗争的开展、未来作战的准备与运筹、军队各项改革工作的进行以及对未来发展的预测等，也都要以战略为基本依据。因此，军事领域的工作必须把战略作为统揽全局的总纲。

战略指导军事斗争的全部过程。这个过程既是相对独立的，又是承前启后的，还可以包含若干发展阶段。在战争条件下，它指导战争准备以及战争发生、发展和结束的全过程，在和平条件下，它与国家的发展战略相适应，指导一定历史时期内的全部军事斗争。一定历史条件下的战略，应对该时期军事斗争的全过程进行整体筹划，确定其总的战略目的和任务、战略指导的基本思想、原则和战略方针等。在总揽全局的基础上，立足现实，着眼未来，对军事斗争的发展趋势进行预测，恰当区分战略阶段，明确各阶段的具体战略方针和战略任务，并根据客观情况的发展变化，进行适时调整，使战略指导始终符合发展变化着的客观实际。

战略对军事斗争全局的指导，往往是通过对全局具有决定性影响的关键问题的筹划和解决来实现的。这个关键就是全局的重心，是主要矛盾所在之处。战略指导者最要紧的，就是要把注意力放在关照全局上面，处理好全局中的各种关系。所以，在确立和实施战略时，要善于分析影响全局的各种因素和矛盾，抓住其中对全局变化起决定作用的主要矛盾，找出解决这一矛盾的有效方法和对策，推动军事斗争的全局朝着有利于实现战略目的的方向发展。中国共产党领导的历次革命战争的战略，都充分体现了抓住关键、指导全局的特点，堪称解决战争中主要矛盾的典范。

2. 对抗性

军事斗争，尤其是战争，是一种有组织、有计划的暴力行为，是敌对双方以军队或其他武装组织为骨干而展开的激烈较量。战略对军事斗争的筹划和指导，是伴随这种较量而进行的，对抗性是它的一个显著特点。

战略本身所具有的政治性质，是其对抗性产生和依存的基础。从本质上说，军事斗争是具有政治目的的行动，特别是战争，更是一种"流血的政治"，它是解决阶级之间、民族之间、国家之间，以及政治集团之间在一定发展阶段上的矛盾的一种最高的斗争形式。任何战略都是为一定的阶级、民族、国家、政治集团的利益服务的，而这种服务往往又是在充满矛盾和冲突的斗争中实现的。从这个意义上讲，任何战略都具有鲜明的政治性和对抗性，古今中外概莫能外。政治性既是战略根本性质的最高表现，又是其对抗内容的最集中反映。

战略的对抗性，在实践中主要表现为针对国家安全所面临的威胁，全面筹划和运用国家的军事力量去夺取军事斗争的胜利。明确的战略对手规定着对抗的目标指向，军事力量是实施对抗的物质基础，灵活运用各种斗争方式则是在对抗中取得主动和胜利的条件。战略必须根据国家所面临的安全环境和斗争对象的特点，建设一支规模适度、战斗力强、能卓有成效地维护国家利益的军事力量，以便一旦斗争形势需要，能以这支力量战胜对手。战略的这一特点，要求它的决策者和执行者不仅要有高敌一筹的谋略和卓越的组织指挥才能，而且要有不屈不挠、团结奋斗的勇敢精神。只有这样，才能在敌对双方的激烈对抗中灵活运用军事力量，充分发挥其最大效能，夺取军事斗争的最终胜利。

战略的对抗性，具有整体性和连续性的特点。在军事领域内，战役和战术也是具有对抗性的，并且在本质上与战略的对抗性是一致的。但是，战役和战术的对抗性，在其包含的内容和表现的形式上却与战略有很大区别。战略的对抗性主要表现在对整个国家（集团）军事斗争全局的整体运筹上，具有更广阔的空间和时间范围。它既包括对军事力量建设的全面筹划，也包括对军事力量使用的全面筹划；既包括战争时期对战争全局的整体运筹，也包括和平时期对各种军事斗争方式的整体运筹。在现代技术特别是高技术条件下，战略的对抗性更加具有谋局造势和综合威慑的特点，突出强调策略艺术和技术手段的有机结合，以及军事斗争与其他斗争的整体配合。此外，战略的对抗性还具有连续性的特点，即不论是平时还是战时，不论是采用战争方式还是采用非战争方式，战略的对抗性都是始终存在的，这与战役和战术的对抗性有着显著的区别。

3. 谋略性

谋略是指挥员基于客观情况而提出的计谋和策略。它是人的自觉能动性的高度体现，是指导军事斗争取得胜利的一个重要因素，也是战略的一个突出的特点。

战略是主客观结合的产物。从本质上讲，它是政治的选择，有严格的规定性，但从实践的意义上讲，它又是手段的选择，有高度的灵活性。战略重点和枢纽的把握、战略方针的确定、军事力量和斗争方式的运用、战略调整和转变等，这些活动都是计谋、策略、艺术的结合，是智与谋的生动表现。

自古以来，任何战略都体现为一定的谋略思想，中国历史上战略的谋略性更有自己的特色。《孙子兵法》就是一部充满谋略思想的经典之作。它明确指出，"兵者，诡道也"，主张"上兵伐谋"，把以智谋取胜定为用兵之上策。广为流传的《三十六计》也是一本专门论述军事计谋的兵书。中国历史上的军事家们虽然也讲角力斗勇，但更注重以智取胜，这是中华民族军事文化的优秀传统。在中国几千年的传统文化中，历来强调以德服人，不崇尚暴力。反映在军事领域内，则讲求刚柔相济，以柔克刚，即使自己处于优势和主动地位也是如此。强调指挥员要在客观物质基础上充分发挥主观指导的能力，使自己成为"勇敢而明智的英雄"，不但有压倒一切的勇气，而且有驾驭整个战争变化发展的能力。实践证明，高敌一筹的谋略往往能产生单纯的物质力量难以达到的结果，或成为物质力量的"倍增器"，使物质力量发挥出超常的功效。特别是在战争爆发之前，高超的谋略甚至还可以有效地遏制对手，实现"不战而屈人之兵"的目的。在战争过程中，良谋妙计则可以变被动为主动，化劣势为优势，致人而不致于人，收到以少胜多的成效。在中国的战争史上，运用谋略使自己摆脱困境，转弱为强，最后战胜敌人的战例不胜枚举。中国革命战争的胜利就是最好的例证。以毛泽东为代表的老一辈无产阶级革命家，在革命战争中所表现出的高超的谋略水平和指挥艺术，连他们的对手也深为叹服，堪称人类战争史上的传世之作。

中国战略的谋略性主要表现为以下四个方面。①多谋善断。尊重军事斗争的客观规律，全面系统地分析敌我双方的各种情况，审时度势，权衡利弊，善择时机，及时果断地作出正确决策。②深谋远虑。把谋略的重心放在对全局有决定意义的斗争重点和枢纽上，不计较暂时的局部得失，从长计议，着眼发展，把夺取全面胜利、长远胜利作为谋略的目标，做到"运筹于帷幄之中，决胜于千里之外"。③整体筹划。谋略的着眼点不是单纯的"伐兵""攻城"，而是将军事斗争与政治、经济、外交、思想文化等斗争紧密相连，多种手段并用，注重斗争全过程中谋略的一致性和连贯性，以及战略行动与战役、战斗行动在谋略上的整体协调。④灵活巧妙。因情施法，灵活应变，应付不同的情况有不同的谋略，应付复杂局面有多种计谋和多套应变方案，善于巧妙利用社会、自然及心理上的各种制约因素和矛盾，把握事物发展的必然性与偶然性的内在联系，出奇制胜。

4. 相对稳定性

军事斗争情况的发展变化，决定着军事斗争指导规律的发展变化。战略必须随着军事斗争的发展而发展，依照情况的变化而改变，一成不变的战略是不存在的。然而，由于战略处于军事领域的最高层次，指导范围广，影响重大而深远，是一切军事活动的依据和准则。因此，战略又具有相对的稳定性。这是它与战役和战术相区别的又一重要特点。

战略的指导对象是相对稳定的。战略是对军事斗争全局的筹划和指导。这个全局不是某一个方向、某一个地区或某一种斗争方式，而是整个国家（集团）在一个特定时期内的军事斗争全局。它既包括各个方向和各个地区，也包括各种斗争方式和斗争发展过程中的各个阶段。其主要斗争对手、战略方向和斗争方式，是依据该时期内国家（集团）安全面临威胁的性质和程度而确定的，具有相对的稳定性。虽然在一个时期内国家（集团）面临的安全环境可能会发生某些变化，但一般说来，只要全局情况没有发生根本性变化，或在全局中占据支配地位的主要矛盾没有发生根本性变化，双方力量对比和斗争形势没有发生根本性变化，战略就必须保持基本稳定。虽然在这个时期内，一些局部情况的变化对全局有一定影响，战略应当根据情况的变化不断进行调整，但这种调整只能是局部性的修正，而不应当是全局性的、根本性的变动。这种局部性的修正，可以使战略筹划和指导更加符合客观实际，使全局的稳定建立在更加可靠的基础之上。

战略的理论指导原则是相对稳定的。战略作为国家（集团）根本性的军事政策，其基本的理论指导原则受国家（集团）所遵循的理论（思想、路线）和总政策的支配和制约，因而在一定时期内也是基本稳定的。虽然在这个时期内，军事斗争的具体对策和策略需要根据情况的变化而不断调整，但不能脱离国家（集团）的基本理论（思想、路线）和总政策，更不能与其相违背。因此可以说，只要国家（集团）军事斗争的基本政策不变，军事战略的根本性质也就不会变。无论军事战略怎么调整，具体的方针、原则怎么改变，都是国家（集团）既定的理论（思想、路线）与总政策的体现和具体化，其基本的理论指导原则不会发生根本性变化。比如，积极防御是中国最根本的军事政策和国防政策，是指导军事斗争的基本战略思想和强大理论武器。几十年来，尽管国际国内形势和斗争对手曾多次发生重大变化，战略也进行过多次调整，但积极防御这个最根本的理论指导原则没有变，因而保持了战略的相对稳定。

战略的基本内容是相对稳定的。战略是为了实现国家（集团）在一定时期内所确定的政治目的，而从全局上对军事斗争进行的筹划和指导。它主要通过规定战略目的、战略方针、战略手段等内容而具体地表现出来。一方面，这些内容的规定，是战略指导者从实现既定的政治目的出发，对一个时期内军事斗争全局的整体运筹。其指导的范围广、时间长、宏观概括性强，有一定的前瞻性和导向性，因而是基本稳定的。另一方面，这些内容一经确定，就成为行动的准则和依据，是不允许随意变动的，因而也必须确保它的基本稳定。当然，为了便于既定战略的贯彻和实现，在实行过程中往往要把它区分为相互联系的各个部分，或者划分为前后连贯的几个发展阶段，但这只是对它的具体化和补充，而不是改变，并且都是为实现总的政治目的服务的。既定的政治目的没有达到，战略的历史使命就没有完成，战略目的、战略方针和主要的战略手段也就不可能有大的变动。

（三）战略的构成要素

战略的构成要素，就是构成战略的基本成分。它是战略本质属性的集中反映，也是战略内容和形式的具体展现。

战略的内容是丰富多彩的，形式是多种多样的，本质特性也表现在多个方面，因此，可以从不同的角度去研究它的构成要素。根据制定和运用战略的实践经验，就战略自身的本质特性和社会功能来说，战略目的、战略方针、战略手段、战略力量这几个要素是不可缺少的，应当成为构成战略的基本成分。这些要素是一个有机联系的整体，它们共同构成了一个完整的战略框架。它们之间互为依托，紧密联系，在相同的时间、空间、力量条件下对同一个对象产生作用，并通过相互之间的最佳匹配，实现最佳的斗争效果。

1. 战略目的

战略目的是政治对军事的基本要求，通常可分为最终目的、直接目的和具体目的。战略的最终目的与政治目的紧密相连，反映军事斗争的动因和结果。如中国革命战争的最终战略目的是推翻反动统治，建立人民民主专政的国家政权。战略的直接目的反映一定历史条件下政治对军事的现实要求，是军事斗争要直接实现的政治结果。如中国抗日战争的直接战略目的是驱逐日本帝国主义，建立独立自由幸福的新中国；新时期军事斗争的直接战略目的是为国家的经济建设和改革开放提供坚强有力的安全保证。战略的具体目的是一个时期内不同方式的军事斗争或一次战争过程中不同战略阶段的军事行动所要实现的政治目标。它与最终目的和直接目的相联系，但更现实、更具体。如中国1962年对印自卫反击作战和1979年对越自卫反击作战的具体战略目的是打出一个和平的边境。1995—1996年在台湾海峡地区实施威慑行动的具体战略目的是打击"台独"势力，显示维护祖国统一的坚强决心。又如2004年5月，美国参联会主席迈尔斯签署了新的《国家军事战略》，该文件规划了美军实现近期军事目标和确保未来优势的具体设想，指出《国家军事战略》的焦点集中于保持美国在全球的领导地位。

2. 战略方针

战略方针，是指导军事斗争全局的总纲领、总原则。它主要规定完成战略任务、实现战略目的的基本途径，明确斗争的重点、主要战略方向和相应的战略部署，是一定时期内或一次战争中指导军事力量建设和军事斗争实施的行动准则，是战略的主体和核心。战略方针是国家（集团）总方针、总政策的重要组成部分，是总方针、总政策在军事上的反映。它是联结战略理论与战略实践的纽带和桥梁，对于平时进行战争准备，开展维护国家主权、利益的军事斗争，以及战时进行战争，都有直接的指导作用。在军事领域中，战略方针具有宏观定向作用，是统揽和牵引各项工作的"龙头"。有了正确的战略方针，军事力量的建设、军事斗争的开展和作战的准备与实施就有了基本的遵循。同时，战略方针对国家的政治、外交斗争和国民经济的规划、布局等，也有重大的影响。战略方针正确与否，对军事斗争的进程、结局有着决定性的意义。在和平时期，正确的战略方针可以使国家在复杂多变的国际斗争中站稳脚跟，创造、赢得并保持战略上的主动地位。在战争时期，战略方针则往往决定着战争的胜败。

战略方针的功能是指明完成军事斗争任务的基本途径。在战争条件下，它要规定基本作战类型（进攻还是防御）、主要打击方向（目标）、主要作战地域、主要作战形式、主要作战原则，以及使用的主要力量、战争的进程和持续时间等。在和平条件下，则应规定主要斗争对象，预计可能爆发战争的时间、地域、规模、样式、进程和阶段，确定对待战争的原则立场，规定开展军事斗争的基本政策、主要斗争方式和加强军事力量建设、进行战争准备的基本原则，以及国家转入战时体制的措施和战争爆发后的力量运用、作战方法等。如果是在临战条件下，战略方针还应重点规定进行直接战争准备、防备和对付敌人突然袭击的指导原则，规定进行战争动员、进入战争状态的时机、规模、样式和方法，并应分析战争可能发生、发展的情况和特点，为确定战略部署、区分战略任务、指导作战行动规定总的原则等。

战略方针是主客观相结合的产物。首先，它建立在战略指导者对主客观诸因素、诸条件及其发展变化趋向的科学认识和准确判断的基础之上。战略方针是战略指导者以维护国家根本利益为着眼点，以战略环境和战略理论为基本依据，在科学分析敌对双方政治、经济、科技、军事、自然地理诸因素的对比和军事斗争特点、规律及其发展趋势的基础上，根据战略目的的要求而制定的。战略环境是它的客观基础，战略指导者对战略环境的科学认识和正确判断是它的基本前提。军事斗争是捍卫国家安全利益的斗争，如果指导它的战略方针发生失误，其后果是不堪设想的。而战略方针的失误，往往是由于对战略环境的认识和判断失误而引起的。其次，战略方针是战略指导者主观指导能力的生动反映。军事斗争的胜负，主要取决于双方的军事力量对比，以及政治、经济、自然诸条件，同时还取决于双方主观指导能力。客观条件的优劣只是为胜负提供了可能，但要分胜负，还需加上主观指导的努力。战略指导者虽不能超越客观条件许可的限度去期求胜利，但可以而且也必须在客观条件的限度之内，能动地争取胜利。正确的战略方针是战略指导者对客观条件的正确认识。充分发挥主观能动性，灵活运用计谋和策略，是夺取军事斗争胜利的基本保证。

战略方针的关键是抓住军事斗争的主要矛盾。军事斗争是十分复杂的，也是不断发展变化的。因而指导军事斗争时，必须善于抓住主要矛盾，把握关键环节。战略方针，就是通过抓住对军事斗争全局具有重大影响的问题或关键环节，来指导和推动全局发展的。2004年6月，中央军委在正确分析国际战略形势和我国安全形势的基础上，充实完善了新时期军事战略方针，制定了军队现代化建设和当前军事斗争准备的总原则、总纲领，这展现的是军事战略的与时俱进。

3. 战略手段

战略手段，是为了达成战略目的而运用军事力量的方式和方法，主要解决用什么进行军事斗争和怎样进行军事斗争的问题。它是战略指导者根据既定的战略目的和战略方针的要求，使用军事力量，开展军事斗争的具体行动。战略目的和战略方针是战略行动的方向、目标与纲领、准则，但还不是行动本身，只有通过战略手段，才能将其付诸实施，使其得以贯彻落实。从这个意义上说，战略手段是战略中最富实践性的部分。

战略手段是关于军事斗争的战争方式与非战争方式的选择和运用。战争方式就是运用军事力量通过在战场上的直接较量而决定胜负的斗争方式，包括各种规模和样式的战争；非战争方式是不直接使用军事力量进行战场较量而实施的军事对抗和斗争方式，包括军事力量的部署、调动、演习、威慑，高新技术装备性能的展示，边海空防斗争，以及军事外交、军事经济、军事科技、军事文化和军备控制等领域的斗争。战争方式与非战争方式是运用军事力量的两种不同形式，只是在不同情况下因其在全局中所处的地位和发生的作用不同而有主次之分。一般说来，斗争双方处于全面的武力对抗状态时，以战争方式为主，非战争方式配合；斗争双方处于总体上的和平状态时，非战争方式应占主导地位，有限战争方式虽时有发生，但应尽量控制和避免。在人类社会发展的历史长河中，战争的和非战争的方式始终存在于军事斗争的实践中，也都对推动社会历史的发展起到过重要作用。从历史上看，战争是实现斗争目的的基本手段，甚至在一定意义上可以说，过去的世界在很大程度上是打出来的。从各个国家的疆域到整个世界的格局，从帝国主义国家的霸权地位、势力范围到殖民地半殖民地国家的民族解放和独立，从封建帝王的改朝换代到无产阶级夺取政权，基本上都是战争的结果。但是，在第二次世界大战结束以来的相对和平时期，军事斗争手段的运用出现了相反的趋势。战争的技术含量在不断提高，但其规模在减小，受到的制约因素也越来越多。它一般被严格控制在有限的范围之内，即政治目的有限，军事目标也有限。而非战争的斗争方式却受到了高度重视，并得到了广泛运用。当今世界，虽然战争仍然是军事斗争的基本方式，并正在向信息化、网络化和系统对抗的方向加速发展，但非战争方式的地位和效能也在不断提高。同时，由于高新科学技术的飞速发展及其在军事领域中的广泛应用，也使战争与非战争的界限出现了模糊的趋势。不少国家已把非战争方式的运用纳入战略指导的范畴，甚至将其作为解决国际争端的基本政策。中国历来主张和平解决国际争端，反对诉诸武力。邓小平早在 1984 年 2 月 22 日会见美国乔治城大学战略与国际问题研究中心代表团的谈话中就明确提出："世界上有许多争端，总要找个解决问题的出路。我多年来一直在想，找个什么办法，不用战争手段而用和平方式，来解决这种问题。……世界上的许多争端用类似这样的办法解决，我认为是可取的。否则始终顶着，僵持下去，总会爆发冲突，甚至武力冲突。"1992 年 10 月召开的中国共产党第十四次全国代表大会也明确提出："国与国之间的分歧和争端，应当遵照联合国宪章和国际法准则，通过协商和平解决，不得诉诸武力和武力威胁。"

战略手段是关于军事力量的实战和威慑使用方法的选择与运用。实战是运用军事力量的最高形式，是矛盾激化到不可调和程度时采用的最高斗争手段，通过战场上武力的拼杀和实力的较量决出胜负，取得直接的物质效果——消灭对方的有生力量，摧毁、攻占或坚守军事目标，或者造成压倒对方的军事态势，迫使对方屈服、投降或谈和，达到战而胜之的目的。实战的方式很多，规模有大、中、小之分，强度有高、中、低之别，作战对象和战场条件不同，作战的目标、方法也不一样，需要灵活地使用兵力和运用战法。在现代条件下，高技术兵器和高效能作战方法的运用及高超的指挥艺术对夺取战争胜利具有重要意义。威慑则是军事力量的非战争运用，它主要是通过军事力量的造势活动，显示己方的实力和使用力量的决心，从而对敌人产生心理上的震慑作用。它所追求的目标主要不在于现实的物质效果，而是长远的心理效应。使用威慑手段，是为了让敌人感到，如果铤而走险，其结果难以预计或代价惨重难以接受，从而动摇其决心，迫使其畏而却步，达到"不战而屈人之兵"或以小的代价换取大的胜利的结果。威慑一般是在国家利益面临威胁的情况下使用的一种军事斗争手段，其方式多种多样。比如，可以通过舆论宣传、加强战备等，威加于敌，先声夺人；可以通过调整部署、进行新武器试验和阅兵、演习、巡逻等，示形造势，炫耀武力，给敌以心理暗示；也可以通过对特定对象和目标进行有限军事打击给敌造成心理压力，惩罚和教训敌人，收到杀一儆百之效。如 2001 年，美国在亚太地区进行了 60 多次联军联合军事演习。2004 年，又举行了"夏季脉动 2004"演习。这些演习显示了美国的"前沿威慑"战略思想。

随着军事技术的进一步发展，以信息攻防、网上作战、破坏性打击、军事高压等方法实施的技术威慑、信息威慑等，将成为军事威慑的重要方式。威慑手段的运用是军事斗争与心理斗争的巧妙结合，同样需要高超的斗争艺术。威慑与实战虽然是两种不同的战略手段，但其目的都是为了维护国家利益，也都是以可靠的军事实力为基础的。否则，威慑就难以达到预期效果，实战也不可能取得胜利。同时，它们又是不可分割的。威慑依赖于实战能力，实战往往又是威慑的继续，而且是威慑的更高表现形式。成功的威慑可以取得比实战更好的结果，也可以为进入实战创造有利的态势，而高效益的实战则往往能产生更加强大的威慑效果。在实际运用中，有时是先行威慑，威慑不成即转入实战，有时是二者同时或交替使用，有时则直接用一定的实战手段实施威慑或以强有力的实战效果显示威慑。从历史的角度来看，由于实战的结果往往直接决定着利益得失，因而实战是基本的军事斗争手段。但在和平时期，威慑的地位和作用逐步显现出来。因为威慑一般是军事力量的非战争运用，如果运用得当，既可达到预期目的，又可减少消耗和破坏，所以成为和平时期军事斗争的重要手段，甚至成为有些军事家追求的"最完美的战略"。当今世界各主要国家的军事战略，都十分强调威慑与实战手段的灵活运用和相互配合，而且大多是以实战作后盾，以威慑为先导。

战略手段是战略决策的重要内容。首先，"战略能否获得成功，主要取决于对'目的'和'手段'（工具）是否能作精确的计算，能否把它们正确地结合起来加以使用"。手段不及必然有碍目的的实现，而手段使用过度也会给实现目的带来不利影响，甚至产生相反的作用。其次，手段的选择是以自身所具备的能力为前提的，绝不能搞脱离实际的"无米之炊"。但是，战略手段也不能单纯根据力量的大小来确定，还要针对对手的情况和斗争形势的特点来选择。并不是在任何情况下运用最高的手段都可以获得最佳效果，如果手段运用不当也会造成过犹不及、事与愿违的结果。同时，战略手段也是随着时间、地点和斗争形势、性质的变化而改变的。战略手段的选择，没有固定的模式，一切要从客观实际出发，要注重手段选择与运用的针对性、灵活性和适应性。此外，战略手段的选择和确定还受国家制度、外交政策、战略性质和世界主要潮流、国家中心工作及周边国家关系、利益矛盾等因素的制约。一般说来，在和平时期，在利益矛盾尚未激化、没有发生直接军事对抗的条件下，暴烈性质的手段是受严格限制的，并且不应首先使用；在战略目的有限的情况下，就不能毫无顾忌地大规模使用武力，尤其是一些容易引起战争升级的大规模杀伤性武器，更要慎重。当然，各种战略手段是相互配合、互为补充的，使用时既要区分主次，又要适时变换，以充分发挥各种手段的效能和整体威力。军事手段与非军事手段也应该相互配合、密切协调，共同为实现政治目的服务，为国家的整体利益服务。

战略手段的选择与运用是战略指导灵活性的直接体现。军事斗争是政治斗争的一种特殊形式，战略指导的灵活性对于夺取胜利具有决定性的影响。不同条件下的军事斗争，其战略目的不同，不同性质的问题解决的办法也不一样。战略目的不只是消灭敌人，也不只是夺取战争胜利；战略手段绝不只是一个打仗的问题，也绝不是进攻与防御、先发制人与后发制人、正面与侧面、攻击与牵制所能包括得了的。不同的目的要用不同的手段，相同的目的也可以用不同的手段。不同的手段有着时间、地域、性质、程度的差异。究竟在何时何地何种情况下，采用何种手段，或以何种手段为主，相互间怎样配合，是打还是不打，是打赢还是遏制，靠什么办法打赢，用哪些措施遏制等，这些是极其重要且相当复杂的问题。这些必须由战略指导者依据战略目的、战略方针的要求和军事力量状况，因时、因地、因敌制宜，并根据战略态势及其可能的发展变化，作出灵活而明确的决断，这样才能有效地开展军事斗争，实现战略的最终目的。

4. 战略力量

战略力量是战略的物质基础和支柱。它以国家综合国力为后盾，以军事力量为核心。战略筹划指导的对象是军事斗争，而军事斗争是由军事力量来承担和实施的。因此，对军事斗争的筹划和指导活动，集中体现在对军事力量的建设和运用上。战略指导者一方面要根据敌我军事力量的实际状况制定战略；另一方面又要根据战略目的和需求，指导军事力量的建设与运用，以夺取军事斗争的胜利。军事力量与战略有着密不可分的联系，是战略的基本要素。军事力量既是确立战略的重要物质基础，又是实行战略的主要工具；战略既决定着军事力量建设与运用的性质和方向，又主要依靠军事力量得到具体的贯彻和落实。因此，必须在发展经济和科学技术的基础上，根据战略目的和战略方针的要求，确定其建设的规模、发展方向和重点，并与国家的总体力量协调发展。

二、战略环境

战略环境是制定战略的客观基础。正确认识和分析战略环境，是正确制定战略的先决条件。战略环境是指影响国家安全或战争全局的客观情况和条件，主要包括国际和国内的政治、经济、军事、外交、科技、地理等方面综合形成的客观情况和条件，以及由此而形成的战略态势，特别是战争与和平的总态势。战略环境是动态的，随着国内外形势的发展而不断变化。

（一）国际战略环境

国际战略环境，是一个时期内世界各主要国家（集团）在矛盾、斗争或合作、共处中的全局状况和总体趋势。它是国际政治、经济、军事形势的综合体现，主要包括各方的力量消长、利益得失、矛盾升降、斗争起伏，特别是在双边或多边关系中敌与友、战与和、对抗与妥协、分化与组合、多助与寡助，在战争中进与退、攻与守、胜与负、强与弱、优势与劣势等方面的总状况和总趋势。国际战略环境关系到国家的生存与发展、安危与兴衰，影响一个国家（集团）军事斗争的对象、性质、目标、敌友关系以及军事力量建设与运用的基本方向，因而是各个国家（集团）制定战略必须首先考察和关注的外部环境和条件。

国际战略环境的范围虽然极其广泛，但对于某一国家（集团）的战略指导者来说，最值得注意的是以下几个方面：

1. 时代特征

所谓时代，是指世界整体在发展进程中所处的大阶段。不同阶段之间相互区分的标志，就是时代特征。时代特征反映了世界发展总进程中的矛盾领域和斗争状况。时代特征是世界性的、阶段性的，它所反映的是世界的总貌，是整个世界在一定历史阶段的总的标志，而不是个别国家的个别现象，也不是国际社会一时一事的情节或短时期的形势变化。正确认识时代特征，有助于战略指导者从宏观上把握当代世界的主要矛盾和总的发展趋势，从而对国际战略环境作出正确的判断，避免战略指导的重大失误。

2. 世界战略格局

世界战略格局，是世界各国政治、经济、军事力量在其消长、分化和组合过程中所形成的，对世界战略全局具有重大影响而又相对稳定的力量结构。世界战略格局反映了一定时期内国与国之间的力量对比、利益矛盾和需求，以及基本的战略关系。对世界战略格局进行分析与研究，有助于从总体上了解世界各主要国家在世界全局中的地位以及战略利益方面的矛盾和需求，有助于对世界形势及其可能的发展趋向作出基本的估计。

3. 主要国家的战略动向

世界各国之间由于战略利益和政策的异同，既可能是对手，也可能是朋友。各国的战略动向，既互为条件、相互依存，又相互影响和制约。其中，一些实力较强的世界性和地区性大国，特别是超级大国所推行的战略，对地区乃至世界的安全与稳定具有重大的影响，对其他国家的战略也有不同程度的影响。因此，一定时期内各主要国家的战略及其发展趋势，是国际战略环境的重要部分。了解主要国家的战略动向，有助于从世界各国特别是大国之间的关系上具体地研究国际战略环境，进而对世界形势作出正确判断。

4. 当代世界战争与和平的趋势

战争是解决阶级和阶级、民族和民族、国家和国家、政治集团和政治集团之间利益矛盾和冲突的最激烈的手段。只要战争根源还存在，战争与和平将始终是国际安全面临的重大问题。对于一个国家的主权和安全来说，来自外部的战争威胁是最严重的威胁。因此，当代世界战争与和平的趋势在国际战略环境中最引人注目，也是世界各国研究和制定军事战略时关注的中心。

5. 周边安全形势

周边安全形势，是指周边国家（集团）直接、间接影响本国安全的条件和因素。周边安全形势中最值得注意的是周边国家与本国的利益矛盾、对本国的政策企图、与本国密切相关的军事力量及其部署等直接影响本国安全的情况和因素。

从上述几个方面入手研究国际战略环境，对于洞察国际斗争特别是战争与和平的基本趋势，进而判明对本国战略利益的影响，具有十分重要的意义。

（二）国内战略环境

从军事斗争的角度讲，国内战略环境是指对筹划、指导军事斗争全局具有重大影响的国内社会环境与自然环境。它反映了国家军事力量建设与运用的可能条件和制约因素，决定着战略的基本性质和方向，是制定战略的依据。国内战略环境主要包括国家的政治、经济、军事、地理等方面的基本状况，其中，对战略具有直接影响的是国家的地理环境、政治环境和综合国力状况，因此，研究国内战略环境应重点把握以下情况。

1. 地理环境

地理环境主要包括国家（战区）的地理位置、幅员、人口、资源、地形、气候以及行政区划、交通、要地等状况。这些地理要素与军事斗争的关系十分密切，是军事力量生存、活动的空间条件。军队的集结、机动、作战、训练、后勤补给等一切军事活动都离不开一定的地理空间，且都要受到地理环境的影响和制约。地理环境不仅是制定战略的重要客观依据，而且是影响战争胜负的重要因素。加强对地理环境的研究与认识，是使战略指导符合客观实际的一个重要环节。

2. 政治环境

国内政治环境，涉及的范围较广，但对战略影响最大的有两个方面：一是国家的政治法律制度与基本国策，二是政治安全形势。

国家的政治、法律制度和基本国策是国内政治环境的本质和核心，对军事斗争全局的筹划指导具有决定性的影响。例如，依照《中华人民共和国宪法》规定，中国是"工人阶级领导的、以工农联盟为基础的人民民主专政的社会主义国家"，社会主义制度是中国的"根本制度"，马克思列宁主义、毛泽东思想、邓小平理论是中国社会主义建设事业的根本指导思想。国家的根本任务是进行"社会主义现代化建设"，"完成统一祖国的大业"，维护"国家的独立和安全"。中国奉行"独立自主的外交政策",坚持"和平共处的五项原则","反对帝国主义、霸权主义、殖民主义","维护世界和平和促进人类进步事业"。这些经过国家最高权力机关立法规定,并在国家政治生活中得以贯彻和体现的关于中国国体、政体和大政方针的根本法律制度与基本国策,充分反映了中国各族人民的根本利益和共同的政治需要,具有最高的法律地位和法律效力,是战略必须服从并为之服务的最高政治准则,是确定军事斗争的目的、性质、任务、基本方针、政策和战略指导原则的政治依据。同时,也是保证战略得以贯彻实施的政治基础。

国内政治安全形势,主要包括一定时期内国内的阶级、民族、宗教(教派)和政治集团之间相互关系的基本状况及其对政局和国家安全的影响。其中,敌对势力分裂、颠覆国家和发生武装冲突或国内战争的情况,是直接影响国家统一和稳定的国内因素,是筹划、指导军事斗争必须关注的重要问题。

3. 综合国力

综合国力是一个国家全部物质力量和精神力量、实力和潜力的总和,它包括国家的人力、物力、财力、军力、科技与生产能力、社会保障与服务能力以及组织动员能力等。综合国力是军事斗争特别是战争的物质基础,也是军事理论和作战方法发展进步的重要条件。一切军事斗争和军事活动,归根结底都要依靠综合国力,特别是经济、科技和军事实力的支撑,并受其制约。战略指导者必须立足于国家综合国力的实际状况,本着勤俭节约、讲究效益的原则,筹划、指导军事力量的建设与运用,使之与国家建设和社会发展的总体水平相适应。

三、战略环境与战略

战略环境与战略,是客观实际与主观指导的关系。前者是独立于战略指导者意识之外的客观存在,后者则是军事斗争客观规律在人们头脑中的反映。因此,战略环境是制定战略的客观基础。任何国家(集团)的战略,无不受一定的战略环境的制约和影响。例如,第二次世界大战期间,德国、意大利和日本结成法西斯军事政治联盟轴心,并把战火迅速扩大到欧洲、亚洲和非洲广大地区,使众多国家遭受奴役、屈辱或面临严重威胁。这种特殊的战略环境,促使一些战略利益并不完全一致甚至对立的国家结成了国际反法西斯同盟,共同反对德、意、日法西斯的侵略战争,从而使有关各国的战略具有战争时期联合对敌的基本特征。第二次世界大战结束后,战略环境发生了变化,战时的反法西斯同盟发生破裂。美、苏两国由盟友关系演变为敌对关系,各自逐步形成和制定了互为主要对手、争夺世界霸权的战略。这些情况表明,各个国家(集团)的战略都随着战略环境的变化而变化,都基于特定的战略环境而谋求各自的战略利益。中国共产党及其领导下的人民军队,在革命战争时期曾经实行过数次以改变作战形式为主要标志的军事战略转变，中华人民共和国成立后，也曾多次进行战略调整。而每一次转变与调整，都与战略环境的变化紧密相关，都是为了适应战略环境的变化和军事斗争的需要，使主观指导更加符合客观实际。由此可见，任何战略都是一定的战略环境的产物，从来就没有脱离一定的战略环境而凭空产生的战略。

对于战略指导者来说，正确认识和分析战略环境，是正确制定战略的先决条件。这里所说的战略环境，实际上是战略指导者所面临的敌方、友方、我方以及自然界的情况，涉及政治、经济、科技、军事和地理等方方面面。这些情况，都是实际存在并影响战略的客观因素。战略指导者只有了解它们、熟悉它们，并且正确认识各种因素的相互联系、相互作用及其对敌我行动的影响，才有可能找出其中的特点和规律，并根据这些规律制定出正确的战略。否则，如果情况不明，或认识不符合实际，就不可能制定正确的战略并实施正确的战略指导。制定战略的过程，是战略指导者认识和分析战略环境的过程。对战略环境的认识和分析越客观、越准确，所制定的战略也就越符合实际，越有成功的把握。而能否正确认识和分析战略环境，则取决于战略指导者所采取的立场、观点、方法和思维能力。在军事斗争实践中，斗争各方总是根据己方的立场、观点、方法对战略环境作出判断，并据此确定各自的战略。就某一方内部而言，由于战略指导者思想方法和认识能力的差异，对战略环境的认识与判断以及由此而产生的战略决策也不尽相同。因此，只有坚持辩证唯物主义和历史唯物主义的世界观和方法论，对战略环境进行客观、全面、系统的分析，才能把战略建立在对战略环境正确认识的基础之上，进而实现正确的战略指导。

战略对战略环境的发展变化也具有重大的能动作用。这是因为战略环境在一定条件下是可以改变的。人们可以通过主观能动性的发挥，创造必要的条件，推动和影响战略环境变化。战略作为对军事斗争全局的筹划与指导，不论其正确与否，都对维持或改变战略环境有重大影响。实践证明，在一定的物质条件下，正确的战略可以改变险恶、不利战略环境，化险为夷，转危为安。中国工农红军在土地革命战争中的第一次至第四次反"围剿"的胜利即是如此。错误的、不符合客观实际的战略，则会使环境恶化或使困境加剧，导致斗争严重受挫，甚至导致全局性失败。因此，战略指导者的责任，就在于制定符合客观实际和斗争发展规律的战略，实施正确的战略指导，创造克服、改变不利战略环境或维护、争取有利战略环境所必需的条件，审时度势，趋利避害，把军事斗争引向胜利。

从军事斗争的历史和现状看，任何国家（集团），不论其政治目的和决策者的素质如何，都力图通过制定和推行自己的战略，促使战略环境朝着有利于己方的方向发展。然而，从属于不同政治目的的战略，对战略环境所起的作用是截然不同的。以推行霸权主义和侵略扩张为目的的战略，对国际战略环境起着破坏和恶化的作用，会给国际社会带来灾难。而以反抗侵略和维护和平为目的的战略，则起着改善战略环境的作用，为维护世界和平和促进人类进步事业创造有利条件。因此，一切爱好和平的国家，对于霸权主义国家以侵略扩张为目的的战略及其可能对国际战略环境造成的严重影响，应保持高度警惕，进行针锋相对的斗争，为争取和维护和平稳定的国际战略环境作出积极贡献。

中国军事战略，是马列主义军事理论、毛泽东军事思想与一定历史条件下的战略环境和斗争实践相结合的产物。以毛泽东为杰出代表的中国老一辈无产阶级革命家，历来坚持主观指导与客观实际相一致的原则，正确处理战略与战略环境之间的关系。在历次革命战争和新中国成立后的军事斗争中，他们总是把战略环境作为制定、调整战略的客观依据，并通过实施正确的战略，改变或推动战略环境，使之向着有利于人民的方向发展。当今世界，各种斗争错综复杂，风云变幻莫测，情况日新月异，这就要求战略指导者必须密切注视战略环境的发展变化，并根据这种变化的特点和规律，以及主客观条件的实际可能，适时调整自己的战略，以争取和维护有利于和平与发展的战略环境。

≫ 第二节　国际战略格局 ≪

国际战略格局，是指国际社会中国际战略力量之间在一定历史时期内相互联系、相互作用而形成的具有全球性的、相对稳定的力量对比结构及基本态势。

国际战略格局的形成，是国际斗争和国际战略运作的结果。同时，新的国际战略格局一经产生，又会对国际战略形势产生直接的影响。因此，要想从整体上把握国际斗争的基本情况和基本形势，揭示国际斗争的一般规律，就必须注重研究国际战略格局问题。

一、国际战略格局的本质与特征

（一）国际战略格局的本质

在当今国际舞台上，国家与国家之间的关系，最本质的是它们之间的力量对比关系。因此，国际战略格局本质上就是一种国际战略力量的对比关系。

国际战略力量对比，是国际战略力量之间的一种实力对比，以及由此而派生的影响力对比。因此，在考察各种战略力量时，不仅要考察它们本身所具有的实力地位，而且要考察它们在国际事务中实际发挥的作用和影响力。只有把这些因素联系起来加以分析，才能确定哪些是主导性力量，哪些是从属性力量，哪些仅仅是潜在性力量，从而形成正确的战略判断。例如，在第一次世界大战前，美国已经成为资本主义列强中经济实力最强大的国家，但是由于它对外奉行孤立主义政策，因而并未成为全球性大国，其参与国际事务的行为能力和影响力反而不如当时的英、法、德、俄等国，在当时的国际战略格局中并不占据主导地位。第二次世界大战后，经过一段时间的经济复苏和建设，西欧的英、法、德、意等国在经济、军事实力等方面均居欧洲其他国家前列，在世界上也仍有一定的影响力，英、法两国还是联合国安理会常任理事国。但是作为单独的国家，它们谁也不能成为独立的国际战略力量，只能在"北约"集团内发挥相应的作用，并在很大程度上受到美国的控制和制约。这种状况也决定了它们在两极格局中只能处于从属地位。冷战后，随着欧盟的建立，联合起来的欧洲国家成为当今世界的战略力量之一。中国尽管在经济、军事实力上不如某些发达资本主义国家，但是由于其特殊的战略地位和独立自主的外交政策，成为国际舞台上一支重要的战略力量。

（二）国际战略格局的基本特征

1. 国际战略格局与时代的发展密切相关

国际战略格局总是反映着一定时代条件下的战略力量对比关系。在同一时代条件下，格局的外在形态可能不同，但其内在的本质则是一样的。例如，在资本主义时代，无论格局外在形态如何，反映的都是资本主义大国之间相互制约和相互争夺的关系。19世纪上半叶的欧洲多极均势格局是与自由资本主义时代资本主义国家竞相发展相一致的。20世纪初期几个资本主义大国相互争霸的战略格局，则又与资本主义发展到垄断阶段，加剧了资本主义国家尤其是大国间的竞争密切相关。因此，要正确分析各个时期国际战略格局的特点，就必须把握时代发展的脉络以及不同时代国际战略格局的基本特征。

2. 国际战略格局同世界经济格局相适应

世界经济格局是指世界范围内各种经济力量之间相互关系的结构状态。世界经济格局的出现和发展，推动了国际社会的形成和发展，它是建立在世界经济体系基础上的国际战略格局，可以说是经济因素在国际政治领域的集中反映。国际战略力量的形成，与其所拥有的经济实力以及在经济格局中的地位紧密相关。一个国家或国家集团在国际社会中的行为能力和影响力，固然要取决于多种因素，但经济实力是其中最基本的、长期起作用的决定性因素。经济实力与行为能力是成正比的。英国之所以在17—18世纪能够称雄世界，就在于其资本主义经济发展最迅速，经济实力最强大。美国在第二次世界大战后成为资本主义世界的霸主，重要的原因就是它拥有世界上最强大的经济和军事实力。从历史上看，国际战略格局的发展变化，往往以世界经济格局的发展为先导。正是由于17—18世纪存在着以英国为"世界工厂"的经济格局，才确立了英国在欧洲乃至国际战略格局中的主导地位。19 世纪欧洲资本主义多元经济中心的形成，则成为欧洲均势格局的先导。"二战"后特别是 20 世纪 70 年代以来逐步发展的多元经济力量中心，又预示着国际战略格局向多极化转换的趋势，并为此奠定了基础。

3. 国际战略格局同国际秩序相互作用

国际秩序主要是指由国际社会共同制定，并要求各国共同遵循的国际准则。国际秩序与国际战略格局，同属于国际关系范畴，两者有着直接的关联并相互影响。一定的国际秩序，总是由在国际战略格局中居于主导地位的国家或国家集团制定的，或是在很大程度上受到这些国家意志的制约和影响，因此，国际秩序是国际战略格局的现状在国际准则上的反映。但国际秩序一经建立，它对国际战略格局又会起到强制性的维护作用，甚至在旧格局解体的情况下，原有的国际秩序仍会在一定范围和程度上继续产生影响。第二次世界大战以前，国际秩序的本质特征是强权政治和殖民政治。"二战"后，社会主义力量的发展壮大和第三世界国家的兴起，有力地冲击了旧的国际秩序。然而，由于美苏争霸愈演愈烈，以两极格局为背景的国际秩序，仍未摆脱强权政治和霸权主义的束缚。冷战后，围绕建立新的国际政治、经济秩序而开展的斗争很激烈。这种斗争不仅是国际战略格局加速向多极化发展的必然反映，而且对未来新格局的最终形成也会产生直接影响。

4. 国际战略格局各层次相对独立，相互影响

国际问题，有的是全球性的，有的则是地区性的。国际战略格局按其范围大小，也可区分为世界格局和地区格局。这两个层次既有其独立性，又有其关联性。所谓独立性，就是这两个层次的战略格局都可以在一定条件下独立存在。例如，现在新的国际战略格局尚未形成，但某些地区的战略格局已初步建立起来。同样道理，现在旧的国际战略格局已不复存在，但某些地区原有的战略格局却尚未被打破。像东北亚地区、南亚地区的战略格局，仍然保留着冷战时期的某些特征。所谓关联性，就是世界格局与地区格局的发展都在一定程度上影响着对方的发展。国际战略格局包含着地区战略格局，并在总体上决定着地区战略格局的发展走向；地区战略格局则是全球性矛盾斗争在地区的必然反映，同时又对国际战略格局的形成或演化产生影响。如果分析一下"二战"后中东地区和欧洲地区战略格局的演化情况，就不难看出这一点。这两个地区都是美国和苏联争夺的重点或热点地区，因而都受到了两极格局的巨大影响。尤其是欧洲地区，既是两极格局形成的发源地，又是这一格局终结的归宿点。所以，欧洲地区的战略格局与两极体制下的国际战略格局，其形成和瓦解几乎是同时发生的。

二、国际战略格局演变的动因

任何事物的发展，都是内部矛盾运动直接影响的结果，国际战略格局的演变

同样如此。揭示格局演变的动因和过程，将有助于我们更深刻地认识其规律性特点。

（一）国际战略力量及其相互关系的重大改变

战略格局只是反映战略力量存在方式的客观状态，是这种力量相互作用、相互影响的必然结果。当国际战略力量的存在方式以及各种力量的相互关系发生急剧变化时，国际战略格局的演变便难以避免了。旧的战略力量的衰落和消失，造成了旧格局的崩塌，新生战略力量的崛起和发展，则奠定了新格局确立的基础，新旧格局的不断交替，正是国际战略格局演变的基本特征。

（二）内外部因素共同作用的结果

从外部情况看，国际政治、经济、科技、军事等因素，都会对国际战略格局的演变产生直接影响，而时代因素更是牵动国际战略格局变化的重要因素。这里所说的时代是指"政治时代"，即世界主要矛盾及其斗争在一定历史时期和阶段上的集中反映。时代的发展尤其是时代主题的变化，不仅决定着国际关系和国际战略的基本特征，而且制约着国际战略格局的演进趋势。

从内部情况看，促使国际战略格局演变的内在动因，归结起来主要有以下几个方面：①由国家内部的经济、政治和文化传统因素决定的各主要国家间的政治体制和经济实力的差别；②各主要国家之间意识形态和对外政策的差别；③由上述两点所决定的各主要战略力量之间的政治斗争和综合实力对比的不平衡；④由这种斗争和不平衡所导致的国家和集团利益的冲突，以及因这种冲突的扩大而导致各战略力量之间力量对比关系的原有状态被打破。值得一提的是，作为国际战略力量主体的某些国家和国家集团，其政治、经济、军事等方面情况的变化，不仅会影响到它们自身在格局中所处的地位，而且关系着格局的存亡。英国的衰落和苏联的解体，都是导致旧格局瓦解的重要动因。

三、冷战结束后国际战略形势的特点

（一）美国成为世界唯一的超级大国，世界呈多极化趋势

当前国际战略格局框架结构的主要特点是"一超诸强，多元争极"。"一超"指的是美国。美国作为冷战后唯一的超级大国，其经济、政治、军事、科技等力量具有极大的优势。虽然它的经济在连续十多年的增长后出现了一定程度的衰退，但它在国际舞台上的竞争力和影响力仍然是最强的。并且，由于世界战略格局的转换具有渐进性，这将使美国"一超独霸"的局面保持相当长的一段时间。

美国的战略意图十分明确，它在 21 世纪的首要目标是防止在欧亚大陆出现对美构成战略威胁的新对手，从而确保"美在世界的领导地位"和巩固"既定的世界政治和经济秩序"。与此同时，以其他战略力量迅速增长为主要特征的多极化趋势正在发展。所谓"诸强"，指的是一些综合国力较强的国家或国家集团，如欧盟、俄罗斯、中国、日本等。从目前的情况看，这些国家或国家集团的实力和地位都不能与美国相提并论。所以，目前的力量格局大致是"一超诸强"或"一超多强"。

正因为多极化格局还未形成，所以，世界各种力量都在把握时机，发展经济、政治、科技、军事等力量，增强自己的综合国力，提高自己在世界上的竞争力和国际地位。一些实力较强的大国或国家集团，客观上正在往"极"的方向上发展，极力争取得到"极"的地位。这样，实际上构成了一种"多元争极"的态势。

（二）以美国为首的西方国家试图建立一个新的安全结构

当前，冷战时期以军事集团对抗为特征的安全结构已经解体，世界正处于向建立新的战略格局过渡的时期。世界各国正力求通过建立和完善各种形式的安全机制来维护自身的安全利益，各种力量正在围绕建立新的全球和地区安全结构进行着斗争和协调，以使自己在未来新的安全结构中处于较为有利的地位。以美国为首的西方国家尽管相互之间出于各自利益的考虑而产生的矛盾日渐明显，但它们正加强协调，试图形成一个以它们为主体的、在某种程度上体现多边参与和对话、相互协调和制约的安全结构。

在欧洲，新的安全结构的建立已取得某些进展。其特点主要是扩大原有组织和转变其功能。北约加快了从军事政治集团向政治军事组织的转变，并开始调整其战略，以适应冷战结束后欧洲新的安全形势。1992 年，北约决定将其军事活动的范围由北约成员国领土之内扩大到整个欧洲。北约建立了北大西洋合作委员会，将其作为北约成员国与原华约国家讨论安全问题的论坛。北约还与其他欧洲国家以及俄罗斯建立了"和平伙伴关系"。欧共体于 1993 年 11 月 1 日开始实施《欧洲联盟条约》，成为欧洲联盟。欧盟大力推进一体化防务，出台新的统一安全战略，2004 年 5 月 1 日，欧盟实施历史上第五次东扩，使欧盟扩大到 25 个国家和地区。2004 年 7 月 12 日，欧盟正式宣布成立欧盟军备局，以加强欧盟成员国之间的军事合作，提高欧盟的整体军事实力。2004 年 9 月 15 日，欧盟出台新安全战略理念，提倡实行多边合作和人道主义干预，积极推进欧盟一体化独立防务建设，增强在危机突发地区的人道主义干预能力，2007 年建成拥有 19.5 万人的快速反应部队和 1.5 万人的人道主义干预部队，用以在欧洲和其他地区执行人道主义援助任务，以及参加地区冲突的预防、干预和后事处理的任务。

目前，亚太地区基本能够覆盖全区域的多边安全合作机制主要有东盟地区论坛和亚太安全合作理事会。东盟地区论坛（ARF）是由东盟主导的、官方性质的多边安全合作机制。1994年7月，东盟地区论坛首次外长会议在曼谷召开，标志着论坛正式成立。论坛的目标和宗旨是：作为一个高级别的磋商论坛，使亚太地区各国培养对共同感兴趣的和关注的政治安全问题开展建设性对话的习惯，为亚太地区建立信任和进行预防性外交作出贡献。目前，论坛已发展成为有22国（方）参与的泛亚太地区多边安全合作机制。亚太安全合作理事会（CSCAP）是西方国家主导的、非官方性质的多边安全合作机制，其目的是以非政府机构的形式促进亚太地区的安全与合作，通过开辟第二轨道外交，邀请国际非政府组织和政府官员以私人身份参加，发展其对东盟地区论坛的咨询作用。此外，还有一些次区域性的官方与非官方安全合作机制，如朝核问题六方会谈、东北亚合作对话会、亚太圆桌会议、中美日安全磋商等。亚太地区重要的双边安全合作机制还包括中俄、中美等双边安全磋商机制。

值得注意的是，在新的国际安全结构形成的过渡时期，联合国在协调和处理重大国际安全问题上的作用正在增强。在美苏冷战时期，联合国主要被作为政治讲坛，在维持世界和平方面所起的作用极为有限。随着旧的安全结构的解体，联合国将会在处理危机、调解冲突、监督停火、维持和平、军备控制等方面发挥更大的作用。但同时也应注意到，美国等西方国家也企图利用联合国来干涉其他国家的内政，需要的时候就借用联合国的旗号，例如海湾战争，利用联合国组织多国部队打击伊拉克；不需要或者遭到反对的时候则绕开联合国对其进行直接干涉，如以美国为首的北约空袭南联盟，这些都有可能使问题复杂化甚至将加剧某些地区的动乱。

（三）经济因素在国际事务中的作用在上升

近年来，世界大多数国家的注意力都更多地转向了国内经济建设。与此同时，随着科技和国际贸易的迅猛发展，各国在经济上的交往大幅度增加，经济上的相互依存程度大大加深。这些都在很大程度上推动各国更多地从经济利益这一角度考虑国与国之间的关系，避免采用极端的军事手段，使矛盾激化。反映在各国的安全政策上，几乎普遍一致地把确保国家的经济安全作为首要目标，使军备建设服从于经济建设的需要。

但是，不能由此认为，经济因素的上升，意味着国际事务中军事手段的作用越来越不重要。事实上，军事手段的作用仍然为各国，特别是各大国所重视。这里，有几个趋势值得注意。首先，经济因素的上升可能推动一部分国家对军事手段的重视。例如，某些国家正是出于维护自己经济利益的考虑，更加重视对海洋资源、贸易通道的保护，在经济得到发展之后，加快了发展本国军备的步伐；又如，亚太地区的东盟国家以及中东地区的一部分阿拉伯国家近几年来不但没有降低军费，反而都增加了军费。其次，各国经济竞争中民族主义情绪正在上升，这使一部分国家更加重视加强军事实力以弥补经济力量的不足，并将其作为确保自身利益的重要手段。再次，西方各大国，特别是美国仍然把军事力量当作对付所谓来自第三世界威胁的重要威慑和打击的手段；同时，它们庞大的军火工业也很难在冷战结束后实现有效的大规模"军转民"，这些国家事实上仍然保持着高额的军费开支。

（四）武装冲突和局部战争对国际安全的影响相应突出

20世纪90年代后，随着美苏冷战的结束，世界大战的危险进一步减少，地区武装冲突和局部战争成为主要的军事冲突形式。新的武装冲突的频繁发生是有多方面原因的：首先，许多过去被美苏对抗这一主要矛盾掩盖着的民族、领土和宗教矛盾，随着冷战的结束而爆发出来；其次，旧的世界战略格局的瓦解所带来的动荡，尤其苏联和南斯拉夫解体所造成的局部的力量真空和失衡使局势失控；再次，部分地区过去长期处于经济贫困之中，又受到因世界战略格局变化而带来的西方政治思潮的冲击和外援减少等影响，从而引发了严重的社会动乱；最后，特别值得关注的是国际恐怖主义、民族分裂主义和宗教极端主义"三股恶势力"对国际安全与稳定的影响将更加突出。总体上说，当前频繁发生的地区冲突主要是新旧战略格局转换时期国际政治秩序失调的表现，其存在有一定的必然性。在旧的国际政治秩序瓦解和新的秩序形成的过程中，出现动荡是不可避免的。在局部地区，力量的重新分化组合甚至是以武装冲突的方式表现出来的。

与此同时，通过全球和地区性的国际组织间的合作，来控制和解决地区冲突，维持国际形势的和平与稳定，已成为国际政治军事领域的一个热门话题。近年来，一些过去有美苏争霸背景的热点地区冲突，由于冷战的结束和联合国等国际组织发挥作用，已在政治解决的道路上取得重大进展。然而，我们也应该看到，在战略格局转换的过渡时期，世界形势发展中存在着许多不确定和不稳定因素。各种矛盾如不能妥当处理，则有可能引发新的冲突。目前各种冲突的解决将需要较长时期的艰苦努力，即使是已在政治解决道路上取得较大进展的地区冲突也可能出现反复。

（五）军售竞争和大幅度军费投入对稳定产生不利的影响

随着美苏冷战的结束和两极格局的瓦解，国际武器交易总额有所下降。同时，随着对武器需求的减少，国际武器市场的竞争更加激烈。美国、俄罗斯和一些西欧国家为了在减少国内武器采购和削减本国军备的同时，维持现有军工企业并从出口武器中谋利，而大力支持本国的军火工业扩大已有的国际武器市场和寻求新的国际武器市场。1990年，美国向第三世界的武器出口额达185亿美元，比1989年有较大增长，并超过苏联成为世界最大的军火出口国。1993年，美国向外出口军火的金额进一步增加，达320亿美元（含向发达国家的军火出口）。根据瑞典斯德哥尔摩国际和平研究所的统计，目前世界每年合法武器贸易金额超过400亿美元。2009—2013年世界最大武器出口国依次是美国、俄罗斯、德国、中国和法国，共占全球军火贸易的74%，其中，美、俄各占29%和27%，超过全球武器出口的一半。而且近年来发达国家出口的武器的质量也有很大提高，包括许多最先进的常规武器。发达国家向第三世界国家，特别是向一些重要地区大量销售先进常规武器的行为给这些地区带来了多方面的不利影响。第一，发达国家大量倾销先进武器使得一些地区产生了一种"作用与反作用"效应，刺激一些国家竞相购买先进武器，从而造成某种地区性的军备竞赛。这有可能打破现有的地区力量平衡，从而破坏这些地区的和平与稳定。第二，有可能引发新的地区冲突。发达国家大量倾销先进武器可能会使某些国家的军事实力大大超出其自身防务的需要，从而促使它们在处理领土、边界等争端时更愿意诉诸武力。第三，刺激了大规模杀伤性武器的扩散。一些得到先进战斗机的国家由此具备了核武器的投掷能力，另一些得到较少先进常规武器的国家则企图用核武器来弥补自己在常规武器方面的劣势以对付对方的先进武器。

随着国际军事安全领域中不稳定因素的扩增和世界新军事革命浪潮的深化，世界各主要国家保持大幅度的军费投入。2004年，美国国防预算总额高达4 883亿美元，俄罗斯为4 114亿卢布（约合141.86亿美元），日本国防预算为4.96万亿日元（约合422亿美元），印度国防预算增加至7 700亿卢比（约合168亿美元），德国国防预算为244亿欧元（约合300亿美元）。2017年，美国的国防预算为5 527亿美元，英国军费为596亿美元，法国军费为593亿美元，俄罗斯军费为587亿美元，日本军费为545亿美元，沙特阿拉伯军费为452亿美元，德国军费为452亿美元，印度的军费为413亿美元，意大利军费为370亿美元。[①]这迫使第三世界国家将更多的财力和物力用于军事方面，从而影响它们经济增长和社会发展的速度。

---

① 综合："世界前十军费排名及军事力量对比"，http://www.cn1n.com/mil/wd/20160615/939571022.htm，2017 – 08 – 28。

四、未来国际战略格局的发展趋势

（一）战略格局呈"多极化"趋势

目前，美国不顾国际战略格局多极化的发展趋势，凭借自己的强大实力，把本国的意识形态、价值观念、发展模式和社会制度强加于国情不同的世界各国，企图建立美国一家独霸的单极世界。"9·11"事件后，美国更是借"反恐"之名，趁机对战略地位极其重要的中亚和外高加索地区实现了"历史性"的军事进入并开始对其施加经济和政治影响。与此同时，美国主导的北约战车继续东扩，1999年3月波兰、捷克、匈牙利3个国家加入北约。2004年3月29日保加利亚、爱沙尼亚、拉脱维亚、立陶宛、罗马尼亚、斯洛伐克、斯洛文尼亚7国加入北约。美国依仗自己庞大、先进的军事装备和雄厚的经济实力，正在加紧全方位推行自己称霸世界的全球战略。

但是，从长远看，世界上从来就没有永远的"霸权"，大英帝国的衰落就是历史见证。可以预见，美国的单极世界之路也是行不通的，多极化是必然的趋势。美国"一超独霸"的局面既是两极体制被打破后的必然现象，又是一个终将被多极化体制所取代的暂时的历史过程。世界政治经济发展的不平衡所导致的均衡化趋势，是世界战略格局中两极体制解体并最终走上多极化的根本动因。

当前世界战略力量多极化的发展趋势最突出地表现在经济上。战后几十年激烈的军事对抗和军备竞赛使美、苏这两个超级大国的经济均不同程度地受到了影响，并最终导致苏联解体。美国在国际市场的竞争能力也正受到愈来愈大的挑战。日本和欧盟国家这几十年经济迅速发展，已成为对国际事务有重要影响的经济大国和经济集团。统一后的德国具有强大的经济、科技实力与军事潜力，其国民生产总值超过了英、法两国的总和，居世界第三位。经济力量均衡化的发展必将引起政治、军事力量对比关系的变化。目前，日本和德国都在凭借自己强大的经济实力，谋求政治大国的地位，积极争取成为联合国安理会常任理事国。日本在亚太地区与美国争夺主导权的矛盾日趋明显，并且正在隐蔽而有节制但却是扎扎实实地加强其军事力量，逐步建立与其经济、政治地位相称的军事实力。欧盟国家与美国之间在贸易上的摩擦日益激烈，它们在政治、军事上争夺欧洲主导权的矛盾也在加剧和表面化。

俄罗斯作为苏联的主要继承者，拥有丰富的自然资源和相当先进的科技力量，特别是拥有强大的军事力量。从长远看，俄罗斯不可能无限制地削减其军事力量而放弃其世界大国的地位，它的军事力量仍然是一个可以并可能对世界形势产生重大影响的因素。1994年年初，俄罗斯对其前一段倒向西方的对外政策进行了调整，其调整的核心内容是：增强独立自主权，把维护民族利益放在首位，努力恢复俄罗斯在世界上的大国地位。

作为当今世界最大的发展中国家，中国政治稳定，经济发展充满活力，经济平均以每年9%的速度增长，综合国力不断增强。与各国积极发展睦邻友好关系，对世界和平发挥着积极而重要的影响，在21世纪初期成为"多极格局"中的一极，是毫无疑问的。邓小平早在1990年年初就指出："所谓多极，中国算一极。中国不要贬低自己，怎样也算一极。"他的这个论断，是有充分根据的。

所有这些汇成了世界战略力量均衡化发展的主流。尽管世界战略力量均衡化的趋势在短时期内还不会引起世界军事力量的对比关系发生重大变化，但从长远来看，它对世界军事形势的影响不可忽视。这一趋势的发展正在并将越来越明显地成为制约超级大国的霸权主义和强权政治的重要因素。可见，世界向"多极化"方向发展，已经成为一种客观趋势，这既是历史的必然，也是时代的要求。

（二）世界"五大力量"关系将日趋复杂化

两极格局解体后，当今世界的五大力量，都在通过调整对外政策来寻求自己的有利地位。美国虽然认为自己是"唯一有能力进行全球干预的超级大国"，但也开始承认世界多极化的现实。因此，最近几年来，美国的对外政策也在进行调整。特别是"9·11"事件后，美国出于"反恐"的需要，局部调整了其外交政策和安全战略。在欧洲，美国一方面积极推进北约东扩，另一方面也顾及俄罗斯在苏联地区的特殊利益。同时，美国还改变了过去认同只要西欧盟国尽"义务"而不给"权利"的做法，转而支持西欧联盟在维护欧洲安全方面发挥更大的作用。在亚洲，美国着手建立美日之间的新型同盟关系，并支持日本在参与亚太事务中承担更多的权利和义务。中国主张采取"全面接触"的战略，使中美关系得到了一定程度的改善。俄罗斯沉着应对北约欧盟东扩，积极调整本国的军事战略。2004年，俄美间纷争加剧，两国关系因外高加索地区主导权、车臣问题和俄国国内政治改革问题上的分歧而日渐趋冷。2004年2月10—14日，俄罗斯举行了代号为"安全—2004"的最大规模战略核演习。2004年6月7—24日，俄罗斯举行代号为"机动—2004"的历史上远程调动部队规模最大和兵种最多的军事演习，以此显示军事威力，并将外交政策的重点逐步转移到亚太地区。欧盟在积极推进欧洲政治、经济一体化的同时，也在加强欧洲自身的防务力量，逐步削弱美国对欧洲的控制和影响。日本为了谋求政治大国和军事大国地位，一方面加强日美同盟关系，另一方面也积极寻求改善与包括中国在内的亚洲国家的关系，企求在参与国际和地区事务中发挥更大的作用。日本军事战略加速从"专守防卫"向"主动先制"转向，主要表现在三个方面。一是进一步突破"专守防卫"法制限制，加大"紧急事态"下对美国的海外军事支援。2004年6月14日，日本国会通过了《国民保护法案》等7项"有事"相关法案。二是明确提出"积极海外干预"

的防卫政策方针。2004 年 7 月 6 日，日本发表了 2004 年度《防卫白皮书》，首次把参与国际合作活动作为自卫队的根本任务之一。三是强调获取"先发制人"的军事打击的能力。中国在加大改革力度、加速经济发展的同时，通过开展灵活的、全方位的外交，明显改善了和周边国家的关系，进一步提高了自身的国际地位和对国际事务的发言权。

以上情况说明，随着冷战后国际形势的发展，当今世界五大力量的地位和关系已经发生了重要变化，随着中、俄、日、欧地位的提高，大国间相互制约关系明显增强。今后，维护世界和平和推动经济发展，主要靠这五大力量的协调与合作。其中美、中、俄的协调与合作尤为重要。从近、中期来看，世界上只有美、俄等国有能力把经济实力转化为政治实力。因为它们具备将经济实力转化为政治实力的四个条件，即辽阔的国土、众多的人口、强大的军事实力及其对外政策。不具备这四个条件，国家再发达，经济再发展，也难以成为具有世界性影响的战略力量。当然，随着欧洲一体化的实现和日本从经济大国发展成政治大国甚至军事大国，其对世界事务的影响力将会大大提高，多极化格局也将得以形成。

世界五大力量对外政策和战略关系的调整，将使未来国际战略格局呈现新的特征。一是关系复杂化。在多极格局里，五大力量之间将形成交叉三角关系，各国政策变化取向不确定。二是集团松散化。政治与军事集团内部关系相对松散，各国对外政策独立性增强，因各自利益关系，同盟国之间和非同盟国之间的距离有所接近。三是外交多边化。多边机构和组织的作用突出，双边关系受多边事务和多边关系的制约日益增大，各国政策将由双边政策为主转向多边与双边政策并重。四是合作区域化。区域化成为新地缘政治的动力，地域和文化的同一性有可能取代意识形态的同一性，地区或次地区经济合作和安全合作将成为对外合作的重点。

（三）中国的地位与作用将愈显突出

中国是一个发展中的社会主义大国，也是当今维护世界和平的重要力量。作为未来多极格局中的一极，中国对世界的影响是多方面的，其主要作用体现在三个方面。

1. 在反对霸权主义和强权政治上起制约作用

"冷战"结束后，霸权主义和强权政治依然存在，世界并不安宁。原来被两极格局所掩盖的各种矛盾都暴露了出来。在各种政治力量的矛盾与冲突中，在中、美、俄，中、美、日等三角关系中，中国将起到平衡与制约作用，并成为抑制霸权主义和强权政治的重要因素。中国之所以能起这样的作用，除了中国一贯的"反霸政策""和平共处五项原则"和不断增强的综合国力外，更重要的是中国始终站在第三世界国家一边，永远不称霸，永远不做超级大国，这种正义的立场必将得到世界绝大多数国家的信任和支持，从而使中国有可能发挥应有的作用。

2. 在经济发展上起示范作用

在短短的十几年时间里，中国的社会主义现代化建设取得了巨大成就，经济和社会面貌发生了深刻的变化。这些成就和变化，受到世界瞩目。仅就经济发展而言，过去十几年，世界的经济增长率为 2% ~ 3%，而中国的经济增长率大致保持在 7% ~ 10%，相当于世界经济增长率的 3 倍。因此，中国的经济改革经验受到了国际社会的普遍关注。许多国家领导人和专家、学者认为，中国的经济改革是"历史上最大的实验"，具有"示范"作用，"不可避免地要引起连锁反应"，对世界上其他国家，特别是发展中国家正在或将会"产生重大影响"。

3. 在维护第三世界权益的斗争中发挥重要作用

中国始终坚持大小国家一律平等的原则，坚决反对恃强凌弱的行为，并为维护第三世界国家的权益进行了不懈的努力和斗争。与此同时，中国从不介入第三世界国家之间的分歧和争端，真诚地希望它们通过和平协商求得公平合理的解决，防止和避免外来势力的干涉和利用。中国还努力推动"南北对话"，积极开展同发展中国家的经济交流，大力促进"南南合作"。为此，中国曾先后提出"对外援助"的八项原则和"开展经济技术合作"的四项原则。特别是时任主席江泽民 1995 年 10 月在联合国成立 50 周年纪念会议上的重要讲话，提出了建立国际政治经济新秩序的五点主张，即：创造安全可靠、长期稳定的国际和平环境；恪守以主权平等和互不干涉内政为核心的国际关系准则；建立互利合作、共同发展的新型国际经济关系；造成自主选择、求同存异的国际和谐局面；共同对付人类生存与发展面临的挑战。这些主张反映了世界各国人民，特别是发展中国家人民的共同呼声。中国坚决支持维护第三世界国家权益的主张和行动，受到了第三世界国家和人民的高度赞扬。

》》 第三节　中国周边安全环境 《《

国家安全环境，是指在一定时期内对国家安全产生影响的客观条件和因素。国家周边安全环境，是指国家周边有无危险和受到威胁的情况及条件，也就是说周边国家或集团对其国家主权、领土完整是否构成威胁、有无军事入侵、渗透和颠覆等情况。它是关系到国家和民族兴衰存亡的大事，是国家制定国防战略的依据。

一、中国周边概况

中国位于欧亚大陆的东南部，是欧亚大陆的一部分。中国是一个陆地大国，拥有 960 万平方千米的陆地疆土，有 2.2 万多千米长的陆地边界线，陆地国土面积居世界第三位。中国还是一个海洋大国，海岸线总长 1.8 万千米，有便利的海上通道和丰富的海洋资源。陆地与 15 个国家相接壤，与 8 个国家的大陆架或 200 海里专属经济区相连接。

近代以来，帝国主义列强从陆上和海上、从东南西北各个方向屡屡入侵中国。清朝政府前后与帝国主义列强签订了 500 个不平等条约，割地赔款，丧权辱国。仅 1842 年、1860 年、1895 年和 1901 年，列强的四次侵华战争，清政府就割让国土一百六十余万平方千米，赔款七亿多两白银。中国的邻国众多，在这些国家中，有的在历史上侵略过中国，有的与中国存在着领土和海洋权益争议，有的内部不稳定因素多，有的国内狭隘民族主义泛起、宗教派别斗争加剧，它们对中国安全有着不同的影响。

二、地理环境特点及对安全的影响

国家的地理环境，是指影响国家安全的地理位置、地理特征以及与地理密切相关的国家关系等因素。中国的地理环境是很特殊的，从古至今，这种特殊的地理环境无时不在影响着中国的安全形势、安全观念、防务政策和军事战略。

（一）陆海兼备，陆地边界和海岸线漫长

中国有漫长的陆地边界和大陆海岸线。青藏高原和帕米尔高原将中国与南亚、中亚隔断，在西北只有一条穿越茫茫沙漠戈壁的狭窄通道与中亚相连，南有云贵高原和横断山脉的天然屏障，东南有辽阔海域。由于地理因素和历史原因，在西方列强的势力还没有发展到东亚之时，在陆地上，历代朝廷主要担心来自外族的威胁，在海洋上，随着近代西方工业化快速发展，先进的军事技术和航海能力很快就使海洋和中国的出海口成了敌人入侵的通道。

自 1840 年以来的一个世纪里，帝国主义列强屡屡入侵中国。第一次鸦片战争中，英法联军攻占广州、厦门、定海、镇海、宁波和镇江，从长江口入侵南京。第二次鸦片战争中，英法联军攻占广州、大沽口、天津，从天津侵入北京。中法战争中，法军攻占中国南方海军基地福建的马尾港。甲午战争中，日军从辽东半岛花园口登陆攻占旅顺，从山东半岛荣成登陆攻占威海。1897 年德国军舰占领胶州湾，俄国军舰闯进旅顺口。1900 年八国联军登陆大沽口，攻陷天津和北京。1914 年日军从胶东半岛登陆，沿胶东铁路侵入济南，继而攻占了青岛。

1932 年日寇进攻上海。在 1937 年以后的全面侵华战争中，日军先后经上海、青岛、广州和广西钦州等地向我国腹地大举进攻。在同一历史时期内，中国的陆地边疆也不安全。沙俄和日本曾先后侵占中国东北地区。在西北面，沙俄及其支持下的浩罕汗国军队曾先后侵入中国。在西面，英国军队曾先后两次入侵中国西藏地区，其中第二次入侵时，曾攻占了西藏首府拉萨。在南面，英军和日军曾先后越过中缅边境侵入云南境内，法军从中越边界强占云南部分边境地段。在中国近代史上，中国台湾、海南岛等岛屿和海洋，由于经济、军事战略地位重要，更是成为被帝国主义列强和地区霸权主义入侵和瓜分的重灾区。

（二）邻国众多，安全环境复杂

中国陆海邻国众多，排世界第二位。陆上与朝鲜、俄罗斯、蒙古、哈萨克斯坦、吉尔吉斯斯坦、塔吉克斯坦、阿富汗、巴基斯坦、印度、尼泊尔、锡金、不丹、缅甸、老挝和越南 15 个国家接壤。在海上与日本、朝鲜、韩国、菲律宾、马来西亚、印度尼西亚、文莱和越南 8 个国家的大陆架或 200 海里专属经济区相连。其中，朝鲜和越南既是中国的海上邻国，又是陆地邻国。

俄罗斯的邻国虽然比中国多一个，但其陆地面积比中国约大一倍，与中国陆地面积大致相当的美国只有两个陆地邻国，加拿大只有一个邻国，英国和澳大利亚被海洋环抱，这些国家的周边安全环境均不及中国的复杂。

邻国中，有些过去曾经对中国发动过侵略战争，并且现在仍是经济大国，并正在成为军事强国；一些邻国之间存有积怨，甚至对立；有的国家内部不稳定因素多，一旦发生内乱或冲突，必将影响中国的边境安全。如 2005 年 3 月 24 日吉尔吉斯斯坦所爆发的政治动乱，为美国对中亚地区的渗透提供了借口，直接威胁到中国西部安全。有的国家居民与中国边境居民同为一个民族，有的国家居民与中国某些地区居民信奉同一宗教。以上情况所产生的积极因素是有利于中国边境居民与邻国居民友好往来，改善国家之间的关系，但也存在消极因素。还有一些国家，与中国之间存在着历史遗留下来的边界领土争端和海洋划界争议。这些不同因素的变化，将对中国安全环境产生不同的影响。

中国安全环境的外部影响，主要来自陆、海两个方面。历史上，美、苏曾分别从海上和陆上对中国施加过影响。苏联解体后，俄罗斯成了世界上最大的陆地国家，面积 1 700 万平方千米，其中 2/3 在欧洲，1/3 在亚洲。美国位于北美洲大陆南部，陆地面积 936 多万平方千米，北邻加拿大，东濒大西洋，南邻墨西哥和墨西哥湾，西临太平洋，海岸线总长 22 680 千米，海岸比较弯曲，良港多在大西洋沿岸。进入 20 世纪，美国的综合国力日益增强，积极向海外发展。美国和俄罗斯对欧亚大陆具有全局性影响。

日本、印度是中国周边地区的两个重要国家，是构成中国地理环境的重要因素。日本岛国资源缺乏，对海外资源和海外市场的严重依赖性是它的显著特点。在近代，日本经历了50年的侵略扩张和对美国的依附。甲午战争至第二次世界大战结束以前，日本军国主义积极推行侵略扩张政策，主要是向亚洲大陆扩张。第二次世界大战结束后，美国控制世界海洋，日本转而依附美国，充当美国在太平洋的前沿堡垒。冷战结束后，日本继续追随美国，国际形势的变化曾为日本提高国际地位提供了难得的机会，日本注重将经济、科技、金融优势转化为政治和军事影响力，积极开拓战略空间。近年来，随着中国崛起，中日两国在东亚权力格局中的态势逐渐发生转变，因此，日本采取了加速国家正常化、拉拢美国共同防卫钓鱼岛以及推动反华联合阵线来应对中国的崛起。这致使中国周边外交遭受巨大的压力，中国周边安全形势危急。

印度人口众多，是一个依陆面海的大国。从地理条件看，印度北面被崇山高原带阻隔，其半岛却深入印度洋，陆地上的隔绝与海路的通达形成鲜明对照。所以，"由陆向海"是印度关注的战略发展问题。印度的地理条件较为优越，周边邻国主要是中小国家。中国是直接与印度毗邻的唯一大国，两国虽然存有边界争议，但是中印分别面对太平洋和印度洋两个不同的方向，同时受到青藏高原的阻隔，地理上的矛盾是有限的。

东南亚、中亚是中国周边的两个重要地区，也是中国陆、海两面的两个枢纽地区。这两个地区的形势稳定与否，对我国的安全和经济发展具有重要影响，在通道、资源、安全等方面都有重要战略意义。在交通方面，东南亚是连接亚洲与大洋洲、沟通印度洋和太平洋的"十字路口"，控制太平洋到印度洋的主要水上航线。中亚地区处于东亚、西亚、南亚和北亚的地理连接点上，是连接欧亚大陆以及中国、俄罗斯、欧洲、中东、南亚各地陆路连接的枢纽。在资源方面，东南亚有丰富的战略资源，锡储量占世界的60%，橡胶年产量占世界的80%以上，矿产资源丰富，石油和稻米出口量较大。在安全方面，东南亚邻接中国的东南沿海与西南地区，是影响中国南部安全的重要因素。另外，贯穿东南亚的海上战略通道对于日本有重要意义，对美欧各国的航运也有重要影响。中亚地区与中国新疆、西藏等地接壤，该地区的形势与中国西北边疆的安危相关。

三、稳定是周边安全环境的主流

进入21世纪以来，世界格局和安全形势正发生着巨大变化，和平与发展成为新时代的主题，一个相对和平稳定的安全环境不断得到巩固和发展。中国与所有邻国的关系得到全面改善，与一些曾经关系对立的国家逐渐建立起相互谅解和信任的正常关系，关系得以修复并重新走上了健康发展的道路。目前中国周边安全环境处于新中国成立以来最好的时期之一，呈现出和平稳定的新局面。中国周边环境总体上是稳定的，睦邻友好、互利合作是周边国家对华关系的主流。

（一）美国等大国与中国建立伙伴关系

随着两极战略格局的解体，世界正在逐步走向多极化，将出现多个力量中心。目前，中国与这些力量中心的关系发展总的来说是在加强。

中美关系的发展曾历经了一个曲折的过程，在科索沃战争危机挫折后，又重新走上了健康发展的道路。1996 年底至 1997 年初，中美实现了高层官员互访。1997 年 10 月，江泽民主席访问了美国，发表了《中美联合声明》，声明中指出：中美双方将"共同致力于建立中美建设性战略伙伴关系"，双方将"在中美三个联合公报的原则基础上处理两国关系"。1998 年 6 月，克林顿总统访问中国，两国首脑决定，"中美不把各自控制下的战略核武器瞄准对方"。克林顿总统第一次在公开场合表示，美国不支持台湾"独立"，不支持"一中一台""两个中国"，不支持台湾加入任何必须由主权国家才能参加的国际组织，由此中美关系史揭开了崭新的一页。中美关系在布什政府上台后，曾因台湾问题而受到影响，但从"9·11 事件"后到 2009 年奥巴马总统访华的将近 8 年多的时间里，中美关系处于一个相对稳定的发展时期。这种稳定的发展主要原因为：第一，打击恐怖主义和防止大规模杀伤性武器扩散成为美国对外战略的重点，这不仅使美国转移了原来对中国的注意力，而且为两国在众多全球和地区问题上开展合作提供了相当大的空间，包括反恐、防止大规模杀伤性武器扩散、维护多边贸易体制、维持全球金融稳定、防止各种传染病等；第二，中美关系日益机制化，两国政府之间建立了比较顺畅的工作关系。高层首脑经常性的互访、见面，为两国开辟了许多新的对话机制，包括中美战略对话、中美经济战略对话、中美能源对话、中美反恐磋商机制等；第三，在台湾问题上达成了有限但非常重要的共识。美国认识到维持台海的稳定既符合中国利益，又符合美国利益，还有利于整个亚太地区的稳定，美国对台湾问题由原来鼓励分裂势力转变为压制分裂势力，中美之间最易引发冲突的台湾问题稳定下来，中美关系也就相对稳定下来。但随着中国的发展壮大，从 2009 年哥本哈根会议之后，中美关系似乎又进入一个问题多发期、矛盾凸显期。中美之间的战略互信缺失，台湾问题、人权问题、经济摩擦问题不断产生，奥巴马政府推行"亚洲再平衡"战略，为维护地区军事霸权，美国政府顶住国内削减军费预算的压力，积极调整亚太军事部署，巩固亚太同盟体系。到 2020 年，亚太将集中部署美本土外海空军力量的 60%。美军还研究出针对中国的"海空一体战"新概念，加大对中国的军事战略威慑。美国正在中国周边构筑一个"雁阵安全模式"，以制约、平衡中国的真正崛起。中美两国能否避免成长型大国与守成大国的"霸权战争",世界拭目以待。可喜的是,中美两国领导人致力于探索构建21世纪中美"新型大国关系","打破历史上大国对抗的传统逻辑,探索经济全球化时代发展大国关系的新途径"。

俄罗斯对中国安全有着长远的影响。中国与俄罗斯保持着良好的国家关系,先后签订了一系列联合声明,中俄签订了和平友好条约。近年来,两国领导人多次互访,1996年双方建立了"平等信任、面向21世纪的战略伙伴关系",由原来"建设性伙伴关系"上升到"战略协作伙伴关系"。中国和俄罗斯已经建立不对抗、不结盟,以"和平共处五项原则"为基础的友好和互利合作关系。新形势下,中俄关系进一步巩固,双方签订了和平友好条约。目前,中俄关系正沿着健康轨道稳步发展。2014年5月,中国国家主席习近平在上海与俄罗斯总统普京举行会谈,共同签署《中华人民共和国与俄罗斯联邦关于全面战略协作伙伴关系新阶段的联合声明》,并见证了中俄能源、电力、航空、通信等领域多项合作文件的签署仪式。至此,中俄双边经贸、双向投资、多领域合作全面升级,中俄关系被认为到了"历史上最好的时期"。

中国与日本建交后,两国关系发展基本平稳,双方都把发展长期稳定的友好关系作为各自的基本国策。1998年11月,江泽民主席正式访问日本,中日双方发表了联合宣言,宣布"建立致力于和平与发展的友好合作伙伴关系"。但安倍首相第二次上台以来,中日关系"经冷政冷",危机重重。

中国与欧盟各国保持着良好的关系,中国与欧盟领导人在1998年亚欧首脑会议期间成功地举行了首次会晤,就建立中欧长期稳定的建设性伙伴关系达成共识。

(二) 中国与各邻国睦邻友好关系发展顺利

中国在坚持"和平共处五项原则"基础上与一切国家发展友好关系,特别注重发展与邻国的睦邻友好关系。目前,中国与所有邻国的关系得到全面改善。早在20世纪60年代,中国就先后与缅甸、尼泊尔、巴基斯坦、蒙古、阿富汗、朝鲜6国签订了边界条约或协定。1991年,中国与老挝签订了《中老边界条约》,至今与这些国家保持着友好的国家关系和边界安宁。20世纪90年代以来,中国分别与俄罗斯、哈萨克斯坦、吉尔吉斯斯坦签订了国界协定,与哈萨克斯坦的国界问题已经得到完全解决。中、俄、哈、吉、塔5国领导人多次会晤,签署了关于边境地区加强信任及相互裁减军事力量的协定。

中国同越南、印度也实现了关系正常化,加强政治、经济、文化交往,国家领导人互访。中越边界问题得到较好解决。中越边界线长1 347千米,边界谈判是从20世纪70年代开始的,双方签署了关于边界领土的基本原则协议,1999年签署了《中越边境条约》。印度是南亚七国之一，中印有着 2 000 多年的友好历史，双方签署了《关于中印边境实际控制线地区军事领域建立信任措施的协定》。近年来，中国与韩国、日本等国在经济贸易和文化等领域进行了广泛交流与合作。

2013 年 10 月初以来，中国国家主席习近平和总理李克强联袂出访，对东盟国家展开新一轮"魅力攻势"，集中体现了"习李新政"在中国周边外交议题上努力化解冲突，实现共赢的战略眼光和政治决心。两位国家领导人在东盟国家访问期间，不仅提出了升级"中国—东盟自贸区"的宏伟蓝图，更是提议建设面对现实、切实可行的东亚多边安全构架等一系列旨在增进区域政治互信和安全合作的新倡议。特别是中国推出陆地和海上两个"丝绸之路经济带"的战略构想，在相当程度上指明了中国未来周边战略规划的新方向。中国的"睦邻、富邻和安邻"方针正迎来历史性的新机遇。

（三）中国周边地区热点问题有的在逐渐降温

中国周边地区的热点，从 20 世纪 50 年代初就存在着朝鲜半岛问题，从 70 年代末开始出现的阿富汗战争、柬埔寨战争，它们都发生在中国的周边地区，严重地威胁到中国边界地区的安全。

冷战结束后，这三个热点地区先后出现了不同程度的降温，尽管还存在着多种矛盾或武装冲突，但总形势是趋于缓和，对外部的影响越来越小，减缓了对中国有关边界地区安全的威胁。

新形势下，在中国周边的热点问题中，对中国安全影响较大的是朝鲜半岛问题和印巴之间的对立。朝鲜半岛是东亚各国利益的交汇点，各大国都不希望朝鲜半岛出现危机。朝鲜半岛问题的根源在于南北对立的分裂局面，表现为朝鲜与韩国的对立和朝鲜与美国的对立。美国与朝鲜签署了关于核问题的框架协议后，双方的对立局面有所缓和。朝鲜与韩国也开始从对峙走向对话，打破了严重僵持的局面。虽然双方和谈的进程将是长期的和复杂曲折的，但相互间的气氛逐渐缓和，南北双方的经济交往和民间往来也逐渐增多。

对中国影响较大的另一热点问题是印度与巴基斯坦的对立。两国关系曾有一定程度的改善，但目前仍存在着严重对立，甚至可能失控。但总的看来，中国周边安全环境总的形势是趋于和平与稳定。

四、影响周边安全的主要因素

新中国成立后，特别是进入 20 世纪 90 年代以来，中国坚持奉行独立自主的和平外交政策，对外关系，特别是与周边国家的睦邻友好关系得到全面发展，与所有亚洲国家都建立了外交关系，周边安全环境是新中国成立以来较好的时期。但我们也应该看到，随着世界和亚太地区战略格局的不断发展变化，中国周边安全环境也增加了许多新的不确定和不稳定因素。再加上中国与周边国家还存在着一些尚未解决的领土、边界、海域、岛屿划分及归属方面的争议，国际上一些敌对势力更是借机推波助澜，因此，对中国周边安全环境中存在的不利因素不能掉以轻心。

（一）祖国统一面临严峻形势

近几年来，台湾海峡地区出现了较为复杂的局势：一方面，两岸经贸关系迅速发展，人员往来和各项交流活动日趋频繁，这对发展两岸关系和促进祖国统一是有利的；但另一方面，阻碍两岸交流和破坏祖国统一的不利因素也在发展，祖国统一事业面临着更加复杂的形势。

这些不利因素，归纳起来主要表现在以下几个方面：

1. 台湾政体向"台独"方向转化

1994年7月，台"国大"第四次临时会议通过了以"总统直选"为核心内容的《"宪法"增修条文》，并以此为标志，台湾政权体制发生重大变化，所谓"中华民国"实际上已经"台湾化"，其实质是制造事实上的"两个中国""一中一台"的局面；1999年7月9日，台湾前任领导人李登辉公然声称将两岸关系定位为"国与国的关系"；2000年5月，陈水扁上台后，民进党当局开始公开推行种种"台独"运动，加快实行"去中国化"；2003年夏天，陈水扁当局公开推出了"台独时间表"，即2004年夏完成"公投法"入宪，2005年春开始"修宪"或"制宪"，2006年"催生一部为台湾量身定制的新宪法"，2008年"宣布成立一个国家"，完成"台独"梦想。

2. 台湾岛内"台独"活动日益嚣张

台湾当局在"一个中国"问题态度上的变化为"台独"的活动提供了有利条件。目前，台湾岛内"台独"组织有20多个，它们公然制定"台湾共和国宪法"，设计和谱写"国旗""国歌"，不断举行示威游行，大搞所谓的"台湾正名"运动，气焰十分嚣张。

3. 台湾当局加紧推行"务实外交"

除了继续凭借其经济实力开展"银弹外交"和"军购外交"外，其"领导人"还大搞"度假外交""过境外交""观礼外交"等。近年来，在"全方位"开拓"生存与发展空间"的同时，逐渐把活动的重点转向东南亚地区，并把争取"重返联合国"当作其"务实外交"的重要目标。

4. 台湾当局加强了"以武拒统"的军事准备

台军事战略已由过去的"攻防一体"改为"有效吓阻、防卫固守"；陈水扁上台以后，又提出"决战境外"的战略构想，强调台湾最高军事目标是要"防止"中共武力"犯台"。同时，大量采购先进的武器装备，加强军事演习，仅2001年，台湾地区的各种军事演习就多达300余次，而且规模越来越大；2002年的"汉光18号"军事演习，仅实弹射击打掉的枪炮弹就要花上亿元新台币，其规模之大，分量之重，前所未有，以此来宣泄"以武拒统"的"台独"理念，为"台独"势力撑腰打气。

5. 国际敌对势力阻挠和破坏

"二战"结束以来，台湾问题一直是以美国为首的外部敌对势力干涉中国内政、对中国施加压力的一个战略性筹码。冷战结束以后，虽然世界处在一个和平与发展的新时期，但是国际敌对势力的冷战思维情结未了，他们出于各自的战略利益，仍然把台湾地区当作遏制中国的一个重要筹码，明里暗里怂恿支持台湾当局的"台独"倾向。在苏联解体之后，特别是在中国改革开放取得巨大成功之后，一些美国官员认为必须对中国进行遏制。如1992年，布什政府向台湾地区出售了150架F－16战斗机；1994年9月，美国克林顿政府公开调整了对台湾的政策，把台湾在美国的一个民间机构"北美协调处"改名为"台北经济文化办事处"，半官方的性质比较明显；1995年，克林顿同意李登辉访美等。这些实际上是在"一个中国"的口号下搞"两个中国"。2001年，小布什上台后，向台湾地区出售价值数十亿美元的武器装备，并承诺"帮助台湾自卫"。2002年，台湾的"汉光18号"军事演习，美军太平洋司令部又派遣了将级军官直接进入台衡山指挥所现场指导。事实证明，美台正朝着"联合演习"和"联盟作战"的方向发展。日本出于自身的战略利益，在台湾问题上，对中国统一的真实想法是"维持现状"，即"不战、不统"。2005年2月19日美国发表了《联合声明》，对1996年制定的《美日安保协议》作出重大修改，第一次把台湾海峡列为两国的"共同防御目标"，为"台独"势力撑腰打气，阻挠中国的统一进程。

总之，近年来"台湾当局"在政治、外交、军事等方面都采取了一些重大行动，其目的在于谋求"独立的政治实体"地位，搞事实上的"两个中国"。台湾岛内的分离倾向和美国等西方国家插手台湾问题的趋势都在发展，祖国统一面临严峻形势。

（二）存在海洋权益争端

在中国周边安全环境中，维护海洋权益的斗争具有较大的复杂性和敏感性。中国是个陆地大国，也是个海洋大国。毗连海域自然延伸面积约有470万平方千米。由于历史的和现实的原因，中国与海上8个邻国均有海域划界和岛屿归属问题之争。

1. 关于东海大陆架和钓鱼岛的争议

东海位于中国、日本、韩国三国之间，东西宽150～420海里，南北长660

海里，总面积约77万平方千米。日本与中国是相向不共架国，中国大陆架一直延伸到冲绳海槽。冲绳海槽大部深度超过1 000米，坡度很陡，形成西部大陆架和东部岛架的天然分界。根据东海大陆架的实际情况，参照《联合国海洋公约》的有关条款和各国海域划界的实践，冲绳海槽构成了中国东海大陆架与琉球大陆架的自然分界线，因此，应按大陆架自然延伸的原则，以冲绳海槽中心线为界，划分中国与日本在东海的大陆架边界。但是日本方面却主张按东海的中心线平分划界。这样，中日间便产生了20多万平方千米的争议区。如果按日本的主张划界，中国在东海的大陆架范围将被拦腰截断，应归中国管辖的海域面积将减少一半。

中日在东海还存在着钓鱼岛归属问题之争。钓鱼岛群岛位于台湾东北约120海里处，由钓鱼岛、黄尾屿、赤尾屿、南小岛、北小岛及一些礁石组成。其中最大的岛屿钓鱼岛海拔360余米，面积约3.64平方千米。

对钓鱼岛问题，在中日邦交正常化谈判时，双方都同意"以后再说"。但是，事后日方却采取放任态度，批准日本一些右翼团体在岛上建立航标灯，甚至出动舰艇进入钓鱼岛海域驱赶中国台湾省渔民。中国政府已于1990年10月27日再次发表声明，强烈要求日本政府维护双方过去达成的谅解，立即停止在钓鱼岛及其海域采取任何单方面行动。中国政府再次建议双方尽快就搁置主权争议，共同开发钓鱼岛海域资源、开放钓鱼岛海域渔业资源等问题进行磋商。1996年7月18日，发生了日本右翼团体"日本青年社"在钓鱼岛的北小岛上设置灯塔的严重事件。2005年2月9日，日本内阁官房长官细田博之召开记者招待会，宣布日本政府接管钓鱼岛上的灯塔，把在钓鱼岛问题上的民间对立演变成政府行为。2010年以来，日本政府推翻了中日邦交正常化以来40年的一贯共识，公然地不断强调钓鱼岛主权归日本，拒绝跟中国谈判。2012年9月10日，日本政府宣布"购买"钓鱼岛及其附属的南小岛和北小岛，实施所谓的"国有化"。中国政府采取了一系列反制措施。中日在钓鱼岛问题上的争端进一步升级，加剧了两国关系的紧张对抗。

2. 关于南海海域及南海诸岛的争议

南海总面积约360万平方千米。南海诸岛包括东沙、西沙、中沙和南沙四大群岛，分布于南海的中心部位，扼太平洋和印度洋的咽喉，不仅地理位置非常重要，而且蕴藏着丰富的矿产和水产资源。其中南沙群岛是南海诸岛中分布面积最广、岛礁数量最多、处于最南端的一组群岛。南沙群岛由230个岛屿、礁滩和沙洲组成，分布在24.4万平方千米的海域中。其中露出水面的岛屿25个，明暗礁128个，明暗沙洲77个，太平岛面积最大，约0.5平方千米。

南沙群岛历来是中国的领土。在20世纪70年代以前，南海毗邻国家对此从未提出异议。但是自发现南海蕴藏丰富的油气资源后，周边国家开始窥视这一海域。菲律宾率先于 1971 年抢占了南沙东部的部分岛屿和沙洲，接着，南越政府也于 1973 年 7 月派兵占领了南海西部 6 个岛礁。1975 年 4 月，越南一反承认南沙是中国领土的立场，接管了南越军队占领的岛礁，并不断扩大侵占行动范围。从 1983 年起，马来西亚先后占领了南沙南部的 3 个岛礁。随后，上述国家又单方面宣布了大陆架和 200 海里专属经济区范围，把南沙群岛的全部或部分岛礁列入自己的版图，并加紧在南沙海域进行资源开发，致使南沙争端日益突出。

目前，南海周边国家对南沙的军事控制进一步增强，对南沙资源的掠夺性开发明显加快。越南已同 17 个国家的近 30 家公司和国际财团签订了合作开发南海油气资源的合同。菲律宾、马来西亚、印度尼西亚以及文莱等国已在我南海疆域内开采石油和天然气。

值得注意的是，南沙问题国际化趋势有新的发展，东盟国家曾就南沙问题进行过多次内部磋商，力图联合中国谈判解决南沙争端问题，并准备在谈判不能取得成功时提交联合国裁决。美国等西方大国正在积极插手南沙事务，试图利用南沙问题挑拨我国与东盟国家的关系，并制造"中国威胁论"，对我国施加"更有针对性的压力"。应当引起警惕的是，西方大国插手南沙事务主要是通过与其他有关各方合作进行的，这越来越清楚地显示出它们共同对付中国的意图。

除此之外，中国在东海、黄海与周边一些国家在海域划分上的矛盾一时也还难以解决。

（三）边界争端尚未全部解决

从总体上说，中国与周边国家的边界问题大多得到了解决。中俄之间长达 4 300 多千米的边界问题已基本上获得解决。1997 年 11 月，时任主席江泽民和叶利钦总统签署了《中俄联合声明》，标志着中俄边界已在法律上得以划定。中国和哈萨克斯坦也已签订了边界协定，解决了两国 1 700 多千米的边界问题。中国分别同吉尔吉斯斯坦、塔吉克斯坦存在 1 000 多千米和 450 多千米的边界，其中中塔在帕米尔地区存在 2.1 万千米的争议面积。1999 年 12 月 30 日，中越两国外交部部长签署了《中国和越南陆地边界条约》，至此，中越两国陆地边界存在的问题已全部解决。

中印边界全长约 2 000 千米，分为东、中、西三段。中印两国存在大片领土争端，争议面积共达 12.5 万平方千米。东段争议面积约 9 万平方千米，现被印度控制，称为"阿鲁纳恰尔邦"（即藏南地区）。中段，争议面积约 2 000 平方千米，除个别地区外，均为印方控制。西段，争议面积约 3.35 万平方千米，除巴里加斯地区约 450 平方千米被印军侵占外，其余都在我方控制之下。由于印方坚持非法的"麦克马洪线",致使中印边界谈判难以取得实质性进展。印度在中印边界领土争端上坚持不让步立场,将中印边境地区视为战略前沿,不断加强边境地区战场建设,把边境地区建成攻防兼备的战场体系,尤其注重在中印边境对中国保持局部军事优势。从目前情况来看,中印边界争端在短期内难以全部解决。

(四)影响边疆地区安全的其他因素

中国是一个多民族的国家,共有 56 个民族。由于实行正确的民族、宗教政策,中国各族人民团结一致、齐心协力,共建中华美好家园。但是,境内外一小撮民族分裂主义分子,在国际上某些反华势力的操纵、唆使下,置民族大义、国家利益于不顾,为迎合某些西方大国对中国进行的"西化""分化"的和平演变战略,采取政治斗争与暴力对抗相结合的方式,进行民族分裂活动,严重影响了中国边疆地区的安全与稳定。例如,活动在中国新疆境内的"东突"民族分裂势力,与国际恐怖主义势力相勾结,以泛伊斯兰主义和泛突厥主义思想为理论基础,以反对中国共产党领导下的政权、建立"东突厥斯坦国"为目的,以宗教为掩护,大肆进行分裂新疆的破坏活动。他们一方面打着民族、宗教的旗号,煽动民族情绪,鼓动宗教狂热,宣扬伊斯兰"圣战",叫嚣建立"东突厥斯坦国";另一方面又迎合西方,扯起"民主、人权和自由"的旗帜,与境外新疆民族分裂势力遥相呼应,加强联系,发展组织,进行恐怖活动,制造了一系列爆炸、暗杀、纵火、投毒、袭击等恐怖暴力事件,严重危害了新疆各族人民群众的生命财产安全,也严重危害了中国边疆地区的安全与稳定。又如,逃往国外的达赖集团,利用西藏地区交通困难、环境闭塞、经济落后以及藏区群众文化水平低,对宗教宣传极易接受的特点,打着宗教旗号,大肆进行"藏独"分裂活动,具有极大的欺骗性和蛊惑性。加上以美国为代表的西方大国在对我实施"西化""分化"的战略中,妄图以"西藏问题"为突破口,支持"藏独"分裂势力搞所谓的"西藏独立"。这些都将对我边疆地区的安全与稳定产生不利影响。

【思考题】
1. 如何理解战略的含义?战略的特点是什么?
2. 中国的周边安全环境受到了哪些威胁?
3. 大国关系如何影响中国周边安全?中美会走向"霸权战争"吗?中日之间在钓鱼岛等问题上的争端会导致局部战争吗?

第四章　军事高技术

军事高技术是一个发展的概念，是指处于当代科学技术前沿的，对提高生产力、促进社会文明、增强国防实力起先导作用的技术群。当前，高技术在军事领域的应用越来越广泛。高技术在军事领域的应用正在引发深刻的军事变革，使战争进入崭新的高技术时代。以海湾战争为代表、爆发在世纪之交的这几场局部战争充分证明：谁掌握了军事高技术，谁就掌握了战争的主动权。进入 21 世纪，军事高技术已成为许多国家军事竞争的焦点和国防建设的重点。为了维护世界和平、制止战争，我们必须把军事高技术的发展置于重要的战略地位，把握当代高技术发展的脉络，研究高技术条件下战争的特点和规律，推进中国特色的国防建设和新军事变革。

》》 第一节　军事高技术概述 《《

一、军事高技术的含义

（一）高技术的含义与特征

"高技术"（high technology）是指建立在现代自然科学理论和最新的工艺技术基础上，处于当代科学技术前沿，能够为当代社会带来巨大经济、社会和环境效益的知识密集、技术密集型技术。高技术是一个历史的、动态的、发展的概念，即一项技术只在一定时间范围内属于高技术的范畴。目前，高技术包括生物技术、信息技术、航天技术、新材料技术、新能源技术、海洋开发技术等几个已经基本形成的技术群。

与一般技术相比，高技术具有创新性、战略性、风险性、时效性、高智力、高投入、高效益、高风险等特征，对传统技术具有高渗透性并引领其发展。

（二）军事高技术的含义

人类历史上，科学技术的进步常常是由战争需求而推动的，而科学技术的巨大进步总是首先被应用于军事上，成为军事高技术，带来武器装备的发展和战争手段的进步。

所谓军事高技术，又称军用高技术、国防高技术，就是建立在现代科学技术成就的基础上，在军事领域发展和应用的，处于现代科学技术发展前沿的，以信息技术为核心，对战争模式、国防科技和武器装备发展起着巨大推动作用的那部分高技术的总称。

（三）军事高技术的分类

军事高技术的范围十分广泛，因此也存在各种各样的分类方法。从自然科学领域划分的角度，军事高技术可以分为军事信息技术、军用新材料技术、军用新能源技术、军用航天技术、军用生物技术和军事海洋开发技术六大技术群，而生物技术和海洋技术在军事高技术的未来发展中将占有重要地位。

从军事应用角度分类，可以分为军事指挥管理技术、军事自动控制技术、军事侦察与反侦察技术、军事情报采集与分析技术、军用计算机技术、军用仿真技术、军用新材料技术等。

军事指挥管理技术是军事高技术发展的核心，也是世界各国军队最机密的部分。因为它不仅可以直接指挥、调动各种高技术武器装备，决定与监控战时信息流、人员流、装备流、物资流，更可以通过人工智能系统、辅助决策系统、模拟仿真系统帮助贯彻军事理论与作战思想，帮助各级指挥员实行战略与战役的指挥决策，实现上情下达、下情上传与分级管控，所以它是军事高技术战争体系的神经网络与指挥中枢。

自动控制技术（automatic control）是相对人工控制技术概念而言的，是指在没有人直接参与的情况下，利用外加的设备或装置，使机器、设备或生产过程的某个工作状态或参数自动地按照预定的规律运行的技术。军事自动控制技术在第二次世界大战中就已经获得应用（纳粹的 V－2 导弹等），越南战争以后取得了长足的发展，其应用实例有各种类型的伺服系统、火力控制系统、制导与控制系统等。在航天、航空和航海方面，除了各种形式的控制系统外，应用的领域还包括导航系统、遥控系统和各种仿真器。世界航空发展史表明，以美国 B－1 为代表的飞翼式飞机、中国歼－10 为代表的鸭翼式飞机，如果没有自动飞行控制系统，仅仅依靠人工控制是飞不上天的。军事自动控制技术推动了以"发射后不用管"及"发现即摧毁"著称的现代导弹技术的发展，不仅极大地提高了导弹命中的"圆概率"精度（以目标为中心按95%命中率计算的落点误差半径），也极大地降低了导弹发射载具（如飞机、舰艇、导弹发射车及单兵载具）在发射导弹后所面对的安全威胁。

军事高技术也带来了战争损耗观的变化，最大限度地利用新技术给军用装备及战争模式带来的效益，不断提高打击精度与打击能力，使战争损耗观由以往的强调以己方最小的代价给敌方造成最大的损害，向以己方最小的投入给敌方造成有效的损失来制胜转变。战争损耗观的这种变迁，是新的军事战略、作战目的、作战手段等因素综合作用的结果。同时，军用高技术的溢出效应常常使高技术企业和研发人员获得丰厚的收益，从而推动民用高技术的发展。

从军事高技术的通用性分类，可划分为两个层次的技术：一是支撑高技术武器发展的共性基础技术，主要包括微电子技术、光电子技术、计算机技术、新材料技术、高性能推进与动力技术、仿真技术、纳米技术等，这一个层次的军事高技术通常也是军民两用高技术；二是直接应用于武器装备并使之具有某种特定功能的应用技术或武器装备技术，主要包括侦查监视技术、伪装与隐身技术、电子战与信息战技术、精确制导技术、军事航天技术、军事激光技术、核生化武器技术、指挥控制系统技术、新概念武器技术等。

二、军事高技术的主要领域

按照军事高技术六大技术群的分类，可将军事高技术划分为以下六大领域：

（一）军事信息技术

军事信息技术作为军事技术的核心领域，是以电子信息技术为核心的高新技术在军事领域的广泛应用，主要包括微电子、光电子、计算机、自动化、卫星通信和光纤通信技术。

（二）军用新材料技术

军用新材料技术是指用于军事领域的新材料技术，是发展高技术武器的物质基础。目前，世界范围内的军用新材料技术已有上万种，主要包括信息材料、能源材料、新型结构材料和功能材料技术。

（三）军用新能源技术

军用新能源技术是指应用于军事领域的、尚未被大规模开发利用的新型能源的开发利用技术，主要包括核能、太阳能、风能、地热能、海洋能和生物能的开发和利用技术。

（四）军用生物技术

军用生物技术主要包括基因工程、酶工程和发酵工程技术，将使武器操作、战场指挥、通信和后勤保障等发生质的变化和跃升，将成为军事技术的制高点，为传统武器装备发展提供新的动力。

（五）军用海洋开发技术

军用海洋开发技术是指应用于军事领域、实现海洋实际价值的海洋开发技术和手段，主要包括海水淡化、海水提铀、海底采矿以及海底工程建设技术。

（六）军事航天技术

军事航天技术是指以军事应用为目的、开发和利用太空的一门综合性工程技术，主要包括航天器的制造、发射和测控技术、航天遥感（空间侦察、监视）、空间通信以及空间工业技术等。迄今世界各国共发射了 5 000 多个航天器，其中70%用于军事目的。它的发展，使军事侦察、通信、测绘、导航、定位、预警、监视和气象预报等能力空前提高。

三、军事高技术的特征

军事高技术既具有与一般高技术相同的特征，又具有自身更为突出的特征，主要包括：

（一）发展的超前性

军事上的需要是军事高技术发展的主要推动力。军事上的需要或国家安全的特殊重要性决定了各国都试图将军事高技术置于优先发展的战略地位，这就导致军事高技术的发展往往超前于民用技术的发展，即大多数高技术成果或者直接产生于军事领域，或者首先应用于军事领域，这已成为一种普遍规律。比如计算机网络技术最早是为美国军方通信服务而研制的。

（二）效果的突然性

历史上，坦克、化学武器、原子弹、弹道导弹、雷达、精确制导武器等的成功研制和使用，都曾带来突然性或突袭性的效果，推动了战争的发展。现在，美国、俄罗斯等军事大国和强国都高度重视从基础研究入手发展军事高技术，如特别重视发展新概念武器，主要目的就是力图获得能对别国造成军事上的突然性或突袭性的技术手段，以此来获得和保持在军事上的明显优势，使敌方在战争中处于非常被动的地位。

（三）应用的双重性

绝大多数高技术既可以用于军用，也可以用于民用，因此军事高技术与民用高技术并没有严格的分界线，而且不管它们是源于军事领域还是民用领域，首先都应尽可能地应用于军事目的，然后向民用领域转移。例如在美国，GPS全球导航定位系统就是兼顾军用和民用的高技术，其中军用码是这一系统的核心码，由美国军方牢牢控制和把握，为美国提供实时精确的战场导航定位，提高战场感知和精确打击能力。

（四）高度的保密性

由于军事高技术在国家安全中占据着非常重要的地位，因此，各国都力图获得军事高技术，也千方百计刺探别国的技术优势，及时了解别国军事高技术的研究动向及最新成果，防止自己在技术上落后于人。这就使得各国都从国家战略利益出发，力图保持对军事高技术的严格控制，绝不会像民用高技术那样为了获取利润而轻易转让。例如，美国将军事高技术划分为三类技术或技术流：渐进性技术、突破性技术和王牌技术。三类技术都严格保密，而且保密期限依据其作用不同而不同。像核武器技术之类的"王牌技术"在半个世纪后的今天仍然是高度机密，也不会向别国转让。

四、军事高技术的发展历程

第二次世界大战以后，特别是近二三十年来的历史证明，军事的需要导致一系列军事高技术成果问世，进而促使新军事革命的发展和高技术产业群的建立。新军事革命对世界各国所提出的严峻挑战，又反过来刺激世界越来越多的国家将军事高技术置于优先发展的战略地位，推动军事技术的进一步发展。这种相互作用，促使更多更新的军事高技术成果诞生，而且促进大量高技术武器装备不断研制成功，并在一系列局部战争中显示出巨大的作用。军事高技术就是在这种形势下崛起并不断发展起来的。

军事高技术的发展历程大致可分为以下四个时期：

（一）军事技术奠基时期

第二次世界大战至20世纪50年代末，以雷达、导弹、核武器、喷气式飞机、电子计算机、核潜艇的研制成功和军事核工业的迅速发展为标志，进入了军事高技术的奠基时期。

第二次世界大战中，各交战国为了战争的需要，集中力量研制新型武器装备。例如，大战初期德国在波罗的海的佩罗明内岛上建立了火箭研究机构，开始进行导弹的研制，并研制出V-1和V-2两种地地导弹。

第二次世界大战结束后至20世纪50年代末，美、苏开始了军备竞赛，包括原子弹、氢弹在内的核武器技术迅速发展，美、苏两国很快建立起完整的军事核工业体系，不久，英国和法国也紧迫其后，研制出了核武器并发展自己的核工业。同时，美、苏两国大力利用火箭技术发展弹道导弹和战术导弹，美国还研制出了核潜艇，苏联则于 1957 年 8 月成功发射洲际导弹，同年 10 月，苏联利用洲际导弹改装的运载火箭将人造地球卫星送上空间轨道。从此，人类将军事活动扩展到大气层以外，同时也宣告了人类军事技术发展新时代的到来。

（二）军事高技术悄然崛起时期

20 世纪 60 年代初至 70 年代末，美国和苏联在航天技术领域展开激烈竞争，航天、计算机、微电子、通信等高技术产业的兴起，军用卫星、宇宙飞船、航天飞机、空军站及大量高技术武器装备的研制成功，标志着军事高技术在新技术革命的浪潮中悄然崛起。

在第一颗人造卫星发射成功形成的巨大冲击波压力下，20 世纪 50 年代末到 60 年代初，美国全力发展洲际导弹和人造卫星技术，从事飞机、导弹、卫星制造的航空航天工业逐步形成体系，并成为军事工业的主要领域之一。

（三）军事高技术全面发展时期

20 世纪 80 年代是世界各国军事高技术的全面迅速发展时期。

20 世纪 80 年代初期，冷战仍在继续。以军事高技术的发展为主要内容的军备竞赛更加激烈，许多国家都制订了军事高技术或包括军事高技术在内的高技术发展战略计划。尤其是美国总统里根上台后于 1983 年 3 月提出了著名的"战略防御倡议"计划（即星球大战计划）。这一计划虽然后来下马，但在当时极大地刺激了各国对军事高技术的研究。我国也是在这一背景下提出了著名的"863 计划"，美国后来还制订了一系列的"国防关键技术计划"等。80 年代中期，世界各国的军事科研经费每年累积达到创纪录的 1 000 亿美元以上，而年军费总额高达创纪录的 5 000 亿美元以上。这一切将军事高技术的发展全面推向了更新更高的阶段。

与此同时，局部战争给军事高技术的发展以巨大的推动。20 世纪 80 年代，世界发生了几次高技术局部战争。如 1982 年英国与阿根廷的马岛战争，1983 年美国入侵格林纳达、1988 年美国对巴拿马的入侵等。这些战争为新式武器装备提供了试验场，展示了高技术武器装备在战争甚至整个军事领域所带来的崭新变化。

（四）军事高技术重点发展时期

冷战结束后，随着世界军事格局发生重大变化，许多国家调整了军事战略，压缩了军费开支和国防科研预算，但由于军事高技术作用巨大，各国仍然重视继续发展军事高技术，以世界各军事大国和强国根据需要有选择性地发展军事高技术为标志，军事高技术进入了持续的有重点的发展时期。

20 世纪 90 年代初的海湾战争对军事高技术的发展产生了重大影响。在这次战争中，以美国为首的多国部队动用了各类高技术武器装备 100 多种，使这次战争实际上成了高技术武器装备的试验场。以美国为首的多国部队正是凭借其所拥有的高技术装备的巨大优势，取得了军事上的巨大胜利。如在"沙漠风暴"空袭行动中，占多国部队出动总驾次不到 2% 的 F－117A 隐身战斗机，竟承担了40% 的重要目标的轰炸任务。海湾战争引发了各国对发展军事高技术的更大重视。因此，在新形势下，一些军事大国和强国为迎接新军事革命的挑战，制订并实施能够满足未来战争需要的军事高技术发展计划，而一些小国家也纷纷从维护本国的安全出发竞相购买高技术武器装备。20 世纪 90 年代中期，北约在波黑战争中使用高技术武器装备所显示出来的作战效果，更加强了这种发展势头。军事高技术因此进入了一个新的发展时期。

进入 21 世纪，以美国为首的北约在科索沃的战争，以及美英在阿富汗的反恐作战和伊拉克战争中，以战略轰炸机、巡航导弹、通信技术等为代表的新技术装备更加显示出了高技术武器所起的突出作用。因此，世界主要国家不再像冷战时期那样全面发展各种高技术武器装备，而是根据新的军事变革的趋势，以及本国的需要与综合国力，集中力量发展以电子信息技术为基础的信息化武器装备，如精确制导武器、指挥自动化系统、电子站和信息战装备等。这样，军事高技术已从以往的全面发展时期进入新的有重点的高速发展时期。

五、我国军事高技术发展历程

我国军事高技术的发展始于 20 世纪 50 年代中期。1955 年，中共中央作出了发展原子能事业、研制原子弹的决策，为此专门成立了原子能研究所和二机部。1956 年，中央军委又作出发展导弹的决定。原子弹和导弹研究工作的开展及研制计划的实施，标志着我国以尖端技术为代表的军事高技术的发展不但已经起步，而且将在世界军事高技术发展中占有举足轻重的一席之地。此后，经过几十年的不懈努力，我国于 1964 年成功试爆了原子弹、1967 年成功试爆了氢弹。随后，我国又先后研制出了各种战术导弹和战略导弹、核潜艇等高技术武器装备，并拥有运载火箭和军用卫星的制造和发射能力。特别是十一届三中全会以来，在邓小平建设有中国特色的社会主义理论和关于军队建设及国防建设思想的指导下，我国的军事高技术获得了全面稳步的发展，不但战略武器和军事航天技术的发展跃上了新台阶，而且采用高技术成果的新一代战斗机、直升机、水面舰艇、坦克、火炮、电子战装备、指挥自动化设备器材、精确制导武器（如"海鹰"2号乙型岸舰导弹、"霹雳"5号乙型空空导弹、"鹰击"8号机载反舰导弹等）相继研制成功并装备部队。近几年来，我国还从国外引进了一批高技术武器装备，如苏－27战斗机、S－300防空系统、"红土地"激光制导炮弹等。根据军委新时期的军事战略方针，我军建设的基点是立足于打赢在现代技术条件特别是高技术条件下的局部战争。为此，在不断采用高新技术手段改进原有武器装备的同时，我国将继续有选择地发展部分高技术武器装备。今天，我国不仅拥有了航空母舰"辽宁舰"作为我们的训练舰，还拥有了自主研发、自主建造的首艘国产航母，新一代隐身战机"歼－20"、运输机"运－20"、直升机"直－20"已经开始批量装备部队或即将装备部队，国际空间站建设取得巨大成就，货运飞船成功发射，这一切都是我国在军事高技术领域取得的辉煌成就。展望未来，我国的军事高技术的发展必将为我军的现代化建设和国防建设的巩固提供更加强大而又坚实的物质技术基础。

》》》 第二节　高技术在军事上的应用 《《《

一、精确制导技术

精确制导武器是采用高精度制导系统，直接命中概率很高的导弹、制导炮弹和制导炸弹等武器的统称。西方一些专家认为，精确制导武器是一种能够替代战术核武器，对战争胜负具有决定意义的新型武器。当前，精确制导武器的拥有数量和运用能力已经成为衡量一个国家军事现代化程度的重要标志之一。未来的高技术战争中，精确制导武器将起到极其重要的作用。

（一）精确制导技术的概念

精确制导技术是以高性能光电探测器为基础，采用目标识别、成像跟踪等新方法，按照一定规律控制武器的飞行方向、姿态、高度和速度，引导武器准确地命中目标的技术。

（二）精确制导技术的分类

任何一种精确制导武器都需要通过某种制导技术手段随时测定它与目标之间的相对位置和相对运动，并根据相对位置的偏差和运动状态形成制导信号，控制制导武器的运动轨道，最终命中目标。目前，精确制导武器系统主要向超远程、隐形、智能化方向发展。

随着新技术的发展，精确制导武器的制导技术按照不同控制引导方式可分为以下几类：

1. 自主式制导

自主式制导是制导武器的引导指令由武器上的制导系统按照预先拟定的飞行方案控制武器飞向目标。自主式制导武器发射后，制导系统与目标及指挥站不发生任何联系，因此，这种制导方式具有隐蔽性好、抗干扰能力强、导弹射程远、制导精度高等特点，其缺点是飞行弹道不能改变，使其只能用于打击固定目标或预定区域的弹道导弹等。属于自主制导的技术有惯性制导、方案制导、地形匹配制导及星光制导等。

惯性制导是一种利用惯性原理控制和导引武器飞向目标的技术。这种制导利用武器上的惯性测量装置测出武器的运动参数，形成制导指令，通过控制发动机推力的方向、大小和作用时间，而不依赖外部信息即可把武器自动引导到目标区。惯性制导武器的惯性制导系统由惯性测量装置、计算机和自动驾驶仪组成，它们全都装在武器上。现在的战略导弹、运载火箭等都采用惯性制导技术。

地形匹配制导是远程巡航导弹常用的一种精确制导方式。这种制导方式首先需要用侦察卫星等手段测绘出精确制导武器预定飞行路线的地形高度数据并绘制成数字地图，存储在制导系统中。制导武器在飞行中将实际测得的地形数据与存储在武器上的数字地图进行比较，确定武器对应的地面坐标位置，如出现偏差，制导系统则发出控制信号，修正武器的飞行路线。这种制导方式的优点是精度高，不受气象条件的影响，其缺点是只能用于地形起伏比较明显的路线上，在平坦路面或水面上飞行则不能使用。同时，如果用于远程飞行，则地形存储的信息数据量大，对武器上的计算机要求很高。所以，这种制导方式常与惯性制导配合使用。

2. 寻的制导

寻的制导又称自寻的制导、自动导引制导、自动瞄准制导，它通过武器上的设备接收来自目标辐射或反射的能量，利用武器上的探测设备测量目标与导弹相对运动的技术参数，并将这些技术参数变换成引导指令，使制导武器飞向目标。寻的制导的大部分甚至全部装置都装在精确制导武器的头部，故常被称为导引头。寻的制导对目标探测的原理和方法有很多，利用目标的某些物理特征，如目标反射的阳光和夜光，目标反射或发生的红外线、微波、毫米波和声波等，通过相应的探测器发现和识别目标。寻的制导可分为主动寻的制导、半主动寻的制导和被动寻的制导。

3. 遥控制导

遥控制导是通过设在精确制导武器外的地面、水面或空中的制导站来测定目标和制导武器的相对位置，然后引导精确制导武器飞向目标。遥控制导的优点是制导精度高，缺点是射程受跟踪测量系统作用距离的限制，射程远则精度降低，易受干扰。因此，常与其他制导方式组成复合制导。

遥控制导可分为指令制导和波束制导两大类。指令制导系统由制导站和装在精确制导武器上的控制设备组成。制导站根据制导武器在飞行中的误差计算出控制指令，指令通过有线或无线的形式传输到制导武器上，从而控制武器的飞行。波束制导系统由指挥站和精确制导武器上的控制装置组成。武器发射后，指挥站发出引导波束，武器在引导波束中飞行，武器上的控制装备自动测出其在波束中的位置并形成指令，控制精确制导武器沿波束中心飞行，直至命中目标。波束制导主要用于地对空、空对空、舰对空和空对地各导弹攻击活动目标的武器系统中。

4. 卫星定位制导

卫星定位制导也称"GPS 制导"，其原理是利用武器上安装的 GPS 接收机接收 4 颗以上导航卫星发出的信号，通过这些三维位置、三维速度和姿态数据来修正制导武器的飞行路线，提高制导精度。这一制导方式具有全天候、全球覆盖、三维定速定时、高精度、快速省时等优点。著名的美国"战斧"式巡航导弹的 BlockⅢ型就是采用了惯性制导、地形匹配制导和卫星定位制导的导弹。

5. 复合制导

复合制导是指采用两种或两种以上制导方式将制导武器导向目标的制导技术。采用复合制导系统通常是为了弥补单一制导系统的不足，例如寻的制导只在距目标不太远时才能使用，波束制导和指令制导要受到雷达作用距离的限制，惯性制导也会出现随着导弹射程的增加，陀螺漂移的影响显著，制导精度受到严重影响。因此，单一制导方式往往难以达到提高制导精度的要求，这就必须采取复合制导的方式。根据制导武器在整个飞行过程中或在不同飞行路段上制导方法的组合方式的不同，复合制导又可分为横复合（并联复合制导）、纵复合（串联复合制导）和纵—横复合（串并联复合制导）三种方式。

二、侦察监视技术

（一）侦察监视技术的基本概念

侦察监视技术是将目标与背景加以区分，从而发现目标、识别目标、监视目标以及对目标进行定位的技术。侦察是军队为获取军事斗争所需敌方或有关战区情况而采取的措施，是实施正确指挥、取得作战胜利的重要保证。监视，即严密注视目标动静。侦察监视技术的原理是利用多种媒介传感器，探测目标的红外线、光波、声波、应力（振动）波、无线电波等物理特征信息，从而发现目标并监视其行动。各种侦察监视器材装备搭载不同的作战平台，就形成了对战场侦察监视的不同手段。侦察的直接目的在于探测目标，具体可分为发现目标、识别目标、监视目标、跟踪目标以及对目标进行定位。

（二）侦察监视技术的分类

现代侦察技术根据侦察设备的运载工具及其使用范围的不同，可分为地（水）面侦察监视技术、水下侦察监视技术、空中侦察监视技术和空间侦察监视技术。

1. 地（水）面侦察监视技术

地面侦察监视是一种传统的侦察监视方式，它是在陆地（水）上进行的侦察与监视。地（水）面侦察监视的手段很多，除了常见的光学侦察（如望远镜、潜望镜、侦察经纬仪、测距机、地面远程摄影机等）外，主要还包括无线电通信侦察、雷达侦察、地面传感器侦察等。

2. 水下侦察监视技术

水下侦察监视是利用水下侦察设备来探测水下各种目标的技术。它是现代侦察监视系统不可缺少的组成部分。

水下侦察监视设备主要可分为两大类，即水声探测设备和非水声探测设备。水声探测设备主要有声呐、水下噪声测量仪、声线轨迹仪、波浪仪等，它们是水下侦察的主要设备，被装备在潜艇、水面舰艇、反潜艇飞机和海岸防潜警戒系统中，构成了一个强有力的水下侦察网。非水声探测设备主要有磁探仪、红外线探测仪、低能见度电视、废气探测仪、探潜电视、探潜雷达以及温度梯度仪等，还有处于研究阶段的水下激光。非水声探测设备作为水声探测的有效补充，近年来已有了很大的发展。

3. 空中侦察监视技术

空中侦察监视技术是指用航空器在环绕地球的大气空间，对地面、水面、水下以及空中敌方军队及其活动、阵地、地形等情况进行侦察与监视。其原理是利用侦察设备接收并记录各种目标的电磁辐射，经加工处理后，从中提取有价值的信息。由于空中侦察监视具有灵活、机动、准确和针对性强的特点，所以，它不仅是获取战术情报的基本手段，也是获取战略情报的重要途径。现在空中侦察监视平台有各种飞机、飞艇、漂浮气球和旋翼升空器等，其中主要为飞机侦察平台。按飞机的种类分为有人驾驶侦察机、侦察直升机、无人驾驶侦察机和预警飞机。侦察监视平台上接收并记录电磁辐射的主要设备有可见光照相机、多光谱照相机、激光扫描相机、红外扫描装置、电视摄像机、合成孔径雷达、机载预警雷达等侦察设备。

4. 空间侦察监视技术

空间侦察监视技术是指使用有侦察设备的航天器在外层空间进行侦察。空间侦察监视主要是利用航天器上的光电遥感器和无线电接收机等设备获取侦察情报，具有轨道高、速度快、范围广、限制少等优点，并根据需要可长期、反复监视全球或定期、连续监视某一地区，不受国界和地理条件的限制，可在较短时间内或实时提供侦察情报，最大限度地满足军事情报的实时性要求。例如，在极轨道上以 90 分钟左右周期运行的照相侦察卫星，每天绕地球飞行 16 圈，每隔几天即可将全球拍照一遍。空间侦察监视按使用的航天器是否载人，可分为卫星侦察和载人航天侦察。卫星侦察是空间侦察与监视的主要方式，根据任务和侦察设备的不同，侦察卫星通常分为照相侦察卫星、电子侦察卫星、导弹预警卫星、海洋监视卫星和核爆炸探测卫星等。空间侦察监视所使用的侦察设备与空中监视基本相同，主要有照相机、电视摄像机、多光谱扫描仪、红外遥感器等。

随着现代科学技术特别是军用电子信息技术的不断发展，各种高技术手段的广泛应用，现代侦察监视技术无论是在侦察方式、侦察手段、器材设备本身，还是侦察监视技术的应用都进入一个新的发展阶段，越来越朝着空间上的立体化、速度上的实时化、手段上的综合化和侦察、监视与攻击的一体化的趋势发展。

三、伪装与隐形技术

现代科学技术特别是高技术的发展，使军事侦察与监视的技术水平和能力迅速提高，而先进的侦察和监视技术让现代战场越来越无密可保，为了应对日益发展的侦察和监视技术，各国竞相发展伪装和隐形技术。

(一) 伪装技术的概念

伪装是军队战斗保障的一项重要内容，所谓伪装就是进行隐真示假，为欺骗或迷惑对方所采取的各种隐蔽措施。伪装的基本原理就是利用电磁学、光学、热学、声学等技术手段，改变目标原有的特征信息。一方面要减小目标与背景在光学、热红外、微波波段等电磁波的散射或辐射特性上的差别，以隐蔽目标或降低目标的可探测特征；另一方面要模拟或扩大目标与环境的这些差别，以构成假目标欺骗敌方。伪装是为了降低敌人的侦察效果，使敌方对己方军队的配置、企图、行动等产生错觉，造成其指挥失误，以保存自己，最大限度地打击敌人。

(二) 伪装的分类

伪装有两种基本的分类方法，即按照伪装的运用范围分类和按照伪装所对付的侦察器材分类。

1. 按运用范围分类

按伪装在战争中的运用范围可分为战略伪装、战役伪装和战术伪装。

战略伪装是指为隐蔽战略企图而对军事战略全局采取的迷惑、欺骗敌人的一系列伪装措施，包括运用政治、外交、军事、科技等手段，使敌人判断失误，以达到自己的战略目的。战略伪装一般由最高统帅部组织实施。

战役伪装是指为隐蔽战役的作战企图、准备活动、行动性质和重要目标等，根据战役目的、军团的编成、任务敌情和地理情况，对兵力兵器的部署、配置调动等采取的伪装。战役伪装是创造战机、实施战役突然性的一种手段，一般由战役兵团指挥机关组织实施。

战术伪装是指对战术兵团、部队、分队人员、兵器、车辆、工程设施和兵力部署、行动、作战企图等实施的伪装。战术伪装由战术兵团、部队司令和分队指挥员组织实施。

2. 按所对付的侦察器材分类

按照伪装所对付的侦察器材的不同，伪装可分为雷达波段伪装、可见光及红外波段伪装和防声测伪装。

雷达是进行侦察探测活动的主要装置之一，广泛应用于飞机、卫星及导弹等。雷达波段伪装就是为了对付飞机、卫星等对地侦察而采取的伪装，对付飞机侦察主要波段为 X 波段、Ka 波段，对付卫星对地侦察主要为 C 波段和 L 波段，另外还有对付微波、毫米波导引头的雷达波段伪装。

可见光是电磁波谱中人眼可感知的部分，一般波长为 $400 \sim 760 \mu m$。红外光是可见光红端与微波间的电磁波，波长为 $0.75 \sim 1000 \mu m$，在军事应用上，主要分为波长为 $0.75 \sim 3 \mu m$ 的近红外和波长为 $3 \sim 14 \mu m$ 的热红外两个波段。可见光及红外波段伪装就是为了对付可见光和红外波段的飞机、卫星及地面的相应波段的侦察器材，如可见光相机、红外扫描仪、红外多光谱成像、热像仪及激光制导的导弹、炸弹等。

防声测伪装主要是对付声波范围工作的侦察器材所实施的伪装，它分为音响和水声伪装，以对付声测或声呐侦察。

（三）伪装技术措施

伪装的技术措施主要包括天然伪装、迷彩伪装、植物伪装、人工遮障伪装、烟幕伪装、假目标伪装、灯火及音响伪装等，随着科学技术的发展和在军事领域的运用，伪装技术越来越具有综合化、机动化、规模化、智能化、快速化等特点，并出现了新型的伪装技术和器材，如超级植物毯、高技术涂料、高技术迷彩、智能蒙皮、新型多功能伪装遮障等。

1. 天然伪装技术

天然伪装技术充分利用地形、地物、夜暗和能见度不良的气候条件（雾、雨、雪等），隐蔽目标或降低目标的显著性，其原理在于：可见光、红外线、雷达波是直线传播的，陡峭的崖壁、高山、谷地、土坝、沟渠、森林等地形、地物都可造成观察死角，使目标得以隐蔽。夜暗、雨、雾、雪等不良气候条件也不利于光学侦察，妨碍雷达、红外、声测和遥感侦察，有利于军队的隐蔽行动，因而，天然伪装技术主要用于对付光学侦察，在一定条件下亦能对付红外侦察、雷达侦察、声测和遥感侦察。天然伪装因地制宜，简便、省时，无须更多的材料。

2. 迷彩伪装技术

迷彩伪装技术是利用涂料、染料和其他材料，按照一定要求来改变目标、遮蔽背景的颜色及斑点图案，以消除目标的光泽，降低目标的显著性和改变目标的外形。迷彩伪装技术主要用于对付光学侦察，也可用于对付微波侦察、红外侦察及多光谱侦察等。迷彩伪装大致可分为保护迷彩、变形迷彩、仿造迷彩、光变迷彩、多功能迷彩等。

3. 植物伪装技术

植物伪装技术是利用种植植物、采集植物和改变植物颜色等方法对目标实施伪装。其做法包括在目标上种植植物进行覆盖，利用垂直植物遮蔽道路上的运动目标，利用树木在目标地区构成植物林，利用种植植物改变目标外形和阴影，利用新鲜树枝和杂草对人员、火炮、工事等实施临时伪装等。植物伪装属于传统伪装技术，简单易行，且十分有效。

4. 人工遮障伪装技术

人工遮障伪装技术是利用各种制式伪装器材和就便材料制作与设置，达到对目标进行遮蔽的技术。按照人工遮障伪装的架设形式和作用，分为掩盖遮障、垂直遮障、水平遮障、变形遮障和干扰遮障；按照对付侦察器材的种类，人工遮障伪装分为防光学侦察遮障、防雷达侦察遮障、防热红外侦察遮障和对付多种侦察的多性能遮障。人工伪装遮障器材由遮障面和支撑构件构成。遮障面采用制式的伪装网或就便材料编扎，制式遮障面有叶簇和薄膜伪装网、雪地伪装网、伪装伞、反雷达伪装网、反红外侦察伪装遮障和多频谱伪装遮障等。

5. 烟幕伪装

烟幕伪装利用烟雾形成在己方区域遮蔽目标，迷惑敌人，阻碍敌方从空中或地面侦察的伪装技术。烟幕伪装通过发烟手榴弹、发烟火箭、发烟炮弹、发烟炸弹、烟幕施放器等在预定区域施放烟幕，通过散射、吸收的方式衰减光波能量，干扰敌方光学侦察。在红外波段，经过改进的烟幕同样具有遮蔽作用。烟幕伪装主要用来对付光学侦察，也可以用于对付激光制导炸弹等。

6. 假目标伪装技术

假目标伪装技术是不隐藏真目标，而是将敌人对真目标注意力转移到假目标的方式实现对真目标保护的伪装技术。假目标主要是指仿造的兵器（如假飞机、假火炮、假坦克等）、人员、工事、桥梁等形体假目标，也包括各种角反射器或龙伯透镜反射器等功能假目标。使用假目标能迷惑敌人，吸引敌人的注意力和火力，从而有效地保护真目标。假目标伪装的关键在于假目标在外形如尺寸、颜色等应与真目标一致，在红外辐射及微波反射特性上尽量与真目标类似。

7. 灯火与音响伪装技术

灯火与音响伪装技术是通过消除、降低和模拟目标的灯火与音响暴露征候，以隐蔽目标或迷惑敌人所采用的伪装技术。灯火伪装分为室内灯火伪装和室外灯火伪装。室内灯火伪装主要包括遮光、降低照明强度、模拟透光窗户等。室外灯火伪装主要有信号灯的遮蔽、车辆灯光的隐蔽、发光标志的隐蔽等。音响伪装主要是通过消除音响，使目标音响在到达侦听点时比环境噪音小约15分贝。如不能消除音响，应尽量降低音响，缩小侦察距离。

伪装技术在世界军事领域的应用至少有2 000多年的历史。进入21世纪，随着科学技术的发展，伪装技术在军事领域的应用不仅越来越广，而且越来越具有技术性、综合性、模块化的特点，成为现代战争防御和进攻作战的一种直接有效的手段。海湾战争前，伊拉克对其重要的军事设施和战略目标都进行了周密、细致的伪装：给所有武器装备涂伪装色，在防护工事地面上放牧，设置了大量假弹药库、假火力点、假工事、假阵地，通过燃烧油井制造烟障等。因此，多国部队38天的轰炸只摧毁了伊拉克20%的真目标。

（四）隐形技术的概念及分类

隐形技术，又称隐身技术，或"低可探测技术"。随着现代侦察监视技术的快速发展，战场的隐秘性大为降低。为了提高军事设施、装备和人员等的生存能力，世界各主要军事强国将现代高技术与传统伪装技术相结合，形成了隐形技术。隐形技术就是通过降低武器装备等目标的信号特征，使敌方探测系统难以发现、识别、跟踪和攻击或者使敌方探测系统发现、识别、跟踪、攻击的距离缩短的技术。

隐形技术是传统伪装技术向高技术领域的扩展和延伸，是第二次世界大战以后军事技术的重大突破之一，被称为"王牌技术"。

由于现代战场上的侦察探测系统主要有雷达、红外线、电子、可见光及声波等，因此，隐形技术也相应地发展了反雷达探测、反红外线探测、反电子探测、反可见光探测和反声波探测等，通常称为雷达隐形技术、红外线隐形技术、电子隐形技术、可见光隐形技术、声波隐形技术等。

由于隐形技术的迅速发展对战略和战术防御系统提出了严峻挑战，迫使世界各主要军事国家都纷纷研究如何摧毁隐形兵器并研究反隐形技术。由于隐形技术的研究主要集中于雷达探测系统，所以，反隐形技术的发展重点也是针对雷达的，主要是在提高雷达探测能力、利用隐形技术的局限以削弱隐形效果和开发摧毁隐形兵器的武器等几个方面，美国、俄罗斯等国家已经取得了一定的进展。

四、电子战技术

（一）电子战的基本概念

电子战也称电子对抗，是指敌对双方使用电子技术设备和器材所进行的电磁斗争。1997 年《中国人民解放军军语》给出电子战的定义是：运用电子对抗的手段进行的作战。具体来讲，电子战是为削弱、破坏敌方电子设备（系统）的效能，保护己方电子设备（设备）正常发挥效能而利用电磁能和定向能控制电磁频谱或用电磁频谱攻击敌方的电子设备、器材的各种措施和行动的统称。

（二）电子战手段

电子战主要包括电子对抗与电子反对抗两个方面。科学技术的发展使得电子战的手段不断创新，归结起来主要有电子侦察与反侦察、电子干扰与反干扰、电子摧毁与反摧毁等。

1. 电子侦察与反侦察

电子侦察是利用电子侦察装备截获敌方雷达、通信或其他设备发出的电磁波信号，并进行识别、分析和定位，为我方军事行动提供情报支持的一类行动。雷达和无线电通信等设备是依靠向外辐射电磁波来工作的，它们是电磁波发生的来源，被称为辐射源。在电子侦察活动中，如果敌方的电子设备因执行任务的需要向外发射电磁波，其信号就可能被侦察设备截获，从而获得敌方的电磁信息，再进一步分析得出敌方的军事部署和行动企图等有价值的军事情报，供高级指挥机关使用。

电子反侦察是通过伪装、隐蔽、隐身、保密等方法不使电子设备的信息被对方截获的技术，以削弱、阻断敌方的侦察。

2. 电子干扰与反干扰

电子干扰是采用专用的发射信号干扰、破坏敌方电子设备和系统，使其丧失或降低效能所采取的电波扰乱技术，目的是削弱或破坏敌方使用电子设备和系统进行战场侦察、作战指挥、通信联络和兵器控制与制导的能力，为隐蔽己方企图和提高己方人员、装备的生存能力创造有利条件。

电子干扰按照不同的标准可进行不同的分类。按照干扰产生的方法，可分为有源电子干扰和无源电子干扰；按照干扰的作用，可分为压制性电子干扰和欺骗性电子干扰；按照干扰的对象，可分为无线电通信干扰、无线电导航干扰、雷达干扰、无线电遥控干扰、无线电遥测干扰、红外干扰、激光干扰等。有些国家也将对声呐等水声电子设备的干扰列入电子干扰的范围。

电子反干扰是识别、阻止敌方干扰以保护己方电子系统处于正常状态的技术。

3. 电子摧毁与反摧毁

电子摧毁是对敌方的电子设备实体的摧毁，在查明敌方电子对抗设备及其工作情况的基础上，用直接毁伤的方法使其瘫痪并在短期内难以恢复正常工作的一种电子对抗手段。反辐射导弹、反辐射无人机等反辐射武器系统就是这种"硬摧毁"手段。

反摧毁是雷达利用战术或技术来保护自己或其他友邻雷达免遭反辐射导弹攻击的技术。目前反摧毁技术主要有：采用诱饵引偏技术，部署假雷达阵地；采用雷达发射、关机、间歇交替工作；采用新体制雷达；采用反辐射导弹告警系统；雷达与无源传感器联合组网实施综合对抗技术等。

五、航天技术

（一）航天技术的概述

航天技术是一项将航天器送入太空，以探索、开发和利用太空以及地球以外天体资源的高度综合性现代工程技术，因此又称为空间技术。航天技术是一个国家现代科学技术综合发展水平的重要标志，它包括航天运载技术、航天器技术和航天测控技术。

1. 航天运载器技术

航天运载器技术是航天技术的基础，由轨道器主发动机、固体火箭助推器和外贮箱等构成，把有效载荷从地面运送到太空预定位置（轨道）、从太空某位置运回地面或运送到太空另一位置的运载工具的统称，包括一次性使用运载火箭、部分重复使用运载器和完全重复使用运载器。运载器作为航天器、远程军事打击武器的运输载体，其先进性和技术水平支撑了一个国家进入空间开发与利用太空资源、参与国际合作与国际竞争、实施远程军事打击的能力。世界各主要航天大国为了确保航天运输领域的可持续发展，均投入大量人力物力，力争在航天军事运载器领域和商业发射市场中保持领先地位。目前，将航天器送入外层空间，运载手段和工具有两种：一种是多级火箭发射；另一种是用航天飞机向近地轨道运载和布放。

2. 航天器技术

航天器又称空间飞行器、太空飞行器，是按照天体力学的规律在太空运行，执行探索、开发、利用太空和天体等特定任务的各类飞行器。按照航天器的应用领域，可将航天器分为军用航天器、民用航天器和军民两用航天器；按照是否载人，可将航天器分为无人航天器和载人航天器。无人航天器分为人造地球卫星、空间探测器和货运飞船。载人航天器分为载人飞船、空间站和航天飞机、空天飞机。

航天器由不同功能的若干分系统（或系统）组成，一般分为专用系统和保障系统两类。专用系统又称有效载荷，用于直接执行特定的航天任务；保障系统又称通用载荷，用于保障专用系统正常工作。不同用途航天器的主要区别在于其专用系统不同。各种类型航天器的保障系统往往是相同或类似的，一般包括：结构系统、温度控制系统、轨道控制系统、电源系统、轨道控制系统、无线电测控系统、计算机系统、返回着陆系统以及应急救生系统等。

3. 航天测控技术

航天测控技术是指对火箭、导弹、卫星等飞行器的各个阶段进行跟踪、测量和控制的专用技术。为了保证航天器在轨道上正常运行，航天器必须不断将有关信息向地面报告，地面必须依靠所建立的测控系统对航天器进行遥测、遥控、跟踪和通信。为此除了航天器上应载有测控设备之外，还必须在地面建立测控系统。地面测控系统由分布在全球各地的测控台、站及测量船组成。这些台、站和船上通常配备有精密跟踪雷达、光学跟踪望远镜、遥测解调器、电子计算机、通信设备等。另外，美国、苏联、日本和西欧在20世纪90年代也曾计划发射跟踪和数据中断卫星，建立自己的天基测控网。天基测控网的主要任务是为了对航天器进行遥测、遥控、跟踪和通信，由于数据传输的重要性，现在又将数据传输系统作为测控网的一个重要组成部分。

（二）航天技术在军事上的应用

第二次世界大战后，火箭技术首先在美国、苏联迅速发展。1957年8月，苏联发射第一枚洲际导弹，10月成功发射第一颗人造地球卫星。同年12月，美国成功发射了第一枚洲际导弹，1958年1月，美国也发射了第一颗人造地球卫星。从此人类开始了航天的历史。至今，各大国都在致力于航天技术的发展，并发射了众多的军用航天器。据不完全统计，美国和苏联发射的航天器有70%是属于军用的。在 20 世纪末和 21 世纪初发生的几场局部战争中，特别是海湾战争中，各种军用卫星都发挥了重要作用，显示了航天技术在未来战争中的特殊意义。

目前，航天器在军事领域应用最多的是军用卫星，包括侦察卫星、军用通信卫星、军用导航卫星、测地卫星、军用气象卫星和反卫星卫星等。另外，航天技术正在把人类之间的战争引向外层空间。航天技术的发展，使得航天技术在军事领域的运用越来越多，作用越来越突出，不仅航天器会成为军事活动的耳目和神经，航天兵器也会在未来战争中出现并被广泛使用。随着军事行动对航天系统依赖性的增长和反卫星武器的发展，预计在未来，要夺取战争的胜利，就必须首先在外层空间展开一场较量：敌对双方一方面要击毁对方的航天器；另一方面，也要致力于保护自己的航天器免受攻击。由此，人类在外层空间的直接军事对抗——天战也就应运而生了。美国的战略家曾说，在 19 世纪，谁控制了亚欧大陆谁称霸世界；在 20 世纪，谁控制海洋谁称霸世界；在 21 世纪，争夺霸权的关键领域则是太空。

（三）我国航天技术的发展历程

新中国成立后不久，我国的航天事业在工业基础比较薄弱、科技水平相对落后的条件下艰难起步，经过几代航天人的艰苦努力，中国独立自主地进行航天研究，以较小的投入、较少的实验次数，在较短的时间里，取得了一系列重要成就，达到了和西方大国相同的技术水平，也走出了一条适合中国国情的、有自身特色的航天发展道路。

我国的航天事业是在西方国家包围封锁的困境下开始的。1956 年 10 月，我国第一个火箭导弹研究机构——国防部第五研究院成立，钱学森任院长。1958年 4 月，我国第一个运载火箭发射场开始兴建。经过几年的努力，1964 年 7 月，我国第一枚搭载小白鼠的火箭在安徽成功发射，这表示我国的空间科学探索成功迈出了第一步。1970 年 4 月，我国用自行研制的长征一号运载火箭成功将"东方红一号"人造地球卫星发射升空。"东方红一号"卫星每 114 分钟绕地球一周，动听的乐曲《东方红》传遍全球。"东方红一号"卫星的成功发射使我国成为继苏联、美国、法国和日本之后第五个完全依靠自己的力量成功发射人造卫星的国家。1975 年 11 月，我国用"长征二号"运载火箭成功发射返回式卫星，卫星在预定轨道运行 3 天后返回地面，中国成为第三个掌握卫星回收技术的国家。到了 1981 年，我国又突破了一箭多星的难关。1981 年 9 月，我国用一枚运载火箭同时将 3 颗卫星送入轨道，中国成为世界上第三个掌握一箭多星技术的国家。一箭多星技术为导弹多弹头技术打下一定的基础，是突破导弹防御系统最有效的手段和方式，因而具有重要的军事和国防意义。1984 年 4 月，我国用新型"长征三号"运载火箭将通信试验卫星"东方红二号"送入赤道上空的静止轨道运行，中国掌握了多级火箭技术即中段机动变轨技术，成为世界上第三个掌握氢氧发动机技术的国家，也是世界上第五个独立发射地球静止轨道卫星的国家，为我国的"北斗"全球卫星定位系统的发射作了准备。

北斗卫星导航系统空间段由 5 颗静止轨道卫星和 30 颗非静止轨道卫星组成。从 2000 年到 2016 年 6 月，我国相继发射了近 30 颗北斗系列卫星，2012 年 12 月开始为亚太地区提供无源定位、导航、授时服务。2014 年 11 月，国际海事组织海上安全委员会通过了对北斗卫星导航系统认可的航行安全通函，这标志着北斗导航系统取得了面向海事应用的国际合法地位。现在，北斗卫星导航系统（BDS）和美国 GPS、俄罗斯 GLONASS、欧盟 GALILEO 都是联合国卫星导航委员会认定的供应商。

1988 年 9 月，我国成功发射了"风云一号"卫星。1999 年 10 月，我国又成功发射了"资源一号"国土普查卫星，这些太阳同步卫星的发射标志着我国在航天技术上突破了"太阳同步"关。2003 年 10 月，我国自行研制的第一艘载人航天飞船"神舟五号"发射升空，历经 21 个多小时，绕地球 14 圈后，"神舟五号"成功着陆，安全返回地面。"神舟五号"的安全返回标志着我国成为世界上第三个独立掌握载人航天飞行技术的国家。2016 年 10 月，我国"神舟十一号"飞船成功发射，并实现了航天器的成功交汇对接，历时一个月，在成功完成各项试验工作后成功返回地面。我国是世界上卫星和载人飞船发射成功率最高的国家之一，从无重大安全事故发生，成为世界各国最为信赖的卫星发射国家之一。

有人说，未来大国争霸，航天技术才是真正的"撒手锏"，而外太空对抗，反卫星和反导技术是关键。面对来自其他国家的威胁，我国在航天技术尤其在反卫星反导领域不断取得突破。2007 年 1 月，我国进行了一次反卫星导弹试验，从西昌卫星发射中心，发射一枚"开拓者一号"系列火箭携带动能弹头，以反方向 8 公里/每秒的速度，成功击毁了我国已经废弃的轨道高度 865 公里的"风云一号"C 卫星，这是 1985 年美国成功发射反卫星导弹摧毁人造卫星以来首次成功的人造卫星拦截试验。2010 年 1 月，我国又进行了陆基中段导弹拦截试验，取得了圆满成功。

六、自动化指挥技术

（一）自动化指挥技术的概述

高技术战争是系统对系统、体系对体系的战争。军队指挥自动化系统是指挥员的现代化指挥工具，是军队现代化的标志之一。现代战争证明，只有建立并有效使用指挥自动化系统，才能最大限度地发挥作战部队和武器的潜能，增强军队的战斗力。因此人们把军队指挥自动化系统看作是军事力量的"倍增器"，被认为是继核武器、导弹武器之后的"第三次军事革命"。

自动化指挥系统也被称为军队自动化指挥系统、战场管理系统等，是指建立在计算机技术、信息技术和系统工程方法基础之上的，综合运用以电子计算机为核心的各种技术装备，实现对军事信息的收集、储存、传递和处理自动化，保障对军队和武器实施指挥与控制的人机系统。自动化指挥系统常用英文缩写来表示，如美国的指挥、控制、通信和情报系统表示为 C^3I 等。

指挥自动化系统可以用英文缩写来表示，如：C^2 系统即指挥（command）、控制（control）；C^3I 系统即指挥（command）、控制（control）、通信（communication）、情报（intelligence）；C^4ISR 系统即指挥（command）、控制（control）、通信（communication）、计算机（computer）、情报（intelligence）、监视（surveillance）和侦察（reconnaissance）。C^4ISR 系统是目前最新的指挥自动化系统。

（二）军队指挥自动化系统的构成、分类与设备

目前最新的 C^4ISR 系统由信息收集系统、信息传输系统、信息处理系统、信息显示系统和指挥决策系统共五个子系统组成，这些子系统有机结合，构成一个完整的军队指挥和控制的自动化系统。

信息收集系统主要执行情报收集任务，是由配置在陆海空外层空间的各种侦察手段包括空间侦察、航空侦察、地（水）面侦察、水下侦察等组成，作用是及时收集敌我双方兵力部署、作战行动以及战场地形、气象等情况，为指挥员的决策提供实时、准确的情报。

信息传输系统主要由传递信息的各种信道、交换设备和通信终端等组成，其功能是迅速、准确、保密、不间断地传输各种信息。通信自动化是作战指挥自动化的基础，没有发达的通信网，就不可能实现作战指挥自动化。

信息处理系统由电子计算机及其输入输出设备和计算机软件组成，能将输入计算机的信息，通过按预定目标编制的各类软件进行信息的综合、分类、存贮、更新、检索、复制和计算等，并能进行军事运筹，协助指挥人员拟制作战方案，对各种方案进行模拟、比较、选优等。

信息显示系统主要由各种显示技术设备包括计算机显示设备和大屏幕显示设备等组成，能按照需要以文字、符号、表格以及图形、图像等多种形式，直观地显示各种信息。

指挥决策系统由计算机中心、指挥人员和指挥控制设备等组成，能根据各种

信息，按照预案进行决策，向被控对象发布指令信息，通过武器控制系统等实现对武器的自动控制。同时，实时收集关于部队执行命令情况以及武器打击效果的信息，以便指挥人员检查。

军队自动化指挥系统从不同角度可分成若干系统。按军种可分成：陆军自动化指挥系统、海军自动化指挥系统、空军自动化指挥系统等。按作战任务范围可分成：战略自动化指挥系统、战役自动化指挥系统、战术自动化指挥系统等。

指挥自动化系统的设备包括硬设备和软设备两部分。硬设备是以计算机为中心，通过通信网络与各种终端设备相连接组成的自动化机器系统，包括信息采集设备、信息传递设备、信息处理设备、信息显示设备、监控设备和执行设备等。软设备主要是指保障自动化指挥系统正常工作并完成其特定功能的各种程序，又称计算机软件。它包括保证计算机系统正常运转、操作、管理的各系统软件和针对某种特定需要所编制的各种应用软件两个部分。

七、生物技术

（一）生物技术的概述

生物技术（biotechnology）是以现代生命科学为基础，结合其他基础科学的科学原理，利用微生物、动植物体，按照预先的设计来改进产品、改良植物和动物，或为特殊用途而培养微生物，为人类生产出所需产品或达到某种目的的技术，简单来说就是用活的生物体（或生物体的物质）对生物或生物的成分进行改造和利用的技术，是一门新兴的综合性学科。现代生物技术是 20 世纪 70 年代初期在分子生物学和细胞生物学基础上逐渐发展起来的。

生物工程则是生物技术的统称，是指运用生物化学、分子生物学、微生物学、遗传学等原理与生化工程相结合，来改造或重新创造设计细胞的遗传物质，培育出新品种，以工业规模利用现有生物体系，以生物化学过程来制造工业产品。简言之，就是将活的生物体、生命体系或生命过程产业化的过程。生物工程包括基因工程、细胞工程、酶工程、发酵工程、生物电子工程、生物反应器、灭菌技术以及新兴的蛋白质工程等。近年来，以基因工程、细胞工程、酶工程和发酵工程为代表的现代生物技术发展迅速，成为现代生物技术的主要领域，其中基因工程和细胞工程是现代生物技术的核心。

基因工程（genetic engineering）又称基因拼接技术和 DNA 重组技术，是以分子遗传学为理论基础，以分子生物学和微生物学的现代方法为手段，在分子水平上将不同来源的基因按预先设计的蓝图，在体外构建杂种 DNA 分子，然后导入活细胞，以改变生物原有的遗传特性，获得新品种、生产新产品的生物技术。

细胞工程是指应用现代细胞生物学、发育生物学、遗传学和分子生物学的理论与方法，按照人们的需要和设计，在细胞水平上进行遗传操作，重组细胞结构和内含物，有计划地改变或创造细胞内的遗传物质，从而控制细胞或改变细胞的功能，以改变生物的结构和功能，即通过细胞融合、核质移植、染色体或基因移植以及组织和细胞培养等方法，快速繁殖和培养出人们所需要的新物种的生物工程技术。试管动物、试管植物等都是细胞工程学的典型成果。

酶工程就是将酶或者微生物细胞、动植物细胞、细胞器等在一定的生物反应装置中，利用酶所具有的生物催化功能，借助工程手段将相应的原料转化成人类所需要的产品或达到某一特殊目的的一门科学技术。酶是一种在生物体内具有新陈代谢的催化剂作用的蛋白质，其催化效率比无机催化剂高千百倍。而且，酶的催化反应在常温常压下进行，与常规化工反应相比较，可以大量节约能源，反应效率高，同时也可避免环境污染。目前酶工程的应用，主要集中于食品工业、轻工业以及医药工业中。

发酵工程是指采用工程技术手段，利用生物（主要是微生物）和有活性的离体酶的某些功能，为人类生产有用的生物产品，或直接用微生物参与控制某些工业生产过程的一种技术。发酵工程的内容包括菌种的选育、培养基的配制、灭菌、扩大培养和接种、发酵过程和产品的分离提纯等方面。人们熟知的例子包括利用酵母菌发酵制造啤酒、果酒、工业酒精，利用乳酸菌发酵制造奶酪和酸牛奶，利用真菌大规模生产青霉素等。现代发酵工程已经进入能够人为控制和改造微生物，使这些微生物为人类生产产品的新阶段，如利用微生物发酵生产药品，人工合成胰岛素、干扰素和生长激素等。

（二）生物技术在军事上的应用

21世纪是生命科学的时代，生物技术将成为未来推动武器装备发展、占据战场主动的重要因素，成为未来军事高科技的制高点。

生物技术在军事领域的应用产生了包括生物武器在内的八大军事生物技术：

1. 基因武器

基因武器被称为比核弹更可怕的"终极杀手"，是指运用遗传工程技术，在一些致病细菌或病毒中，接入能对抗普通疫苗或药物的基因，生产具有显著抗药性的致病菌；或在一些本来不会致病的微生物体中接入致病基因，制造出新的生物制剂。因为人类不同种群的遗传基因不同，基因武器可以根据人类的基因特征选择某一种群作为杀伤对象。正因为如此，一些科学家把这种"只对敌方具有残酷杀伤力，而对己方毫无影响"的武器称为"种族武器"。

2. 仿生导航技术

自然界中许多动物具有导航能力。如一些鸟类不仅有导航能力，而且其导航系统只有几毫克重，却精确度极高。目前已有一些国家在利用生物技术手段模拟生物导航系统来简化军事导航系统，达到高精度、小体积、低成本的目的。

3. 军事生物医药

生物技术可以制作新的疫苗、药物和新的医疗方法。如利用生物技术可以生产血液代用品，可望缓解战场上血液的供需矛盾。利用生物技术也可以生产高效伤口愈合材料，提高战场上的医疗效果，降低伤亡率。

4. 军事生物传感器

军事生物传感器是利用生物技术研制的新的生化战剂侦检手段，将生物活性物质（如受体、酶、细胞等）与信号转换电子装备相结合可以制成生物传感器，能准确识别、分析各种生化战剂，而且探测速度快，判断准确，与计算机配合还可及时提出最佳防护和治疗方案。生物传感器还可以通过测定炸药、火箭推进剂的降解情况来发现敌人库存弹药的数量和位置，成为战场侦察快速、有效的手段。

5. 生物炸弹

利用生物技术制造炸药，生产过程简单、成本低、燃烧充分、用量少，威力却比常规炸药大三倍以上，还不会发生误爆，便于储存和运输。

6. 军事生物能源

目前战场上的坦克、飞机等机动装备都需要使用矿物燃料，不仅补给困难，而且受燃料的限制，活动范围有限。生物技术可利用红极毛杆菌和淀粉制成氢，氢和少量燃料混合即可替代汽油、柴油，这样，机动装备只需要携带少量淀粉就可以长时间远距离机动作战。一些国家已经把细菌和真菌引入酵母纤维生产酒精，或用大肠杆菌把葡萄糖转化为酒精，代替汽油或柴油等矿物燃料，可随时为机动装备提供充足的生物燃料。

7. 生物装具

利用生物技术可就地取材提供高性能作战军需品。如一些国家已经认识并利用蜘蛛丝高韧性、可溶性的特点，通过生物技术分离出合成蜘蛛丝的基因，用于生产可溶性丝蛋白，纺成一种特殊的纤维，可用于生产防弹背心、防弹头盔、降落伞绳索等高强度轻型装备。

8. 生物电子装备

利用生物技术设计生产的更高级的电子材料，可以使电子装备在各种复杂环境下稳定地工作。如用这种电子元件制成雷达，可在强电磁干扰下，全天候、全方位、远距离搜索发现目标并识别敌我。正在研制的蛋白分子计算机将比现有计算机的运算速度和存储能力高出数亿倍，并能像人脑一样具有分析、判断、联想和记忆等功能。

近年来，随着生物技术的不断发展，它在军事领域的应用亦越来越广泛，特别是在新生化战剂的探测以及武器装备的高技术化方面发挥着越来越大的作用。

八、纳米技术

（一）纳米技术的基本概念

纳米（nanometer, nm），它和我们所熟悉的米（m）、毫米（mm）、微米（μm）一样，都是一种长度计量单位。1 纳米等于 10^{-9} 米，也就是说，1 纳米只有 10 亿分之一米，百万分之一毫米或千分之一微米，大约是人头发直径的万分之一。由此可见，纳米仅是一个很小很小的长度单位，本身并没有任何的"价值"可言，但纳米技术却意义非凡。

纳米技术（nanotechnology）也称毫微技术，是研究结构尺寸在 1～100nm 范围内材料的性质和应用，用单个原子、分子制造物质的科学技术。纳米科学技术是以许多现代先进科学技术为基础的科学技术，它是包括混沌物理、量子力学、介观物理、分子生物学等在内的现代科学和包括计算机技术、微电子和扫描隧道显微镜技术、核分析技术等在内的现代技术结合的产物。纳米技术所追求的最终目标，正像著名物理学家、诺贝尔奖获得者理查德·费曼当年预言的那样，就是要使人类能够按照自己的意愿任意地操纵单个原子和分子，并在对自然界物质的本质进行深入探讨和研究的基础之上，按照人们的期望，在原子和分子的水平上设计和制造全新的物质。

纳米技术诞生于 20 世纪 80 年代，1990 年 7 月，第一届国际纳米科学技术会议在美国巴尔的摩举办，标志着纳米科学技术的正式诞生；1993 年，国际纳米科技指导委员会将纳米技术划分为六大分支：纳米物理学、纳米生物学、纳米化学、纳米电子学、纳米加工技术和纳米计量学，促进了纳米技术的发展。今天，纳米技术主要包括：纳米级测量技术、纳米级表层物理力学性能的检测技术、纳米级加工技术、纳米粒子的制备技术、纳米材料、纳米生物学技术、纳米组装技术等。由于纳米技术的综合性、前沿性和特殊性、神秘性，吸引了各国优秀的科学家献身纳米技术领域。今天，纳米技术在不断渗透到现代科学技术的各个领域的同时，形成了许许多多的与纳米技术相关的新兴学科，如纳米医学、纳米机械学、纳米化学、纳米电子学、纳米材料学、纳米生物学等。

（二）纳米技术在军事上的应用

纳米技术在军事上的应用，主要体现在将纳米技术转化为微型武器系统的技术，其核心是利用微机电系统实现武器装置袖珍化，用微型武器替代现在的武器装备。如果在卫星上用纳米集成器件，卫星将更小，更容易发射。如果纳米技术用于火箭固体燃料可使火箭的速度加快。如果药物制成纳米微粉，可以注射到血管内顺利进入微血管，可用于战时医院救护以减少伤亡。

纳米技术采用量子器件，使武器装备的体积、重量、功耗成千倍地减小，同时使控制系统中的信息传输、存储和处理能力、智能化水平成千倍地提高。纳米技术将实现武器系统超微化、高智能化和集成化生产，使研制和生产周期缩短，成本降低。纳米技术的发展有可能导致制造技术乃至整个军事技术的革命，甚至会对未来战争产生深远的影响。

≫≫ 第三节　高技术战争及军事高技术对现代战争的影响 ≪≪

一、高技术战争的基本特征

纵观历史，人类科学技术的每一次进步都改变着人类战争的模式。从远古时期的石器时代到青铜时代再到铁兵器时代，人类的武器装备不断进步，但都属于冷兵器时代，人类主要依靠对人的手臂直接延长或增强的方式进行作战，战争的基本模式是以近距离搏杀为主。到了近代，随着火药在军事领域的应用和火器的发明与使用，使得在较远距离进行互相杀伤成为可能。1648 年滑膛枪的出现，标志着人类进入热兵器时代，人类作战的方式也从以面对面白刃格斗为主过渡到脱离身体接触、借助火器杀伤和在较远距离上使用枪炮杀伤的作战方式。1840年开始的两次鸦片战争中中国的失败，特别是清军与英法联军在天津北塘与军粮城之战，是冷兵器面对先进热兵器时处于劣势的经典战例。热兵器时代的滑膛枪、来复枪和机关枪都带来了人类作战方式的变化，而以飞机、坦克、舰艇作为主要作战武器的第一次世界大战则成为机械化战争的标志。在"二战"之后相当长一段时间，各主要国家纷纷以机械化为军队和国防现代化的主要目标。

随着以信息科学、计算机技术等为核心的高技术在军事领域的广泛应用开启了人类战争的又一个新时代，传统的机械化大兵团集群交战已经成为历史。在高技术战争中，信息作为一种新的战斗力要素，与火力、机动力和防护力等战斗力要素紧密结合，使传统的大规模使用火力杀伤的战争，变成更多依靠信息加火力实施精确打击的战争。从现代战争的实践来看，未来战争将以同时、连续打击整个战场纵深代替前线的短兵相接，前方与后方的界线变得模糊，战场将呈流动状态，成为非线或无战线的战场。

军事高技术的应用使得高技术战争具备了如下基本特征：

1. 战争可控性强

由于以往战争目的和手段的不同，战争缺乏可控性。当战争机器启动后往往不以人的意志为转移，使战争的规模和进程难以控制，战争不仅难以达到预期的目的，而且造成资源的大量消耗和人员的大量伤亡，例如第一次世界大战和第二次世界大战。而现代高技术局部战争因为受国际社会强有力的影响和制约，战争目的具有有限性。无论战争发动者具有多么大的优势，通常都会把战争目标限定在谋求有限的、特定的国家利益范围内。这使得战争发动者对战争目的、作战范围、打击目标、作战手段、投入兵力、持续时间等方面都进行有效控制。在战争目的上，以往的战争通常以威胁对方生存和全面剥夺对方军事能力为目标，今天的高技术局部战争则是以既摧毁对方军事实力，又摧毁对方战争潜力为作战目标，"不必打死它，只要打服它"。在作战范围上，传统的战争往往根据自己的实力确定交战的地理范围，而高技术战争则把作战行动限制在一定区域内。在打击目标的控制上，传统战争攻城略地，造成大量无辜者伤亡；高技术战争则主要打击军事目标，尽量减少无谓的破坏。在作战手段控制上，越来越尊重国际法，尽量避免使用大规模杀伤性武器。在投入兵力控制上，传统战争主张多多益善，强调兵力优势；高技术战争则强调合理够用。在战争持续时间上，由于高技术的使用和战争目的有限，战争节奏加快，速战速决的特点更加突出。例如21世纪初美国发动的海湾战争，其目的是打击伊拉克政府，推翻萨达姆政权，战争中英国军队负责控制伊拉克油田，美国军队负责对付伊拉克军队，使用了战斧式巡航导弹，尽量避免伤及平民。在战争开始前，美国国防部长拉姆斯菲尔德就宣布，这场战争持续的时间不会是6天，也不会是6年，而是6个星期。战争从3月20日开始，到5月1日，美国总统小布什在航母上宣布主要战事结束，正好42天。这场战争不仅大量使用了高技术装备，而且完美控制了战争节奏。

2. 战场空间广阔

科学技术的发展使得武器装备的有效杀伤半径大幅度提升，在高技术战争中，两军直接交战的战场空间缩小，使用的力量高度集中，对目标的打击高度精确。同时，由于大量高新技术综合运用于战场，战争范围从陆地、海洋、空中的三维空间，扩展到陆、海、空、天、电多维空间，战场从区域向全球延伸、从天空向太空延伸、从有形向无形延伸，前线与后方、进攻与防御的界线模糊，战场的空间变得更加广阔。例如，今天中、美、俄三国的战略武器射程可以达到12 000公里甚至更远，再加上陆基和海基的发射模式，可以在世界的任何一个角落打到世界的任何一个角落。

3. 系统对抗突出

科学技术的发展和大量应用，使得军事力量的各个环节和部分越来越成为一个整体的系统。军事对抗也变成了系统的对抗。武器系统"一矛一盾"相互制约的状况已被"多矛多盾"相互制约的系统对抗所代替。武器作战效能的发挥，

大学生军事理论课教程
DAXUESHENG JUNSHI LILUNKE JIAOCHENG

不仅取决于其战斗部的杀伤威力，而且还取决于构成战斗体系的情报探测系统、指挥控制系统、通信系统、信息处理系统、机动系统、防护系统等各个子系统的共同作用。对抗的系统化使得任何一种单一武器，如果没有其他武器装备的配合，无论它的技术如何先进都是无法完成任务的。现代战争不再是单个或数个作战力量单元之间的对抗，而是整个作战体系的较量。高技术战争对抗的系统化特点促使各国在国防建设上强化"系统"观念，在发展武器装备上注意补短板，加强武器的配套建设，在人员上更加注重军人综合素质，在军兵种结构上也从过去追求单兵种的优势变成追求各兵种的协调与配合，形成系统合力。

4. 作战方式多样化

在冷兵器时代，兵器的延伸有限，短兵相接进行肉搏不可避免，集团作战成为主要的作战方式，强调排兵布阵，阵脚不能乱。枪炮等热兵器出现后，集团作战的密集阵型会带来巨大伤亡，因而人员密集阵形变为人员疏散阵形。机关枪、铁丝网出现后，阵地战、堑壕战成为主要作战方式。而坦克的出现，又使战场的作战方式发展为机动作战。今天的高技术战争由于大量高技术群在战场的使用，作战方式更加多样化，如使用精确制导武器袭击的"精确战"，外科手术式的"点穴战"，带有强烈破坏性的"瘫痪战"，非致命式的"软杀战"，指挥控制式的"信息战"，陆、海、空、天、电一体的"全维战"，此外，还有"环境战""太空战""心理战"等，这些作战方式既有全新的作战样式，如计算机病毒战等，也有传统作战方式赋予了新的内涵，如心理战等。高技术战争作战方式的多样化，为指挥员提供了更多的、更新的回旋余地，增强了作战选择的灵活性。

5. 指挥控制自动化

计算机技术在军事领域的运用产生了指挥自动化技术，使得战场的指挥控制手段发生了革命性的变化。今天，战场的无限扩大、武器装备的种类和效能的增加、军队的高机动性和战场形势的瞬息万变，要实时掌握和了解战场情况，周密分析各种信息，准确判断战场形势，并迅速下决心作出战略部署，使各军兵种和装备发挥整体威力变得越加困难，因此没有高度自动化的指挥控制手段，是很难实现的。从近几年几次高技术局部战争，我们可以看出，战争发生在海上，情报来自天上，战场在南半球，指挥控制的命令发自北半球，这种从天到地、从东到西、由南到北的情报来源和指挥控制，仅靠传统战争当中人的感官是不可能做到的，只能依靠高技术的指挥控制自动化系统。

6. 战争消耗巨大

从技术装备和作战保障的角度看，高技术战争的一大特点就是战争消耗巨大。今天的高技术装备由于技术含量高，从设计、生产到维护，费用都非常巨大。据悉，今天一艘航母的造价约150亿美元，各种配套舰艇的造价也需要约

150 亿美元，而航母每天的维护费用高达数千万美元。航空母舰之所以被称为"大国利器"，其含义之一就是只有大国才玩得起的利器。而战争的消耗更大，据估计，在 2003 年的海湾战争前 3 天的作战中，美国每天的费用大约 30 亿美元。如今，美国第四代战斗机 F－22 研制费约 200 亿美元，单机采购费 1.5 亿美元；B－2 隐形轰炸机研制费约 450 亿美元，单机采购费达到 10 亿美元。而中国的歼－20 的价格估计也接近 2 亿美元，而这一切还只是武器装备本身的价格，真正让这些武器装备发挥性能，还需要大量的后勤保障等各个环节，因此，高技术战争的消耗是非常巨大的。

二、军事高技术对现代战争的影响

军事高技术的发展使现代战场与作战方式形成以下新特点：

1. 促进武器装备的改进与发展

高技术在军事领域的运用最迅速、最明显的就是直接促进了武器装备的改进和发展，一些国家在军事高技术的推动下甚至实现了武器装备的更新换代。一是提高了武器装备的杀伤效能。军事高技术的发展使各类武器装备向重量更轻、体积更小、射程更远、反应更快、威力更大、精度更好、机动力更强的方向发展，极大地提高了武器的杀伤效能。二是提高了武器系统的综合作战能力和自动化水平。高技术特别是信息技术等的发展和应用使得军事的各个领域、战争的各个环节日益联结为一个整体，侦察、传输、指挥、控制系统被广泛应用于战略、战役、战术等各个领域，不仅把各军兵种联为一体，也把各类武器联为一体，提高了武器系统的综合作战能力，并实现了信息的捕获、传输、处理和显示的自动化以及武器管理、控制指挥的自动化。三是提高了武器装备的生存能力。侦察技术的进步和精确打击武器的出现，使得现代战争具有"发现即摧毁"的特点，促使战争双方努力提高武器装备的生存能力。一方面加固抗毁，主要是对坦克、装甲车、直升机等武器装备的外壳和关键部位应用高强度的优质新材料，使其坚固抗打击和摧毁；另一方面更加机动灵活，这是雷达、飞机、舰艇、火炮、坦克以及指挥、控制系统和电子对抗装备等提高生存能力的重要手段。还有就是采用各种隐身技术，减少被发现概率，也可以提高各类装备的战场生存能力。四是提高了武器装备的全天时、全天候的作战能力。高技术为各种武器装备和部队提供了性能越来越优越的夜视器材和具有全天候工作性能的光学电子设备，从而提高了兵力和兵器在夜间和不良气候条件下的作战能力。例如雷达成像、热成像、毫米波和红外技术的应用，使得经过伪装的目标在白天使用雷达和光电探测设备很难被发现和识别，而夜间由于目标与背景、掩蔽物的温度不同，使用这些夜视器材和技术就较易发现目标，使夜间空袭更加有利，空袭效果超过白天。五是提高了武器装备的可靠性和可维修性。高技术的发展使得大量武器装备采用了模块化设计技术、故障诊断技术、非电子设备的内部自测技术等，不仅大大减少了武器装备的故障率和返修率，也极大地提高了检查和维修的方便程度。六是促使新式武器装备的诞生。高技术的应用，不仅加快了原有武器装备的改进和升级换代，也直接催生了新式武器系统。如激光技术的发展催生了激光炮，电磁技术的发展催生了电磁炮。

2. 引起作战方式的变革

军事技术的进步、武器装备的不断升级，不仅有力地改变战争的面貌，也必然会推动作战方式的发展变化。从历史上看，有什么样的武器就有什么样的作战方式。随着高技术在军事上的应用，已经出现了"马岛式""利比亚式""科索沃式""海湾式""阿富汗式"等局部战争和军事冲突中使用的作战模式，在不久的未来还可能出现更多的战争模式，比如外层空间的军事冲突等。从目前看，高技术武器装备对作战方法的影响包括两个方面：一方面是使原有的作战方法发生变革，如坦克战依然存在，但信息化使其模式发生变化；另一方面是产生新的作战方法或作战样式。如军用卫星的使用不但使战场由三维（即陆、海、空）发展为四维（即陆、海、空、天），而且可能使反卫星作战（即天战）成为崭新的作战方式；精确制导武器的使用则使"外科手术"打击成为重要的作战方式等等。实际上，几乎每出现一种高技术武器装备，都会使作战方式（包括进攻、防御、陆战、海战、空战、坦克战、炮战等方法）发生相应的变革。大量使用高技术武器的高技术战争已不再是人面对面的直接交战，而是多军兵种的合同战、大纵深全方位的立体战，包括海、地一体战，空、地一体战，乃至陆、海、空、天四维一体的立体战。

3. 带来控制指挥的自动化

随着武器装备的高技术化，部队的机动能力、反应能力、突击能力大为提高，战争强度高、节奏快，具有突然性、立体性、协同性，人员非接触化，战场界限模糊化，作战方向和战场形势瞬息万变，捕捉战机更为困难，战斗更为紧张激烈，这对军队指挥提出了更高的要求。这些要求主要是，指挥必须越来越注重如何充分发挥高技术武器装备的综合效能，指挥必须掌握并有效地利用新的指挥技术器材。同时，高技术的发展，特别是信息技术的应用，给军事指挥带来了极大的变化：一方面为指挥人员带来了全新的指挥手段，把指挥人员从烦琐的战场信息收集、战场形势研判等手工操作的劳累中解放出来，提高了指挥的时效性、协同性；另一方面，现代军队指挥系统把情报获取、信息传递、指挥控制联为一体，把地面、海上、空中的各种作战力量联结起来，使指挥协同有了保证。同时，军事指挥的自动化对指挥人员的综合素质提出了更高的要求。现代高技术装备在研制时就是同时综合了战术和技术两类因素，而指挥自动化系统就是战术与技术相结合的产物。因此，指挥自动化一个最突出特点就是这种指挥完全是建立在战术与技术相结合并融为一体的基础之上的，这就要求指挥人员既要懂得战术又要懂得技术才能充分利用现代技术手段正确指挥，只有那些既是军事家又是工程技术专家，谙熟军事指挥艺术，还能熟练操作各种设备的指挥人员才能驾驭现代高技术战争。

4. 推动作战思想与理论的变革

军事高技术使武器装备的技术性能，包括作用距离、机动能力、命中精确度及毁伤威力、防护能力或生存能力等，都提高到了前所未有的水平，这不仅改变了战争的模式和进程，也必然对现代战争理论带来挑战，推动现代军事理论的变革和发展。一是高技术战争改变传统的胜负观。传统战争的胜负衡量标准是杀伤对方人员多少、攻城略地多少、劫掠物资多少，在传统的战争胜负观里，都城的防守至关重要，都城的失守即意味着整个战争的失败和国家的灭亡。现代战争则是以是否削弱对方的军事、政治、经济实力，是否有效遏制了对方或使对方彻底屈服为胜负的标准。二是军事高技术和现代战争改变了力量观。传统力量观以军队规模大小为标准，因而一味追求军队的数量优势。现代力量观则更加注重武器装备的高精度、易控制和有效杀伤，并控制杀伤程度。从过去十多年美国发动的几场高技术局部战争看，在作战中有区别、有目的地精确配置力量，不仅可以减少自身伤亡，也可以有效减少弹药的浪费，从而减轻后勤和国防压力，也可以降低国内的反战情绪。三是改变了时空观。传统的战争时空观是从陆上、海上到空中，而今天的时空观则发展到外层空间，形成了陆、海、空、天一体的作战空间，并扩展到信息（电磁）领域，高技术的发展和应用使新的更为广阔的作战空间已经形成。同时，高技术的应用也使得现代战争的进程缩短、节奏加快，传统战争的时间以日月年计算，现代战争则是以分秒来计算，现代战争的时间观念也在发生变化。

在现代高技术战争条件下，传统作战思想也受到冲击，进攻理论和防御理论都发生了变化。例如作战目的不再是置对方于死地，获得土地、资源和人口，而是更注重惩罚、教训和限制对方，使对方屈服，为和而战成为现代战争的主要作战目的；在现代高技术战争中，战争手段与政治、经济、外交以及国际舆论等手段密切配合，战争进程和打击范围被严格控制，不超越既定界限；再比如，在作战中打击重点也不再是对方的城镇和居民，而是军事要地和核心人物等的结构重心和要害部位。这些都是现代作战思想在高技术冲击下发生的变化。

第四节　科学认识和运用军事高技术　打赢高技术局部战争

一、科学认识军事高技术

科学认识军事高技术，主要目的是从我国国情出发，立足于我军的现实条件，并着眼未来发展，为打赢任何敌人可能强加给我国的高技术局部战争而做好准备。因此，应全面正确认识军事高技术在战争中的地位和作用，正确处理人与高技术武器、传统武器与高技术武器的关系，同时采用相应对策发展军事高技术，并研究高技术战争的特点和高技术战争的作战方法，掌握各种对付敌人高技术武器装备的措施。

科学认识军事高技术，就应该在承认高技术武器装备性能优异，对军事理论、军事实践有重大影响的同时，以科学的态度如实地指出，高技术武器装备也有其不足或局限性，高技术武器装备并非万能。

1. 高技术武器装备技术难度大、造价高昂

一般来说，高技术装备原理和结构复杂，研制周期长，生产技术难度大，维护费用高，设计、生产、维护都要消耗大量人力、物力和财力，这使得包括美国在内的世界主要大国和军事强国在生产高技术武器装备时都要三思而后行。例如，现代高技术武器装备与 20 世纪 50 年代的武器装备比较，其结构的复杂程度（以零件数量计）增加了数倍乃至千倍以上，造价增加了数倍乃至数十倍以上：一支步枪从 50 美元增加到 200 美元以上；一辆坦克从 10 万美元增加到 300 万美元以上；一架战斗机从 20 万美元增加到 3 000 万美元以上；一架轰炸机由 20.8 万美元增加到 1 亿美元以上；一艘攻击潜艇由 170 万美元增加到 10 亿美元以上；一艘航空母舰由 5 500 万美元增加到 50 亿美元以上等等。这种增长的后果是非常严重的，正如美国学者詹姆士·邓尼根指出的："如果武器装备的价格以过去 70 年的增长速度继续增长，那么再过 70 年，美国（现在的）国防预算将只够生产一架飞机。"高技术战争使世界军事大国军费开支快速增加，如美国国会通过的 2004 年财政年度军费开支又创新高到 4 300 亿美元，是世界 20 多个主要军事大国军费开支的总和，日本也超过了 600 亿美元，而中国由于国力的限制和军队防务的目标不同，军费开支一直很低，直到近几年，我国军费开支逐渐与我国国防发展要求和维护世界和平的要求相适应，2013 年军费开支仅为 7 200 多亿元人民币，2016 年为 9 000 多亿元人民币，2017 年首次超过万亿元人民币。由此可见，高技术武器装备的发展受到一个国家的技术特别是经济承受能力的严重制约，任何国家都只能有选择地发展部分急需的高技术武器装备。对于今天的中国来说，

随着我国海外利益的增长，也因为海上威胁的持久存在，我国在高技术装备上重点发展海上力量和空中力量。

由于高技术武器装备造价高、使用维护成本高，多数国家在高技术武器装备的使用上是有选择性的，尤其是一次性使用的高技术武器在战场上不会轻易使用。各国都明白，使用大量昂贵的高技术武器去攻击廉价的军事目标是非常不合算的，因此，高技术装备一般主要用于高消费的作战。例如，在海湾战争中，美国总共只发射了288枚昂贵的"战斧"巡航导弹攻击伊拉克的战略目标；美空军总共投掷了约8.85万吨弹药，但其中仅有6 520吨高技术弹药。

2. 高技术武器是可以对付的

高技术武器虽然具有突防性能强、破坏力大等优点，但是适应性差、后勤保障要求高的特点也非常突出。一般来说，高技术武器对系统协同配合要求高、对电子系统的依赖性大，运行程序性强因而稳定性差，容易形成固定模式，再加上，各国在发展高技术武器装备的同时也在想方设法寻找对方高技术武器的弱点，因而高技术武器并不是无坚不摧、攻无不克的，有时即使采用常规的"低技术"方法或"低技术"武器也能有效对付其攻击。例如在海湾战争中，伊拉克就成功地采用沙漠伪装、烟幕遮障及设置假目标等简单方法保护了大量"飞毛腿"导弹及发射架、大量飞机和坦克等。尽管以美国为首的多国部队在连续38天的"沙漠风暴"行动中出动了包括F－117A"夜鹰"式隐身战斗机在内的30多种飞机近11万架次，并投下了大量弹药，但伊军的大部分武器装备仍完好无损。另外，在战争中，伊军还用常规的高炮击落了一些多国部队的飞机。以上可见在高技术局部战争中，高技术武器装备尽管也占有重要地位，起着重要作用，但并不能因此就完全否定传统的"低技术"武器的作用。实际上，传统武器在高技术战争中仍有用武之地。

二、正确认识和处理人与高技术武器的关系

人与武器的关系问题，是确立正确战争观的关键问题。在这个问题上，毛泽东早就明确指出："武器是战争的重要因素，但不是决定因素。决定因素是人不是物。"这一科学论断正确揭示了人与武器在战争中表现出来的辩证统一关系。在现代高技术条件下，武器装备的发展不仅没有而且也不可能削弱人的决定作用。相反，人却显得更加重要、更加突出了，这是因为，人永远是战争的主体。

人与高技术武器相比，当然是人的作用更重要。而且武器装备越先进，人的因素越重要。在高技术战争中，人仍然是战争胜负的决定因素。在科学技术还不十分发达的情况下，人与武器的结合是件很容易的事，稍加训练就会提高技能，可以形成和提高战斗力。在高技术条件下，智能化的武器需要智能化的士兵来掌

握。因为高技术战争所涉及的技术与科学知识十分广阔，人的体力与体能在战争中的作用大幅度下降，而人的智能作用居于绝对优势的地位。世纪之交的大量战争实践表明，不具有相应的科学文化知识，不掌握必要的军事高技术手段及其对抗措施，仅凭人多势众和匹夫之勇，是很难打赢高技术战争的。因此，我们不仅要正确认识人与高技术武器的关系，更要正确处理人与高技术武器的关系。要通过采取切实步骤提高人的科学技术素养，学习和研究高技术，掌握高技术武器，才能拥有驾驭高技术战争的能力。

三、有选择地发展高技术武器装备

军事高技术的发展带来了世界范围的新军事变革，促进了世界军事力量的大发展和大调整，带来了世界军事格局的大动荡，对重建世界军事力量格局、重建国际军事安全秩序产生了重大影响。

由于高技术武器装备的巨大作用，世界各主要国家都想大力发展高技术武器装备，但高技术装备的技术难度和高额费用并不是任何国家都可以承担的，再加上高技术装备的局限性，这就使得世界主要国家在发展高技术装备时，要根据本国的需要和可能，有选择地发展高技术武器装备。这主要表现为：武器装备的发展采取多代并存、高中低档搭配，以改进为主、研制为辅，改进和研制并举，在对原有武器装备进行现代化或高技术改造的同时，有选择地发展部分急需的高技术武器系统。实际上，世界各主要国家都在进行大规模的原有武器装备的升级改造，包括世界唯一的超级大国美国也是如此。

我国作为发展中的大国，随着我国海外利益的增长和战略利益的扩大，我国急需增强国防力量，维护国家安全利益的同时，维护世界和平。面对高技术条件下的新军事变革，我国国防建设和军队建设在科学发展观的指引下，走出了一条适合我国国情的，依靠科技进步和创新的军民融合、平战结合、投入少、效益高的国防科技和武器装备发展新路，重点发展我国急需的高技术装备和武器系统，在短时间内取得了丰硕的成果。在航天领域、战略导弹和核武器领域等都已经实现或正在实现弯道超车的战略目标，提高我国国防力量应对高技术条件下局部战争的能力，为高技术背景下维护国家安全利益做好了军事斗争的准备。

四、深入研究高技术条件下的战争理论和战法

军事高技术带来了武器装备的更新换代，导致了战场空间变得更加广阔，战争不再是武器的对抗而是武器系统的对抗，现代战争将是无后方作战和非线性作战，这一切都对高技术条件下的军事理论和高技术局部战争的战法带来了巨大的改变。如何打赢高技术条件下的局部战争成为各主要国家必须面对的重要战

争问题。

打赢高技术条件下的局部战争，除了需要高技术武器装备及其系统外，还需要深入研究高技术条件下的战争理论和战法。纵观当今世界军事变革，在实践中表现为三个方面：一是陆军规模变小，新的高技术兵种不断出现，而且比例增大，军事训练上注重一体化训练和作战，追求诸兵种的融合，缩小编制，提高官兵素质。美国和俄罗斯不断缩小军队规模的同时，不断提高军队的战斗力，主要就是从兵种融合、系统作战和官兵素质上要战斗力。二是加强军队的信息化建设，提高信息化水平。三是创新军事理论和战法。先进的军事理论和战法是影响战斗力的重要因素，军事理论的创新是新军事变革的先导。实践已经证明，传统的军队的编制、武器、训练和作战模式及指挥控制等思想观念已经不能适应现代战争，急需变革。

在科学发展观和习近平总书记一系列国防建设新理念的指导下，我国国防建设围绕我国安全形势、国家利益、社会制度和内外政策以及军事斗争和军队建设的实际需要，在加速武器装备高技术化的同时，积极研究军事与政治的关系、军事与经济的关系、遏制战争与打赢战争的关系、防御与进攻的关系，从维护世界和平出发，推行积极防御的军事战略，从重点准备全面战争转向重点准备局部战争，充分认识高技术条件下人民战争的重要性，积极探索高技术条件下信息化局部战争的特点和规律，研究人和武器装备的科学编成问题，创造出具有中国特色的高技术条件下信息化局部战争的新理论和新战法。

【思考题】

1. 什么是军事高技术？
2. 高技术战争有哪些特征？
3. 高技术在军事上有哪些应用，你怎样看待它？
4. 如何认识人与高技术武器的关系？

第五章　信息化战争

进入 21 世纪，高技术的迅猛发展和广泛应用，推动了武器装备的发展和作战方式的演变，促进了军事理论的创新，推动了军队编制体制的变革，由此引发新的军事革命。信息技术的发展，把人类带入信息时代，而信息技术在军事领域的广泛运用，则使世界进入信息化战争时代。

信息化战争是高技术战争的一个部分，尽管如此，信息化战争概念的提出，还是引起了世界军事高技术领域的一场革命。世纪之交的海湾战争、科索沃战争、阿富汗战争和伊拉克战争等清楚地向世界表明，战争形态正由机械化战争向信息化战争转变。信息化战争是在信息时代信息化军队运用信息化武器装备在陆、海、空、天、电等全维空间中，以信息对抗为主导展开的一体化的战争。

信息化战争是一种新的战争形态，世界主要军事大国特别是美国为了夺取未来战争的制高点，不仅进行了理论的探索，还在伊拉克战争等局部战争中进行了信息化战争的实践。

▶▶▶ 第一节　信息化战争概述 ◀◀◀

什么是信息化战争？目前，中外学者对此并没有一致的观点。美国国防大学校长塞尔姜中将认为："信息化战争是以夺取决定性军事优势为目的，以实施信息管理和使用为中心而进行的武装斗争。具体内容包括夺取信息优势、反信息获取、利用信息优势摧毁、破坏、瘫痪敌方信息基础设施等。"而俄罗斯著名军事理论家斯里普琴科从战争所使用的武器装备发展的角度，将信息化战争称为"第六代战争"，即"非接触战争"。也有人认为信息系统支持下的信息化战争，是指在物理域、电磁域和信息域谋求"看得远、反应快、打得准"，以信息武器打击体系、电磁武器打击体系以及导弹武器打击体系形成的三位一体作战，从而谋求全域优势的战争形态。2011 年 12 月出版的《中国人民解放军军语》指出，信息化战争是依托网络化信息系统，使用信息化武器装备及相应作战方法，在陆、海、空、天和电磁、网络等空间及认知领域进行的，以体系对抗为主要形式的战争。

自 20 世纪 80 年代以来，人类社会开始由工业时代向信息时代迈进，战争形态随着军事领域的深刻变革也在发生重大变化，信息化战争悄然登上战争舞台。信息化战争是信息时代的必然产物。一般认为，信息化战争是指发生在信息时代，以信息为基础并以信息化武器装备为主要战争工具和手段，以系统集成和信息控制为主导，在全维空间内通过精确打击、实时控制、信息攻防等方式进行的作战。简要地说，信息化战争就是广泛运用信息、信息系统及其物化的武器装备，通过夺取信息优势和控制信息权取得胜利而进行的战争，是信息时代战争的基本形态。

最早提出信息战概念的是中国未来学家、信息战专家沈伟光，他从 1985 年开始研究并提出了信息战概念，《解放军报》在 1987 年 4 月 17 日刊登了他的一篇关于信息战研究的文章《信息战的崛起》。1990 年 3 月，他在浙江大学出版社出版了《信息战》，提出了信息边疆、信息化战争、信息化军队等新概念。

一、信息化战争的发展历程

信息化战争是伴随着信息技术的出现和不断进步而出现的。一般认为，人类历史上共发生了五次信息革命，前四次分别是语言的产生、文字的出现、印刷和造纸术的发明、无线电技术的发明，第五次是指微电子技术与现代通信技术和计算机技术的结合，被认为是现代意义上的信息革命。计算机技术不仅用于经济，也用于国防，推动着战争体系向信息化方向发展。20 世纪 90 年代的海湾战争被一些人认为是第一场具有现代意义的信息化战争。之后，美国全面开始了国防和军队的信息化建设。20 世纪末 21 世纪初，随着社会信息化程度和军队信息化程度的提高，信息化战争不断走向成熟。

1. 信息化战争的萌芽期："二战"之后至 20 世纪 80 年代

第二次世界大战后，社会主义国家由一个发展到多个，社会主义革命力量的增强使得以美国为代表的资本主义国家感到严重威胁。以美国为首的西方国家对苏联和其他社会主义国家采取了"包围遏制"的政策，并加紧对世界各地的控制和渗透，苏联则帮助东欧国家组建军队，加强国防建设，巩固东欧社会主义国家的民族解放运动。这样，以美国为首的西方国家与苏联和其他社会主义国家以及希望争取独立的广大殖民地半殖民地国家形成了尖锐的对立，以美、苏两个超级大国对峙为基础的两极格局形成。

以美国为首的西方国家对苏联和社会主义国家的遏制与对抗，导致这一时期爆发了百余次的局部战争和武装冲突。当时，科学技术还不够发达，这些战争中使用的武器还是以常规武器为主，但信息化战争的一些端倪已经开始出现。如在朝鲜战争、越南战争中，美国为了战争的需要，加大了在电子、计算机、通信、制导、激光以及夜视等技术方面的研究力度，并且将这些技术融合到武器装备中。

随后，美国由于越南战争的影响，调整军事战略，收缩战线，从越南撤军。而苏联则抓住美国深陷越战泥潭的机会，扩军备战，采取了对美国咄咄逼人的态势。美苏双方在20世纪70年代形成了战略上的均势。到20世纪80年代，双方争夺的重点仍然是欧洲，并把争夺的范围扩展到欧洲以外的地区。这时第三次科学技术革命迅猛发展，激烈竞争的美、苏两个超级大国都把新的科学技术成果首先应用在军事领域，一方面加紧研制新式武器装备，另一方面积极改造原有的武器装备，并把卫星技术运用于战争，这一时期的一些局部战争和武装冲突具有更为明显的高技术的特征。1982年4月爆发的英国和阿根廷之间的马岛战争被称为是以海军为主、诸兵种协同作战的现代化战争，揭开了高科技战争新时代的序幕。在战争期间，双方投入使用各类战术导弹、制导鱼雷和激光制导炸弹等高科技武器达17种之多，并取得了惊人的效果。制导武器从发现目标到完成攻击的整个过程，都由精确的制导系统控制，使武器装备的攻击距离、命中精度和破坏威力远远超越传统火炮。另外，双方都大量使用空中力量，在控制战区、对海对陆攻击、侦察、兵力投送和后勤补给等方面发挥了关键作用。马岛战争开始改变传统的"巨舰大炮"对抗的海战模式，也正因为如此，马岛战争被称为对精确制导武器实战检验的一场战争。

2. 信息化战争的初步发展期：20世纪90年代

20世纪90年代，国际战略格局发生巨大变化。苏联解体使得两个超级大国对抗的局面不复存在，国际格局从两极向多极化方向发展。美国作为唯一的超级大国，积极谋划建立独霸世界的"国际新秩序"，但由于经济的衰退而力不从心。一些地区性强国也蠢蠢欲动，加速发展军事力量，谋求地区霸主地位，与美国争夺世界领导权。地区强国的野心和军事行动与谋求世界霸主地位的美国的利益发生冲突，成为新的对抗和局部战争的重要原因。这个时期，随着高技术取得了阶段性突破并应用于军事领域，新的信息化武器装备不断投入实战，战争的信息化程度不断提高，其中有代表性的战争和冲突包括海湾战争和科索沃战争等。

1991年1月7日至2月28日爆发的海湾战争，是人类有史以来现代化程度最高、使用新式武器最多、投入军费最多的一场战争。在40多天的战争中，美军集结、投送了超过43万的陆海空军的兵力，派驻了9艘航母战斗群，动用了作战飞机1 700多架，包括了美国F-117A隐形战斗机59架、B-52轰炸机40架；美国还投入了大量电子战飞机，包括E-3D空中预警机、EF-111A电子干扰机、E-8A联合监视与目标攻击系统飞机、TR-19战略侦察机、RF-4C战术侦察机等，是当时世界上最先进的信息化、电子战机群。在海湾战争中，以美国为首的多国部队有大量高科技武器是首次投入使用，并运用了新型作战理论，取得了压倒性制空、制电磁优势。海湾战争开创了以空中力量为主体并赢得战争的先例，大量精确制导武器的使用提高了空袭的准确性，降低了平民的伤亡率。大量信息化武器的使用让作战行动向高速度、全天候和全时域方向发展，也使得作战空域空前扩大，战场向大纵深、高度立体化的方向发展，前方和后方边界模糊化。海湾战争不仅对冷战后的国际新秩序产生深刻影响，其展示出的高技术条件下战争的新特点也深刻影响了世界各主要国家的军事战略、战役战术和军队建设。

1999年3月爆发的科索沃战争是以美国为首的北约国家打着"人权高于主权"的旗号对南联盟发动的战争。在科索沃战争中，夺取信息优势、控制机动和精确打击成为战争的主导，北约多次增调 EA-6B 电子干扰战机和能发射"哈姆"反辐射导弹的战斗机，就是为了夺取制信息权。北约国家通过信息系统实现了全球网络化、信息化和一体化，具备了跨军兵种、跨地域的无缝连接和实时的指挥控制能力，首次使用了电磁脉冲炸弹、计算机病毒和石墨炸弹等信息化武器，大量使用了"JDAM"等精确制导弹药。通过这场战争，美军验证了信息战理论和联合作战理论，创新了非对称作战理论和非接触作战理论，信息化战争得到了初步的发展。

3. 信息化战争走向成熟期：新世纪以来

进入21世纪，国际形势继续发生深刻变化，多极化趋势更加明显，美国追求世界霸权，推行单边主义外交政策，根据形势的变化提出了新的建军原则，由原来的"打赢两场几乎同时爆发的局部战争"的战备标准改变为"尽快打赢一场高烈度战争"的战备标准。而世界主要国家在加速发展，与美国之间的实力差距在缩小。另外，世界各个国家面临更加复杂的安全威胁，恐怖主义成为全人类的公敌。进入21世纪，阿富汗战争、伊拉克战争和利比亚战争等几场局部战争成为信息化战争发展成形的标志。

2001年10月7日，在遭受恐怖袭击之后不久，美国就以"反恐"为名发动了阿富汗战争，同年12月29日战争结束。这场战争规模不算大，战争强度也不算高，但信息化程度和联合作战水平却很高。在战争中，美军首次使用了侦察攻击型无人机、全球信息栅格、单兵数字通信系统、掌上电脑、光电侦察设备、地面传感器和全球卫星导航等系统，在新型武器中还首次使用了 GBU-28 钻地炸弹和 BLU-118B 燃料空气炸弹等。同时，首次启用了 C^4ISR 作战指挥系统。通过这次战争，美军验证了网络中心战理论、信息化战争中的特种作战理论、大规模杀伤性武器的可控性理论和全球一体化作战指挥系统。

2003年3月20日，美军以伊拉克藏有大规模杀伤性武器和支持恐怖主义为由，发动了伊拉克战争。战争伊始，美军就发动了"斩首行动"和"震慑行动"的大规模空袭和地面攻势，向巴格达、巴士拉等地发射了 2 000 多枚精确制导炸弹，其中包括 500 余枚战斧式巡航导弹。战争中，数字化部队、轻型打击旅等新部队进行了部署和作战来试验如何应对低强度的游击战、城市战，美军的种种战术战法、武器装备在伊拉克不断地进行试验、测试、修改和优化。美军实现了作战力量高度一体化和作战样式的高度融合，创新了夺取信息优势、实施全频谱作战、联合对地攻击、精确闪击战等作战理论，后来形成了应对多元安全威胁的"混合战争"理论。伊拉克战争成为美军新战术、新武器的试验场。

同人类历史上所有大的社会变革都需要反复实践一样，当前世界范围的军事变革也需要反复实践的推动和检验。作为特殊的实践，战争不仅检验军事变革的物质成果和思想成果，而且是对参战国家在军事变革中的观念、机制、行动和成效的客观检验和评价。经过 21 世纪初的几场战争，美军的信息化战争理论得到了充分论证，信息化武器得到了战争实践的检验，加快了美军信息化建设的步伐，据估计，到 2020 年前后，美国的主战武器装备都将实现信息化。另外，由于美国的耀武扬威，遭受美国打击和正在遭受美国战争威胁的国家逐渐放弃幻想，致力于大规模杀伤性武器的研发和生产，加快国防和军队的信息化建设。可以预见，今后相当长一段时间，信息化建设将成为各主要军事国家国防和军队建设的重要内容。

二、信息化战争的构成要素

（一）信息化武器装备

信息化武器装备是信息化战争的物质基础，直接体现信息化战争的信息化水平。信息化武器装备的发展对作战的影响广泛而持久，目前，信息化战争正逐渐走向成熟，信息化武器装备虽未完全定型，但已显示出其发展的大致方向和总的趋势。从 21 世纪初以来的几场现代局部战争的实践来看，信息化武器装备的发展趋势和主要特征表现在联合、控制、精确、非接触和快速等几个方面。

1. 联合

在工业化时代，随着坦克、飞机、舰船等机械化部队的出现，联合作战就已经是战场上司空见惯的事情了。坦克集群之间的互相配合、坦克与飞机的地空协同以及海上不同舰种、机种之间的协同作战都是联合作战的模式。但是电子信息技术出现之后，则出现了现代联合的新概念。传统的联合主要通过指挥员和参谋人员的命令、指示和作战计划等人力实现协同，而现代联合则是通过现代自动化指挥控制系统实现指挥控制的自动化和各军兵种的联合，从发现目标到完成打击目标实现一体化，软硬武器融合在一起，所有作战力量及民用资源融合在一起。

2. 控制

人类社会进入工业时代后，部队的机械化水平越来越高，随着武器装备复杂程度的提高和军兵种的多样化，军队编制体制越来越复杂，作战地域和作战空间越来越广泛，从过去的单维空间发展到多维空间。用人来管人、用人来控制部队、用人来指挥作战是机械化战争中最典型的控制模式。在瞬息万变的战场上要及时获取信息、分析处理信息、准确判断和实时指挥是十分困难的。为了实现对部队的有效指挥和控制，机械化部队的指挥机构只能越来越庞大。

信息化武器装备出现之后，人们发明了指挥控制自动化系统即 C^4ISR 系统，这一系统的核心技术是计算机技术。计算机最突出的功能就是海量存储和信息快速处理。计算机不仅可以存储文字、图片、图像以及语音等各种信息，还可以在存储后将所存信息分门别类地归入不同的数据库，然后通过通信系统在不同武器装备、不同作战部门、不同作战地域之间进行实时保密传递，无论距离多远，传递过程中所有信息最终都能还原和保真。计算机和指挥控制自动化系统的这些功能，把参谋人员和指挥人员从繁重的搜集情报、计算数据、抄写和转发电报、手工标图等日常战勤事务中解脱出来，使之能集中精力于谋略的运筹、战法的创新和敌情的分析判断。通过计算机和指挥控制自动化系统，信息化武器装备实现互联、互通、互操作之后，数量虽少但素质更高的指挥员和参谋人员便可控制大量分散部署的兵力和兵器，大大提高了作战效能和指挥决策的速度。

3. 精确

精确是相对的并不是绝对的，在不同的时代和技术条件下，精确的含义是不一样的。冷兵器时代的百步穿杨是精确，热兵器时代的弹无虚发也是精确，因而不能跨越时代和时空来理解精确这个概念，更不能用信息化武器装备的精确来说明以往武器装备的不精确，因为那些所谓不精确的武器装备在当时也是最精确的。

信息技术的发展使得现代武器装备的直接命中概率大为提高。直接命中概率高，是精确制导武器最基本的特征，也是精确制导武器名称的根本由来。一些有代表性的精确制导武器的命中概率可达 80% 以上，激光制导炸弹和电视制导炸弹的圆概率偏差在 2 米以内。在海湾战争中，美国空军在 100 千米外向伊拉克的一个水电站发射了两枚"斯拉姆"空对地导弹，结果是两枚导弹先后从同一个洞穿入发电厂，彻底摧毁了目标。

21 世纪以来，随着电子技术的发展，高性能的毫米波制导系统、红外探测器以及人工智能计算机被用于武器的制导系统，精确制导武器开始具备"发射后不用管"的自主制导能力，它可完全依靠制导武器上的制导系统独立自主地捕捉、跟踪和击中目标，不需要人工或其他辅助设备进行干预。例如，美国的"黄蜂"空对地导弹可在复杂的地物背景中鉴别出是否要攻击的目标。如果不是，则继续搜索目标；如果是，则做进一步信号分析，鉴别和判断所探测目标是真实目标还是背景或假目标。如果不是真目标，弹上探测器便重新进行目标搜索；如果确认是真目标，则进一步判断目标是否处在战斗部杀伤范围内。如果是在杀伤范围之内，则自动估算出最佳爆炸高度，将战斗部引爆，从坦克顶部将其击毁；如果不在杀伤范围之内，则继续对目标进行锁定跟踪，直到进入有效杀伤范围为止。如果发现有两枚以上导弹同时跟踪同一个目标时，后面跟踪的导弹就立即自动离开，探测器重新进行目标搜索、捕获、跟踪和攻击新的目标。由于采用了人工智能技术和先进的信号处理技术，精确制导武器已经具有了初步的智能化特征，实现了精确制导和精确打击。

4．非接触

信息化武器装备出现后，"三非作战"成为现代战争的重要特征。所谓"三非作战"是指非线式、非接触、非对称作战。非线式作战是指采取多维的空防力量，形成从敌防御后方、翼侧和正面密切协调的积极作战。非接触作战是指交战双方兵力在不直接接触条件下的作战，在战争中强调使用高技术远程火力对敌方军队的间接打击作用，在脱离和避免与敌军直接短兵相接的情况下，杀伤敌方有生力量的作战。非对称作战包括多种，如作战时间的非对称、作战空间的非对称、作战力量的非对称、技术水平的非对称、作战手段的非对称、作战样式和战术战法的非对称等，其中最明显的是作战力量的非对称。冷兵器时代的武器装备决定了战争是接触式作战，热兵器的出现使得非接触成为可能，随着火枪火炮的出现，非接触的距离越拉越大。到了机械化战争时代，作战距离就更远了。信息化武器装备的出现使得战争的非接触的距离进一步增大。当然这种增大不是无限增大，也不是非接触的距离越大越好，它是根据作战对手武器装备的作战距离和防御范围，在保证己方兵力安全和确保能够准确打击敌人的前提下界定的。例如，对方对飞机和导弹的防空探测和拦截范围如果是100千米，这种非接触作战的距离就应该界定在120千米以上；如果对方的防空范围只有5千米，那么非接触作战的距离就应该下拉到6千米左右。1942年6月，美国和日本在中途岛大海战中，首次实现了脱离接触式作战，两国的航空母舰战斗群在相互不见面的距离上使用远程火炮和舰载机进行了一场史无前例的大海战。

5．快速

快速也是一个相对的概念，既相对于敌人的速度快慢而言，也相对于时代和技术水平而言。世界上没有绝对的快和慢，快和慢都是相对于目标而言的。如坦克、飞机相对于导弹就慢得多。因此，任何时候都不应该盲目追求快速，超越相对目标的快速是一种浪费，不仅不能提高作战效能，而且可能降低效费比。

在信息化时代，信息化武器装备的快速得益于三个技术基础：一是机器制造技术的高度精密化。数控机床等智能化加工控制技术的应用，使得包括武器装备在内的各种机器设备的精密度提高，能耗降低，效率增大，动力性能良好，运用于新型作战平台后，会使得武器装备的行驶速度、机动性能等方面大为改进。二是作战平台的高技术化。一方面高技术作战平台实现了信息技术与机械化技术的融合，使用信息技术对机械化装备进行自动控制，实现了作战平台的系统集成，在此基础上对外围设备、外部接口和外围体系进行融合，使得作战平台实现更精确、更快捷。另一方面，传统作战平台如坦克、飞机等采用新材料、新能源和新技术，使得外形优化、动力科学，并且能耗低、速度快。三是指挥控制的一体化。指挥控制自动化系统（C^4ISR）使信息化武器装备实现互联、互通和互操作，从发现目标到打击目标再到效能评估，全部实现了网络化、信息化和一体化，因而在速度上实现了实时和近实时，真正体现了信息化战争发现即摧毁的战争特征。

（二）信息化战争作战力量

信息化战争作战力量是取得信息化战争胜利的重要保证。信息化战争作战力量是一个动态发展的概念，可以从不同角度进行界定。从直接用于作战的能力而言，构成信息化战争作战力量的基本要素主要包括三个方面：一是物质力量，指参加信息化战争的人员、武器、装备、技术、物资等；二是结构力量，指构成信息化战争作战力量的体制、机构、作战编成等；三是行为力量，指直接用于信息化战争作战行动的侦察力、摧毁力、突击力、机动力、干扰力、控制力、防护力、保障力等。

1. 信息化战争作战力量的一般构成

信息化战争作战力量的构成有多种区分方法，按照军种、兵种结构区分是基本方法。通常主要包括陆上作战力量、海上作战力量、空中作战力量、导弹作战力量、空间作战力量、信息作战力量等。

（1）陆上作战力量。

陆上作战力量是指以步兵、炮兵为主体，包括步兵、炮兵、装甲兵、空降兵、陆军航空兵、工程兵、通信兵、防化兵等兵种部队，在陆上作战的军兵种部队，统称为陆军作战力量，是未来信息化战争作战力量的重要组成部分。

21世纪上半叶，战争形态将急速向信息化演进，由于陆军战场空间扩大化、多维化等发展趋势，进攻成为陆军的重要作战原则，信息战、心理战、特种战的地位上升，陆战场、陆战和陆军的存在形式和主体内容发生根本性变化。陆军作战力量将更趋精干，作战效能将成倍提高，一体化建设和联合作战的地位和作用将愈加突出。根据信息化战争需要，陆军作战力量建设应重点突出四种能力，即快速机动部署能力、全频谱的信息作战能力、全时空的整体防护能力和全过程的综合保障能力。

（2）海上作战力量。

海上作战力量是指以舰艇部队为主体，具有在水面、水下和空中作战能力的军种，通称为海军作战力量，通常由水面舰艇部队、潜艇部队、航空兵部队、海军陆战队、海军岸防兵及各专业部队组成，是未来信息化战争作战力量的重要组成部分。

要适应信息化战争夺取制海权和海上其他作战的需要，海上力量的建设必须构建科学合理的海军兵力结构，加强武器装备建设，具备与作战对手相对均衡的作战力量、手段和足够的远海作战能力，能够有效抵御海上军事威胁，以保障国家远海海洋安全与海外利益。从目前各国海军发展趋势和海军建设的实践来看，海上作战力量应注重发展核动力潜艇并具备有效的核反击能力，重视海军空中力量的发展，注重各兵种力量的综合平衡，提高制电磁权的能力，既能在海上机动作战，又能在濒海地带进行攻防作战。从目前的形势和发展趋势看，海军应重点提高六种能力，即信息作战能力、机动破袭作战能力、海上交通线的保卫作战能力、前沿对陆作战能力、综合支援保障能力和强大的海基核威慑与核反击能力。

（3）空中作战力量。

空中作战力量是指以航空兵为主体，在空中作战的军种，统称为空军作战力量，是信息化战争作战力量的重要组成部分。

根据信息化战争空中战场的作战需求，未来空军将形成以长航程作战飞机和无人机为核心的力量体系。其具体构成：①远程作战力量，主要由歼击机、轰炸机、歼击轰炸机、强击机、侦察机、无人攻击机等组成，它们是空军的主要力量，担负夺取制空权、掩护国家要地、突击敌方地面水面各种目标和有生力量等各种直接对抗的作战任务；②信息作战力量，主要由电子侦察飞机、电子干扰飞机、预警飞机、无人侦察机、地面侦察预警雷达等部队组成，主要担负空中作战信息侦察，夺取空中战场信息优势，协同其他军兵种实施陆上、海上信息支援等任务；③空中运输力量，主要由空军运输航空兵部队组成，主要任务是保障地面部队的空中机动，协助其他航空兵转场，输送空降兵实施空降，空运装备、物资和空中救援等；④防空作战力量，主要由空军地面防空部队中的地空导弹作战力量和高射炮兵部队组成，是信息化战争中空军防空作战的重要力量，主要担负抗击敌方空袭、掩护重要目标安全、参与争夺制空权、阻止敌方空中侦察等任务。

空军作战力量的发展和现代战争的实践表明，现代战争越来越呈现出"空中化"的发展趋势，空中侦察和空中突击在战场上发挥了重要作用，甚至承担了主要作战任务，如海湾战争中多国部队先空中打击38天，然后地面部队出动3天，战争基本结束。以美国为首的北约国家发动的科索沃战争也是以大规模空袭为作战方式的。另外，空中指挥、空中机动、空降作战等空中作战行动将在信息化战争中扮演越来越重要的角色。

（4）导弹作战力量。

导弹作战力量是指以弹道导弹和巡航导弹为主要装备，进行远距离核、常规火力突击的作战力量，可以分为核导弹作战和常规导弹作战力量。随着导弹技术、战术性能的不断改进，导弹威力和精度的逐步提高，导弹作战力量在信息化战争中的地位和作用更加突出。现代战争一般不以攻城略地为目标，只是要达到有限目的，导弹突击具有"不接触火力战"的优势，不仅可以达成战争目的，而且能有效克服地理条件造成的天然障碍，跨海越洋实现打击，对国家经济建设牵动面小，战争规模可控，是达成信息战有限目的的有效手段。使用导弹还可以对敌方重要军事基地和设施进行火力突击，夺取制空权、制海权和制信息权。导弹作战力量还是实施战争威慑的重要力量，自古以来，不战而屈人之兵一直都是军事谋略家追求的最高境界。今天，使用导弹作战力量实施战争威慑，使对方屈从自己的意志就成为一种重要选择。可以预见，在未来的信息化战争中，导弹作战力量仍然是核威慑、核打（反）击力量的重要组成部分，同时也是常规火力突击的骨干力量，其作战行动对战争进程和结局影响极大。

（5）空间作战力量。

空间作战力量又称太空作战力量或空间力量。太空是维护国家安全的新制高点。战争实践表明：空间优势在谁手中，谁就握有战争主动权。空间打击是有效扼制核战争的关键手段，是赢得战争主动权的重中之重。运用空间高新技术，可使核武器的通信联络体系、潜在军事进攻力量控制场所和远程导弹的发射场瘫痪。控制空间、夺取制天权是取得战争主动权的重要手段。空间力量包括民用空间力量、商用空间力量和军用空间力量。其中，军用空间力量是以航天部队为主体，以航天装备为主要装备，主要在空间进行军事活动的军事力量。空间力量的突出特点是技术密集、系统复杂、性能超群，是一支典型的信息化作战力量。它与其他作战力量的结合日益紧密，是赢得信息化战争的重要基础。

（6）信息作战力量。

信息作战力量是在信息作战中，能够在影响和破坏敌方信息和信息系统的同时，保护己方信息和信息系统的作战力量，是实施信息作战的物质基础。信息作战力量从性质上可以分为攻击型信息作战力量、防护型信息作战力量和支援型信息作战力量。攻击型信息作战力量包括电磁攻击力量、网络攻击力量、实体摧毁力量和心理攻击力量，使用的武器包括信息、电磁能量和火力；防护型信息作战力量是技术、设备、手段、管理、措施和人的综合，不具备攻击能力，只是为提高战场生存力或使自身处于正常状态；信息伪装力量、网络防火墙、计算机攻击检测等都属于防护型信息作战力量。因为无论信息进攻还是信息防御，都需要大量的情报支援，而情报具有很强的时效性，因此支援型信息作战力量主要负责情报支援，系统资源也属于支援力量的范畴。信息作战力量是一个动态发展的概念，随着军事信息技术的进步，新的信息武器如电磁脉冲武器、定向能武器等投入使用，与之相应的军事力量也将纳入信息作战力量体系中。

信息作战力量是未来信息化战争中进行信息作战最重要的物质基础，对于夺取和保持信息化条件下局部战争制信息权，进而为其他作战行动创造有利条件，最终赢得战争胜利具有重要意义。信息作战力量平时都隶属于不同建制的军兵种部队，战时依据信息作战任务需要，编组成各种信息作战集团（群、队），遂行不同的信息作战任务。

2. 信息化战争作战力量的发展趋势

（1）作战力量小型化、合成化。在信息化战争中，作战力量的大小，不再以数量的多少、作战能力的强弱和人员、武器数量决定，高技术武器装备只有同高素质的战斗人员相结合，才能发挥最大效能。另外，也需要多兵种的有机结合。因此随着新军事革命的发展，作战部队小型化、军种部队合成化、作战力量多功能化成为21世纪军队发展的总体趋向。建设便于灵活组合的中小型、多功能、模块式部队，将成为军队作战力量发展的必然趋势。在伊拉克战争中，美军投入一线战场的作战部队只有12.5万人，担负地面进攻任务的陆军和陆战队大约6.5万人，基本上是以旅、团、营为单元遂行作战任务。这些规模虽小，却是"五脏俱全"的小型部队，行动灵活、反应快速，作战效能大大胜过以往以军、师为单位的大部队。

（2）作战力量呈现出高科技特征。由于信息化战争武器装备和指挥控制自动化系统的高技术特征决定了信息化战争的高科技特征。高智力型人才要素、高科技型物资要素和高技术含量的信息要素是构成信息化战争作战力量的基本要素。高科技武器装备是靠人来掌握的，建设信息化军队，打赢信息化战争，人才是根本。在未来的信息化战争中，人仍然是决定战争胜负的重要因素。在信息化战争中，作战指挥控制手段逐步向智能化、信息化方向发展，信息化高科技的物资将占主导地位，这对军人素质提出了一系列的新要求，高智力型人才将是未来信息化战争作战力量的主要构成要素。在未来信息化战争中，谁拥有信息化武器装备并拥有大量高科技人才，谁就能在信息化战争中占有优势。

（3）数字化部队成为军队战斗力新的增长点。数字化部队和网络化战场是信息化战争的两大支柱。数字化部队是指以计算机为支撑，以数字技术信息链为纽带，使部队从单兵到各级指挥员，从各种战斗、战斗支援到战斗保障系统都具备战场信息的最快获取、传输及处理功能的新一代部队。与一般意义的机械化部队相比，数字化部队具有作战行动更加迅速、作战指挥更加简单、作战保障更加便捷、作战能力明显增强等优点。据估计，一支同等规模的机械化部队改造成数字化部队后，战斗力可提高十倍以上。目前，世界上各军事强国都十分重视对数字化部队作战方法、手段和行动的研究，加速组建和发展数字化部队，特别是提高陆军部队的数字化含量，并加强相关领域的建设，以适应未来信息化战争的需要。

（4）无人化作战平台大量使用。无人化作战平台是指无人驾驶的、完全按遥控操作或者按预编程序自主运作的、携带进攻性或防御性武器遂行作战任务的一类武器平台。目前，它包括无人作战飞机、无人反潜战或反雷战潜水器和无人战车等。无人化作战平台具有无人员伤亡或被俘的优势，并且成本低廉、隐身性能好。在信息化战争中，大量的空中无人机、水中无人潜水器、陆地无人驾驶车辆和战场机器人将投入实战，无人装备已从一种单纯的作战支援装备转变为支援与作战装备，使战争的"非接触"特点更加凸显。

（5）隐形化武器装备强劲发展。隐形武器是运用现代科技手段对武器进行隐蔽，难以为敌方的侦察手段所发现，进而提高武器的突防能力和生存能力的武器。隐形武器有隐形飞机、隐形军舰、隐形潜艇、隐形坦克、隐形水雷等。采用隐形设计和隐形技术，可避免被探测、跟踪和摧毁，是提高武器系统和作战人员的防护力、增强作战突然性的主要技术途径。因此，探索隐形的新原理和新概念将保持强劲的发展势头。预计未来 10～20 年，大量新概念隐形技术将陆续应用到武器装备设计中，以降低武器装备的可探测性，使武器装备的隐形性再上一个新台阶。

（6）智能化武器装备将在信息化战场大显身手。智能化武器是指具有人工智能的武器，通常由信息采集与处理系统、知识库系统、辅助决策系统和任务执行系统等组成，能够自行完成侦察、搜索、瞄准、攻击目标和收集、整理、分析、综合情报等军事任务。军事理论界普遍认为，智能武器将在未来军事领域占有重要地位。据统计，装有智能系统的制导武器，在战场条件不变的情况下，弹药的命中精度将提高三倍。由此可见，随着信息技术和人工智能的发展以及人工智能技术在军事领域的广泛应用，不仅使武器装备的智能化水平不断提高，而且必将形成一个庞大的智能化武器家族，在未来信息化战争中发挥重要作用。

（7）新概念武器装备将在信息化战争中发挥重要作用。新概念武器是指相对于传统武器，在基本原理、杀伤破坏力和作战方式上有本质区别，尚处于研制或探索之中的一类新型武器。目前，新概念武器主要包括定向能武器、动能武器和军用机器人，正在研制的还有气象武器、深海战略武器等。随着高技术的发展，在不久的将来，人类会陆续研制成新的、更具有威力的武器系统，并将投入到战争中使用。军事专家普遍认为，21 世纪初将会有一大批新概念武器诞生，它们将对军队的作战理论、体制编制、力量构成、作战方法等产生多方面影响，有些甚至是革命性的影响。

（8）作战力量一体化。世界军事领域的深刻变革，使作战样式正在从协同性联合作战向一体化联合作战方向发展。作战力量一体化将成为信息化战争作战力量发展的最高境界，包括武器装备系统的一体化、作战单元的一体化和作战要素的一体化。未来的信息化战争将呈现出从狭小战场空间作战向全维战场空间一体化作战发展，从战术层次向战役层次、战略层次逐步融合，从单一军兵种向诸军兵种一体化作战逐步拓展的趋势。这种趋势将导致世界各主要国家的军事力量按照作战任务和作战行动的性质，重组军队结构，建设便于灵活组合的中小型、多功能、模块化的部队。将来，军兵种作战力量之间的界限趋于模糊，军队建设不再泾渭分明，各种作战力量融为一体，在一个建制中有多兵种存在，形成完美的作战力量"重塑与再造组合"，最大限度地发挥各种作战力量的长处和优势。

三、信息化战争的基本作战样式

传统战争的作战样式表现为阵地战、运动战、游击战、闪击战、持久战等，它们都是侧重于以物质力量为中心展开的作战行动。而信息化战争则是以信息的获取权、控制权和使用权为核心进行的争夺。由此可见，信息化战争的作战样式和过去传统战争的作战样式不同，而且更加异彩纷呈。

第一，制信息权争夺战。制信息权又叫制电子权，就是在一定时空范围内控制战场信息的主导权。在信息化战争中，争夺制信息权的信息作战通常先于其他作战行动展开并贯穿于整个战争的全过程，甚至有可能构成独立的作战阶段。作战中要掌握战场的主动权进而实现行动的自由，首先必须夺取战场的制信息权。因此，制信息权争夺战将是未来信息化战争中的基本作战样式之一。夺取制信息权包括通过各种手段实时获取或准时获取我方和敌方的有效信息，确保我方所传送的信息不被敌方获取以及破坏敌方的信息传递通道等。

第二，指挥中枢瘫痪战。指挥中枢瘫痪战是在信息化战争的战场环境中，以指挥决策者为主体，以破坏和瘫痪敌战场认识系统、信息处理系统和指挥控制系统为主要作战目标，综合运用以信息技术为核心的武器装备、作战系统和作战手段，剥夺敌战场信息获取权、控制权和使用权，使敌决策者和指挥机关难以下定决心和进行有效的作战指挥。

第三，战争结构破坏战。战争结构破坏战是着眼战争全局，综合运用各种作战方法和手段，从破坏敌维系整体作战能力的系统与联系入手，通过设谋用巧、避实就虚，打击敌方作战协调行动的关节，造成敌方作战力量结构的紊乱和作战行动程序结构的脱节，致使敌方整体作战能力迅速降低，进而集中力量各个击破，达到瓦解、歼灭敌军的目的。

第四，心理系统瓦解战。信息化战争中的作战主要包括三个层次的作战内容：一是以物质摧毁和消灭有生力量为主要内容的物理层面的作战；二是以控制信息基础设施和电磁频谱为主要内容的信息层面的作战；三是以瓦解人的意志和情感为主要内容的心理层面的作战。这三个层面的作战相互制约、相互联系、相辅相成，共同构成信息化战争形态各异的作战样式。

心理系统瓦解战是信息化战争中的重要作战样式之一。它是以改变个体和群体心理状态为目标，运用各种形态的信息媒介，从认识、情绪和意志上打击瓦解敌人的一种作战样式。它着眼于对人精神上、心理上的征服，利用人在对抗环境中的心理变化规律，通过大量的信息传递，干扰破坏敌方的决策过程和决策结果，瓦解敌方士气，削弱其抵抗意志，使其作出错误的决定，放弃抵抗、逃避战斗乃至缴械投降，从而不战而胜。

第五，战争潜力削弱战。战争潜力是指在一定时期内，国家或政治集团通过动员能够用于扩充武装力量、满足战争需要的一切物质力量和精神力量的总称。具体地讲，就是经过战时动员能为战争服务或使用的人力、物力、精神和科学技术等诸多因素构成的潜在的军事实力，它寓于国家综合国力之中。由于科学技术的发展及其在军事领域的广泛运用，信息化战争已经活跃于战争舞台，战争潜力的构成发生了很大的变化，科技要素明显突出，战争比以往更加需要高素质的人和高科技的物。战争潜力削弱战就是综合运用硬摧毁与软杀伤的手段，削弱对方为战争服务或使用的人力、物力、精神和科学技术等诸多因素构成的潜在的战争力量，破坏对方将战争潜力转为战争实力的转换机制，动摇对方的战争基础，使对方无法继续进行战争，从而达到迅速战胜对方的目的。

第二节　信息化战争的特征与发展趋势

一、信息化战争的基本特征

人类社会和战争历史的发展表明，社会的经济形态是战争形态的母体，有什么样的经济形态，就会孕育出什么样的战争形态，这是不以人的意志为转移的客观规律。因此，不同时代的战争有不同的特征。信息化战争中，战争能量从传统的体能、化学能、电能、电磁能、机械能、核能等物理能量转变为智能。智能是信息化战争中的主导能量，它通过对其他物理能量的控制而产生效能。同时，新战争形态的特征往往是与传统战争形态相比较而凸显出来的。通过世纪之交的几场战争，与传统机械化战争形态相比较，我们可以看到信息化战争具有以下基本特征：

（一）战争目的有限

在农业时代和工业时代，战争的根本动因是政治斗争掩盖下的经济利益之争，战争往往以占领或收复领土和获得资源而告结束。在信息时代，经济利益仍然是导致战争的重要原因。此外，随着各国之间、国际国内各种经济力量和各派政治力量之间的联系与交往增多，各个国家、民族、社团之间由政治、外交、文化等方面引发的冲突将会有增无减，致使民族、宗教恐怖活动、暴力行动、走私贩毒等都成为引发战争的原因。信息时代与农业时代、工业时代相比，战争的目的将更加有限。通常情况下将不再追求攻城略地、歼灭敌方军事力量等为"终极目标"，而是适可而止，在取得对抗主导权，获得一定的经济利益，提高国际地位，或达成惩罚、教训、报复敌国的目的后就停止战争。这主要是因为，在经济全球化和政治多极化的信息时代，如果追求过高的战争目标，在征服对方的同时也必然会极大地削弱自己，这样即使赢得了战争的胜利，也会在战后国际竞争中丧失优势和主动地位。另外，信息化时代战争的可视化使全世界都能看到战场上的情况，这也使战争指导者不得不对战争规模和目的严加限制。信息化武器装备既具有高效性，又具有很强的可控性，也为达成战争有限目的提供了更为有效的手段。

（二）战争与和平界限模糊

信息化战争的作战行动在性质上可分为软打击和硬打击两类。随着信息化战场的形成，电子领域、网络领域、心理领域的斗争更加激烈，交战双方主要运用信息和信息系统在电子空间和网络空间进行"软"攻防对抗，软打击是"不流血的战争"，它蕴含着巨大的破坏和毁伤能力。信息化战争并不排斥传统的硬毁伤方式。传统的硬毁伤往往与信息化的软打击相配合，使得硬打击的效果更佳。硬打击就是在信息调控下的火力战行动。从21世纪的几场局部战争可以看出，信息化战争往往是以信息攻击为先导，暴风骤雨般的电子压制通常是战争开始的序幕，然后伴随着强大的火力打击和硬杀伤。由于信息攻击的目标既可能是军事信息系统，也可能是国家信息基础设施，通常很难判断这种攻击究竟是一场战争的前奏，还是一般的黑客、病毒等信息攻击行为。如果是敌国有组织的信息进攻，并且随之实施火力攻击，那就是一场战争的开始；否则就是和平状态下的个人攻击行为。国家和国家之间在和平时期也存在"不流血的斗争"，即软打击，这就使得信息化战争时代战争与和平的界限越来越模糊。

（三）对抗手段多样，战争主体多元

在农业时代和工业时代，战争主要表现为敌对双方的军事力量在有形战场上的厮杀与较量。进入信息时代，社会信息化、网络化以及武器装备信息化的实现，为战争提供了多样化的对抗手段，战争将表现为敌对双方军民一体多元化的战争主体在有形和无形战场上同时进行整体的综合对抗与较量。因此，信息化时代的战争不仅对抗手段多样，而且战争主体多元，进行战争将不再是军队的专利，除了国家主体、政府组织外，非国家主体、非政府组织、跨国公司，甚至恐怖集团和"信息勇士"都能在信息空间实施或帮助实施信息作战行动。

随着科学技术日益发达，人类进入科技不断融合的信息化时代，以往传统的通信、雷达自成体系的对抗形式已经成为历史。"网电一体战"成为新的战争方式和对抗手段。所谓网电一体战，就是在信息化战场上，综合运用电子战和网络战手段，为破坏敌方战场网络化信息系统并保证己方战场网络化信息系统的正常运行而采取的一系列作战行动，其目的是夺取战场制信息权。在信息技术条件下，"电子战"不仅涉及通信、雷达、光电、隐身、导航、制导等系统，而且遍及空间、空中、地面、水面和水下，覆盖了从米波、微波、毫米波、红外线到紫外线的所有电磁频谱，涉及各军兵种和各个作战领域。电子战也已经由以往单一设备、单项领域的对抗，发展为系统对系统、体系对体系的综合较量。特别是随着电子计算机网络战的出现和成功运用，传统的电子战概念已无法涵盖所有高技术"软"杀伤手段，从而导致了信息战概念的提出和信息战理论的发展，形成了以网络战与电子战为核心和支柱的信息战，进而实现了电子战向信息战的过渡和升华。"网电一体战"这一集中体现高技术战争本质特点和规律的作战方式，其演进和发展的历史轨迹在英阿马岛战争、海湾战争中清晰可见，并在科索沃战争中得到了充分验证。

在信息化战争时代，心理作战也是对抗多样化的重要表现。心理作战是指运用心理学原理，通过宣传、威慑和欺骗等方式从精神上和心理上瓦解敌方军民的斗志，同时消除敌方宣传、威慑和欺骗所造成影响，巩固我方军民心理防线的对抗活动。目前，心理作战已经成为现代战争不可缺少的组成部分并且发挥着极其特殊的作用。随着心理科学和信息技术的不断发展，心理作战将逐渐发展成为未来信息化战争的基本作战样式，并且对战争胜负产生重大的，甚至是决定性的影响。

（四）战争节奏加快，持续时间缩短

时间是战争的基本要素。不同的时代由于技术条件的不同，战争的节奏和进程完全不同。在农业时代的冷兵器战争中，主要采用语言、书信、锣鼓、旌旗、号角、烽火等方式来传递军事信息，信息传递速度非常缓慢。使用弓箭和刀枪剑戟等冷兵器进行作战，作战效能非常低，需要经过长期作战才能达成攻城略地和夺取资源、人口等战争目的，战争必然呈现出旷日持久的特点。在工业时代的机械化战争中，由于采用了有线通信和无线通信等现代通信技术手段，信息传递的速度大大加快。同时，坦克、飞机、大炮、导弹、军舰、原子弹等热兵器和热核兵器的使用，极大地提高了作战效能，所以能够在比较短的时间内达成战争目的。因此，战争持续时间相对较短，一场战争从发起到结束一般需要数月至数年的时间。在信息时代的信息化战争中，数字信息技术广泛应用于侦察、通信和指挥控制，实现了军事信息的实时获取、传递、处理和运用，使得信息流动的速度空前加快，在作战空间扩大的同时，却实现了时间效能的大幅提升。在网络化的战场上，虽然同样要经过发现目标、作出决策、下达命令和实施作战行动等战争环节，但各种信息化武器装备具有快速的作战能力，这些环节几乎是实时同步进行的，因此能够在极短的时间内完成作战行动，实现"发现即摧毁"的作战效能，战争的突然性增大，时效明显提高，作战行动的周期大大缩短。此外，由于广泛使用信息化武器弹药和作战平台实施精确作战，极大地提高了对目标的毁伤效能，能迅速达成作战目的。这样一来，整个战争活动就被压缩在很短的时间内进行。一场信息化战争的持续时间可能只有数小时、数天或者数月。如海湾战争其实只持续了一个多月，而伊拉克战争被精确控制在 42 天的时间内。

在信息时代，因为计算机、电子通信、卫星技术和信息化武器装备的发展，信息化战争的作战节奏和作战速度将比机械化战争大大提高，持续时间明显缩短，呈现出迅疾短促的特征。

（五）作战手段信息化，作战空间多维化

信息化战争的首要标志是作战手段的信息化。在信息化战争中，信息是核心资源，是决定战争胜负的关键因素。信息化战争是以夺取战场"制信息权"为主要行动的战争。信息是部队战斗力的核心要素。传统的武器装备坦克、装甲车辆、火炮、导弹、作战飞机、作战舰艇等载体加装多种信息系统并联为一体，能为作战行动提供及时而有效的帮助，成为信息化作战平台。信息化作战平台不仅装备有多种信息传感设备可探测敌方目标，为实施精确的火力打击提供目标信息，而且还有足够的计算机系统及联网能力，能为各种作战行动及时而有效地提供辅助信息，把各军兵种联为一体。从世纪之交的几场局部战争看，装有信息系统的飞机、潜艇和军舰都是在数百公里甚至数千公里外发射巡航导弹，并精确命中和摧毁目标，显示了信息化作战手段的作战能力和效果。

作战空间多维化是信息化战争一个显著特征。作战空间多维化包括物理空间的无限扩大和信息空间的多维广阔。从历史上看，作战空间随着科学技术和武器装备的发展而不断变化。例如，由于飞机和航空技术的发展，由陆海平面战场发展为陆、海、空三位一体的立体战场；由于航天技术的发展，又由陆、海、空战场发展为陆、海、空、天四位一体的战场；由于信息技术的发展，现代战场又由陆、海、空、天战场发展为陆、海、空、天、电等多维空间一体的战场。信息化战争战场呈现出大纵深、高立体、全方位的特征，除了传统的陆、海、空、天战场不断扩大外，还将会出现由网络战场、数字化战场、虚拟战场等组成的信息空间的新战场。电磁空间是信息空间的重要组成部分，电磁战场被称为继陆、海、空、天之后的"第五维战场"，是信息化战争的重要作战空间，电磁空间的电子战将会成为"兵马未动，电子战先行"的作战首选行动。美军前参谋长联席会议主席托马斯·穆勒曾预言："如果发生第三次世界大战，获胜者必将是最善于控制和运用电磁频谱的一方。"网络空间是人类进入信息社会的必然产物，计算机和计算机网络技术的发展使得网络空间也成为信息化战争的主要战场。在科索沃战争中"黑客"攻击白宫的网络服务器并使之瘫痪数小时；北约空袭南联盟后，北约总部的网站每天收到数以万计的电子邮件携带病毒的攻击。心理是控制和决定人的行为的重要因素，现代信息化战争不断向人的心理空间延伸，非常重视打心理战，特别是决策者的思维空间是信息化战争的重要作战空间。在伊拉克战争中，美军成功实施了心理战，在巴格达战役中，相当数量的伊拉克高级军官被美军策反或重金收买，导致共和国卫队瓦解，美英联军轻易攻下巴格达，进而取得了战争的全面胜利。战争的实践表明，心理空间已经作为信息化战争作战空间的重要组成部分，显示出了其巨大作用。

（六）作战形式非接触非线式化

作战形式非接触非线式化是信息化战争的一个鲜明特征。在全方位、多层次、全时空的情报、侦察和监视网络的支持下，整个战场甚至全球都是"透明"的，信息化战争使用的大量精确制导武器，使各种作战行动的精确化程度越来越高。再加上信息化技术条件下，各种武器装备的打击距离和范围急剧扩大，使战争的非接触作战方式成为可能。传统战争的火炮只能打击几十千米的距离，飞机的作战半径也不过数百千米至一千多千米，信息化条件下，飞机可以跨越数千千米越洋远程奔袭，导弹、火炮的射程也大幅提升。在 2001 年 10 月开始的阿富汗战争中，美军从距离阿富汗 5 000 千米外的迪戈加西亚基地，使用 B－52 和 B－1B 轰炸机远程奔袭阿富汗，B－2 轰炸机甚至从美国本土起飞实施作战。这种以信息技术为核心的高技术武器装备打击距离远、精确度高、作战平台远程机动能力强，再加上 C⁴ISR 系统的高度一体化指挥控制，使得敌对双方在不接触的情况下，利用信息系统和远程作战武器在防区外就可以实施打击，并在短时间内达成作战目的。信息化战争具有明显的非接触的特征，在 1999 年的科索沃战争中，美军之所以能实现零伤亡，实际上是非接触作战的结果。

在信息化战争中，由于兵力兵器分布在陆、海、空、天的广阔战场上，由信息网络联为一体，精选目标、远距离打击，打击的目标覆盖敌方全纵深，这就使得战场的界限不明显，没有明显的前线和后方，并像以往战争那样划出清晰的战线，作战空间、作战形式呈现出非线性特征。非线式作战是远程精确打击、非接触作战的必然结果，是信息化战争所表现出的一种客观形态。

信息化战争中的非接触非线式作战与机械化时代的战争重点不同。机械化战争时期战争重点在于消灭敌人有生力量，采取集中重兵、前沿突破、梯次攻击、逐步推进的作战程序和"节节抵御"的防御方式。而非接触、非线式战争则着重于使敌方作战体系瘫痪。非接触非线式作战精心选择支撑敌方作战体系的"节点"进行打击，主要特征是"全纵深展开、多方向多手段实施、远程攻击、精确打击"，具有全纵深作战、震慑力大、易攻难守、攻主动防被动、伤亡代价小等优点。这种作战形式是指挥人员依靠天空和太空等远距离侦察信息系统和远程作战武器，在遥远的战场之外指挥控制战争，利用远程航空兵和巡航导弹部队为作战的主体力量，对敌方军事指挥控制系统及政治经济等目标进行打击。海湾战争、科索沃战争都是以远距离空中打击为主要作战手段，是真正的非接触、非线式作战的典范。

（七）作战力量一体化

在传统的机械化战争中，作战力量主要由陆海空军和导弹部队组成，作战基本以军种为单位进行，虽有各军兵种的协同作战，但战争中的各军兵种还是在各自的阵地上各自指挥并单独作战。到了信息时代，信息技术的发展和应用日益把各个作战单位和系统联为一个整体，信息时代战争的突出特征就是作战力量的整体化和一体化。"一体化"就是通过信息化、网络化把人的智能、软杀伤和硬打击融为一体，就是在战争中利用信息技术把作战力量的各个部分、各个层次、各种要素快速、便捷、高效地连成一体，使作战力量成为一体化的整体对抗力量与敌作战，从而决定战争的胜负。因此未来的作战不是单个作战兵器的对抗，也不是作战单元与单元的对抗，而是将各种作战兵器、各种作战单元、各种作战要素综合为一体的体系对抗。作战力量的大小，不再由数量的多少、作战能力的强弱和人员、武器数量决定，而是以高技术的武器装备同高素质的战斗人员相结合所发挥出来的最大效能论高低。信息技术条件下一体化作战的特征有五点：一是作战的决策指挥和战略、战役、战术行动高度融合；二是人与武器装备的结合空前紧密；三是战斗部队、支援部队、勤务保障部队紧密合成、协调行动；四是诸军兵种高度合成、联合作战；五是指挥、控制、通信、计算机、情报和侦察、监视、杀伤紧密结合成 C^4KISR 系统。

信息化战争就是把信息技术、武器装备、情报侦察、指挥控制、后勤保障等形成一体化作战体系。在信息化战争中，作战力量将由战场感知系统、网络通信系统、指挥控制系统、打击系统、支援保障系统五大分系统构成，这五大分系统是根据不同的作战任务，按照五个大系统的要求，进行模块化编组，形成高效、精干的整体力量进行作战，这就打破了军种的界限。

在信息化条件下，只有一体化的联合作战，才能实现各军兵种功能上的优势互补，形成最大的整体合力。一方面是军政军民一体化。军事斗争与政治、经济、外交战线上的斗争相结合。另一方面是主要作战力量的一体化，将参战的诸军兵种的力量通过信息网络和指挥控制系统有机结合，各模块系统合理编组作战军团、兵团或联合部队，构成诸军兵种一体化力量结构体系。在一体化作战力量中，军种参战力量都只是联合作战的一部分，任何一个军种或兵种单元都难以单独发挥作用，只有大联合和深度联合才能形成强大而有效的战斗力。还有各种作战行动的一体化，战略、战役、战术多层次作战行动融为一体，非接触、非线式、非对称作战行动融为一体，信息战、网络战、心理战融为一体，"硬打击"与"软杀伤"相结合，火力打击和特种作战相结合，全纵深立体作战与精确打击相结合，构成多元一体的作战行动体系结构。

目前，世界各国中，军队信息化程度最高的是美国。美国不仅是世界上最早开始军队信息化建设的国家，而且在数次战争中进行了信息化战争的实践，获得了大量实践经验和科学数据，美军正致力于建设"全球信息栅格"（GIG），计划将上百万个节点连接成网，实现从传感器到射手、从军事统帅到散兵坑的"无缝信息链接"，并强调运用"网络中心战"，将以武器平台为中心的联合作战发展为以信息网络为中心的一体化作战。

二、信息化战争的发展趋势

信息化战争的发展趋势会随着信息化技术的发展和武器装备的进步继续发生变化。从信息化战争近几十年的发展来看，其主要的发展趋势有：

（一）信息优势成为战争胜负的重要因素

信息化战争与以往战争最大的不同点，就在于信息的地位和作用发生了变化。信息作为一种新型资源，改变了物质和能量的作用方式，进而改变了作战制胜机理，无可争议地成为生成战斗力的新的主导资源。随着信息化社会的发展，信息作为战略资源的地位将更高，信息技术将愈加主导政治、经济、金融、环境、文化、生活、生产等所有领域，围绕信息资源获取和占领信息优势高地的竞争将愈演愈烈。在军事领域，各国将加大信息化军队建设的力度和速度，不断革新军队的武器装备、军事理论、编制体制、人员培训等，尽量拉大本国与他国军队信息化能力的距离。黑客部队、天军、网军、机器人军团、世界舰队、太空星军、斩首部队、媒体部队、隐身部队、精细手术刀部队、机器昆虫等新型部队将层出不穷，迷你型、全能型、智能型等信息化部队不断创新。现在，世界各主要国家在信息技术和信息力量建设方面的竞争日益白热化。

（二）人类的战争能力不断提升

科学技术的每次进步都使人类的战争能力大大提升。从冷兵器时代的身体接触式的面对面作战到热兵器时代的远距离狙杀，人类的战争能力已经大为提高。到了信息技术时代，人类的战争能力更是发生了划时代的变化。一是战场感知能力的提升。传统战争中，人类的战场感知能力只能借助雷达和望远镜，感知能力虽然已经大为提高了，但仍然有限。21世纪以来，借助雷达、声呐、传感器、飞机、卫星以及观瞄仪、测距仪、夜视仪、火控雷达等技术和平台，人类的战场感知能力实现了一次飞跃。到了信息化时代，人类的战场感知能力还会继续提高，从声频、电频到光频，从水下、地面到太空的全频谱、全方位、全时空的侦查体系将会出现在战场上，各种作战目标的形状和变化无不处在严密的监控之中。对于处于信息优势的一方，战场将更为透明。这也是世界各国纷纷竞争信息优势的重要原因。二是战场反应速度更快。由于现代信息技术的应用，各军兵种各种武器装备都被联为一体，从发现目标、跟踪目标、计算射击诸元，到气象修正、偏差修正和最终发射，信息化装备的这些方面都实现了一体化、电子化和自动化，射击准备时间已经缩短到几十秒到几秒。信息化技术条件下的指挥控制自动化系统实现了情报、通信、指挥、控制、兵器和信息处理的一体化，构成了数字化的战场，战争系统的整个反应速度都加快了。据悉，一个由计算机控制的火炮系统，对同时发现的不同方向的30多个目标，只需90多秒的时间就能将其全部摧毁，比15年前的战场反应时间缩短了两个多小时。三是精确打击能力不断增强。在"二战"时期，飞机投掷炸弹的误差达到几百米甚至几千米。随着现代信息技术的发展，信息化战争中的精确打击能力将不断增强，导弹和精确制导武器成为战场攻击武器的主角。从过去几年几场现代战争的实践来看，现代突击兵器的命中率都在80%以上。到伊拉克战争时，飞机投掷炸弹的误差已经缩小到了几米的范围内。由于信息技术的支持，目标的识别、选定和摧毁将更加精准，打击误差可能缩小到厘米，甚至更小。例如，在海湾战争中，美国一枚"撕拉姆"空地导弹从90千米以外攻击伊拉克的一个发电厂，第一枚导弹在外墙上打了一个洞，第二枚导弹则从这个洞口飞进去，摧毁了内部的设施。现代信息技术的应用，已经可以使人们可能对上万千米外的一台电脑、一部手机、一名将军、一只侦察苍蝇或者某个士兵的眼睛实施精确打击。而且精确打击不仅限于物质层面，还将涉及人的精神、心理层面，将可以对某个人或某些具有共同特性的群体实施定性、定量、精微准确的心理突击和精神手术。四是在作战空间和作战时间持续延伸。现代信息技术的应用使得现代信息化装备的打击能力和范围大大延伸，导致了信息技术条件下战争的时空得到了延伸。目前，人类的战场已经延伸到了陆、海、空、天以及电磁空间，作战时间也得到了延伸。从世纪初的几场战争实践来看，现代战争无一不是光电、磁、声交织，陆、海、空、天融合的多维战场，人类战场已经延伸到了无限浩渺的太空，充分体现了信息化战争的空间和时间的延伸。五是作战效能持续提高。信息化技术的应用，使得当今时代武器弹药的准确率大为提高，威力成倍增长，从而使得作战效能不断提高。在"二战"时数千架次的飞机才能摧毁的一个铁路枢纽，今天几枚激光制导炸弹就可以了。越南战争中，越南的一座桥梁，被美军用600多架次飞机加上200多吨普通炸弹都未能炸毁，而换成激光制导炸弹后只需12架次飞机就能被摧毁。随着信息技术的发展，战场的作战效能还会继续提高。信息技术将使战争要素得到最优化组合，战争力量将在最关键的地点、时机、方向上，以最佳的攻击手段、攻击强度和最小的损耗，对与政治目标最密切关联的关键目标实行精确、集中、有效的打击，从而产生非常高的战场效能。正是信息技术的发展使得信息化战争手段多元化、空间多维化、行动一体化，提高了战争能量释放的针对性和一致性，增加了战争能量释放的通道，减少了无效释放，大大提高了战争效能，达到了一种战争能量在极短时间内集中，有效地流向最关键、最重要空间的战场境界。

（三）新概念武器大量使用，毁灭性武器高技术化

新概念武器是指以新的毁伤机理为目的，以高新科技手段和信息技术为依托设计的不同于传统武器的全新作战单元。这些新概念武器具有与其他武器完全不同的杀伤和破坏机理。它不以大规模杀伤对方人员的生命为目标，而是通过使对方的作战人员和武器装备丧失作战功能，或通过改变敌国的生态和自然环境来达

成战争目的。新概念武器包括定向能武器、动能武器和军用机器人。目前比较有代表性的新概念武器有定向高能粒子武器、动能电磁武器、微机电纳米武器和机器人等。随着科学技术的进一步发展，大量新概念武器会不断出现并应用于战争。

新概念武器中具有大面积破坏与毁伤效果的主要有次声波武器、电磁脉冲武器、激光武器和气象武器等。次声波武器是指能发射 20 赫兹以下的次声波的大功率武器装置。声波是机械纵波，它可以在固体、液体和气体中传播，并且可以穿透 10 多米厚的钢筋混凝土，与人体器官的共振会导致器官变形、移位甚至破裂，从而达到杀伤目的。次声波武器具有洲际传送能力，其作用范围极广。电磁脉冲武器主要包括核电磁脉冲弹和非核电磁脉冲弹。非核电磁脉冲弹是利用炸药爆炸压缩磁通量的方法产生高功率微波的电磁脉冲武器。核电磁脉冲弹是一种以增强电磁脉冲效应为主要特征的新型核武器，被称为"第二原子弹"。电磁脉冲武器主要对电子信息系统及指挥控制系统及网络等构成极大威胁。在高空施放的电磁脉冲弹可以在瞬间令大范围的电子设备丧失功能。激光武器是用高能的激光对远距离的目标进行精确射击或用于防御导弹等的武器，分为战术激光武器和战略激光武器。激光武器具有快速、灵活、精确和抗电磁干扰等优异性能，还具有价格低廉的优势，在防空拦截中，一枚"爱国者"导弹要数十万美元，而发射一次激光只需要数千美元甚至数百美元。激光武器可以切割敌对国上空的一块臭氧层，引发大面积的温室效应，也可以直接攻击飞机、瘫痪军舰，在光电对抗、防空和战略防御中可发挥独特作用。激光武器的缺点是不能全天候作战，受限于大雾、大雪、大雨等天气状况，且激光发射系统属精密光学系统，也严重受大气的影响。气象武器可造成大面积的洪涝灾害、地震和火山爆发等。新概念武器的发展前景广阔，其大规模的运用将使未来的信息化战争具有亚核战争的效果。

另外，在信息技术条件下，由于科学技术的进步和应用，大面积毁灭性武器经过高技术手段改造，作战意图更明显，针对性更强。如核武器中的三相弹就是经过高技术改造的氢弹。普通氢弹是在原子弹的基础上，外面包一层热核材料（氘、氚），由裂变反应放出热量导致聚变反应，进而释放出更多的能量。因为它是通过重核裂变触发轻核聚变，所以，在物理学上又将氢弹称为双相弹。三相弹是在普通氢弹外再包一层贫铀（铀238）材料。三相弹的核变原理是核裂变—核聚变—核裂变三个过程，所以叫三相弹。它使普通双相弹的威力得到了成倍提高。

新概念武器的大量使用和毁灭性武器的高技术化会改变双方力量对比，使战争突破传统战法，影响战争进程，并决定战争胜负。

（四）军队向小型化、一体化和智能化发展

军队是进行战争的主要力量，它的组织结构和编制体制是随着军事技术、武器装备和作战理论的发展而不断发展的。自从世界上出现战争以来，军队的组织结构和编制体制经历了一个从简单到复杂、从粗放到精密的发展过程，也就是从农业时代的步兵、车兵、骑兵和水兵发展到现在的陆、海、空三军合成化军队。在人类社会由工业时代向信息时代发展的过程中，伴随着信息技术发展和军事变革的步伐，军队将向小型化、一体化和智能化方向发展。

1. 军队的规模将加速小型化

在冷兵器战争和机械化战争中，由于受到武器装备和军队作战能力的限制，军队规模成为制胜的关键因素，"韩信点兵，多多益善"是冷兵器时代战场用兵的首选原则。到了工业化社会，坦克、装甲车、飞机的大量使用，虽然改变了战场作战的方式，但单兵操控的兵器数量依然有限，军队规模和武器数量依然是战场决胜的关键。在未来信息化战争中，信息化武器装备的广泛使用将极大地提高军队的合成化程度和作战能力，再加上大量无人机、无人坦克等的使用，使得未来战争中军队的规模向小型化方向发展，特别是战场上的人员大量减少，未来可能会出现无人战场。所以，未来的信息化军队在组织体制上将向两个方面发展：一方面，军队的总体规模将大幅度缩小。目前，世界各主要军事强国都在裁减军队员额，压缩军队规模，以提高军队质量和信息化水平。美国军队已从20世纪90年代初期的200万人减少到现在的138万人左右，俄罗斯军队也从原来的280万人减少到现在的70万人左右。另一方面，作战部队的建制规模将更加小型灵巧。传统的方面军、集团军、军等战略和战役军团将被按照作战职能编成的小型作战群，或者能够同时在陆、海、空、天等多维空间遂行作战任务的一体化小型作战联合体所取代。

2. 军队的编成将高度一体化

在农业时代，军队根据作战的需要和运输工具的不同编成步兵、车兵、骑兵和水兵，各兵种之间以军阵的方式互相配合，协同非常简单。在工业时代，军队主要按照作战空间和作战职能进行编制，形成陆、海、空三军三足鼎立的军种体制，军种内又分若干兵种。由于兵种不断增多，军种内部组织结构和相互关系日趋复杂，各军种之间以及军种内部各兵种之间的协同变得非常复杂和困难，成为制约军队整体作战能力的瓶颈。进入信息时代，军队编成将根据系统集成的思想，建立"超联合"的一体化作战部队。这种"超联合"的部队打破了传统的军种体制，在一个作战单元内包含负责侦察监视、指挥控制、精确打击和支援保障等系统作战职能的人员和设备，并构成一体化作战系统。按照这个思路构建起来的信息化军队，将使各种作战力量真正实现相互融合，从而能够实施真正意义上"超联合"的一体化作战。

3. 军队的指挥和作战手段的高度智能化

不同于农业时代击鼓鸣金的指挥、人工的信息传递方式和冷兵器搏杀的作战手段，也不同于工业时代金字塔式复杂的指挥机构、从手工化到自动化的信息获取、传递方式和机械化装备直接对抗的作战方式，在信息时代，军队的指挥和作战手段将高度智能化。计算机技术是作战指挥智能化的基础，随着计算机技术的发展，未来的计算机将从今天的代替和延伸人手的功能向代替和延伸人脑的功能转化，能够对获取的信息进行存储和运算，并能够进行推理和判断，为战场的指挥和控制提供更先进的智能化手段，实现战场指挥控制的智能化。另外，越来越多的无人机、无人坦克、战场机器人等智能化装备和弹药投入战场，使未来战争的作战手段也越来越智能化。

（五）对抗空间从低维向高维转移，太空争夺将空前激烈

在农业时代的冷兵器战争中，由于受武器装备和交通运输工具的限制，作战行动主要是在陆地上进行。战争双方争夺的焦点是地理上的制高点和具有战略意义的要地，如山头、交通要道和城镇等。到了工业时代，战争实现了机械化，枪炮、导弹等热兵器和汽车、火车、军舰、飞机等运输工具的发明和发展并且大规模运用于作战，作战行动从陆地扩展到海洋和天空，交战双方争夺的焦点也从陆上逐渐转移到海上和空中，夺取并且有效保持制空权和制海权不仅关系战场和作战行动的主动与否，更是关系战争的胜败。

在信息时代，随着信息网络的普及和信息系统以及信息化武器装备的广泛使用，信息逐渐成为战争制胜的第一要素，因此，作战行动将围绕信息的获取权、控制权和使用权而展开和进行。此外，随着航天技术的飞速发展，太空信息系统已经成为整个信息网络的重要组成部分，信息的获取、传递和预处理都离不开卫星等天基信息设备。因此，在未来信息化战争中，交战双方争夺的焦点将向外层空间和信息空间转移，能否夺取并且有效保持制天权和制信息权将成为战争胜败的关键。由此可见，随着人类活动的领域从陆地扩展到海洋，再扩展到空中，并且进一步向外层空间和电磁空间扩展，战争活动的焦点也相应地从陆上、海上等低维空间向空中、太空和电磁空间以及心理空间等高维空间转移。

随着航空航天技术和信息技术的飞速发展，人类进入太空早已成为现实。太空探测、太空通信、太空导航和定位已经在战争中发挥了极为重要的作用。战争实践证明，占据太空这个制高点，将获得巨大的优势和利益，它可以不受国界、地理和气象条件的限制，实现全球实时探测、预警，进行高质量的远程洲际通

信，实现远程精确作战。进入 21 世纪以来，太空已经成为各主要国家竞争的重要空间，随着太空作战武器装备的不断发展和太空作战能力的不断增强，美、俄等主要军事国家都在研究和实践太空信息作战、太空反卫星作战和太空反导作战以及攻击大气层内目标等主要的太空作战方式。一方面大力发展和部署用于太空作战的武器系统，如美、俄正在竞相研制和开发的动能反卫星系统、激光反卫星系统、机载反导弹和反卫星系统等陆基、空基和天基武器，并加紧研制空间作战飞行器和空天飞机等空间武器平台。另一方面，加快太空战场建设，组建太空部队。美国前总统小布什提出的导弹防御系统的真正目的就是建立太空战场，美国还在阻止其他国家发射卫星的同时，加快本国卫星的发射速度，力图尽快建立庞大的太空侦察和作战系统，并开始组建用于空间攻击和控制的"天军"。俄罗斯也于 21 世纪初组建了独立兵种——航空兵，专门执行太空作战任务。美、俄还加强太空作战理论研究，为即将到来的太空作战作战争理论准备。

（六）非军事因素对战争的影响更加直接

信息化战争的感知系统、指挥控制系统和武器系统、保障系统等都是基于高技术装备而建设，随着信息化战争的发展，信息化战争对科技实力和经济实力的依赖大为增加，信息化武器的研制、生产、维护、使用都离不开科技力量和经济力量的支撑。另外，信息化武器装备的高技术含量，无疑提高了信息化装备对人才的要求，信息化战争也大大增强了对整个国家的教育水平和实力的依赖。在信息化战争中，高素质人才的培训、昂贵设备的购置和较长的研究周期，都需要耗费巨资。而科研成果产业化的投资比研究开发投资还要高出数倍甚至数十倍。再者，由于信息技术更新换代很快，与机械化战争相比，信息化战争中武器装备的使用周期大为缩短，一款信息化武器投入使用后不久可能就面临升级或更新换代的问题，而武器的升级改造和更新换代都要耗费大量资源。信息技术发展越快，武器装备的升级改造和更新换代就越快，信息化战争对经济科技的依赖性也就越强，非军事因素对战争的影响也会更加直接。

（七）战争的不对称表现更具多样性

不对称作战是指用不对称手段、不对等力量和非常规方法所进行的作战。虽然大家对不对称战争的理解不同，但简单来说，不对称战争就是实力悬殊的战争，它是一种自古以来就有的战争类型，并非现代战争的产物。但从农业社会到工业时代，战争的不对称主要表现为军队的规模及武器装备的优劣，到了今天，"不对称"的含义有了很大的变化。

现代战争中的"不对称"概念是由美军首先提出来的，仔细研究美军的相关文件，我们会发现美军所谓的"不对称"其实是从美军利益出发的，而不是真正的不对称。美军在《2020年联合构想》中指出："今天，我们拥有无可匹敌的常规作战能力和有效的核威慑能力，但这种有利的军事力量对比不是一成不变的。面对如此强大的力量，潜在对手会越来越寻求诉诸不对称手段……发展利用美国潜在弱点的完全不同的战法。"美军所说的对手的"不对称手段"，指的是对手会着力发展大规模杀伤性武器、高技术武器和网络武器，而这些恰是美国都拥有的，对手拥有了这些武器应该是将战争变成了对称战争，而不是非对称，所以，我们认为美军说的"不对称"是从美国的利益出发的，而不是科学意义上的不对称。

21世纪以来，随着信息技术的发展，战争的不对称性表现在很多方面，包括战争目标、作战手段、作战方式、作战效果、作战主体和作战空间等方面的"不对称"。目前世界上拥有核武器的只有屈指可数的几个国家，有能力打高技术战争和信息化战争的国家也寥寥无几，再加上美国的军事高科技相对于其他国家处于遥遥领先的地位，这就注定了美国在战争体系、战争力量、战略资源、作战方式、军事理论和战争结局等方面均占有较大优势，这既与战争主体在政治、经济、军事、科技、文化、自然等各方面的差距有关，也与信息技术和信息化社会发展的特点有关。随着信息化战争的发展，战争的信息化特点将更加凸显，其表现为不仅战争的对抗途径越来越多，作战手段越来越丰富，而且战争的不对称性也会继续存在，并且更具多样性。

》》 第三节　信息化战争与国防建设 《《

信息技术的迅猛发展和在军事领域的广泛应用，对各国的国防和军队建设提出了新的问题和新的挑战。因此，深入研究和探讨信息化战争对国防和军队建设的要求，迎接信息化带来的挑战，对我们树立打赢信息化战争的信心尤为重要。

一、信息化条件下国防和军队建设的新战略、新思路

中国是爱好和平的国家，坚持独立自主的和平外交政策，坚定不移走和平发展的道路，奉行积极防御的国防政策，呼吁全世界打造人类命运共同体。但世界并不太平，尤其中国的发展和强大引起一些国家的不安，中国周边安全形势严峻。历史实践证明，军事斗争准备是维护和平、遏制危机、打赢战争的重要保证。习近平总书记指出："能战方能止战，准备打才可能不必打，越不能打越可能挨打，这就是战争与和平的辩证法。"军事力量是维护国家安全的保底手段。在信息化条件下，我们只有适应新形势、积极应对新挑战才能实现国防和军队的

现代化、信息化，有力地维护国家安全和世界和平。

在军队建设发展战略上，习总书记指出："要紧密结合军队面临的形势任务和工作实际，深入贯彻新发展理念，努力实现更高质量、更高效益、更可持续的发展。"习总书记要求在国防和军队建设的标准上要更加注重聚焦实战，坚持战斗力这个唯一的根本标准，在思路上要更加注重创新驱动，在建设重点上要更加注重体系建设，牢固确立信息主导、体系建设的思想，使全军各项建设和工作向实现建设信息化军队、打赢信息化战争的战略目标聚焦，向实施信息化条件下联合作战的要求聚焦，向形成基于信息系统的体系作战能力聚焦，全面提升我军体系作战能力。在国防和军队建设目标上，习总书记强调要根据战争形态演变和国家安全形势，将军事斗争准备基点放在打赢信息化局部战争上。习总书记认为武器装备是军队现代化的重要标志，必须坚持信息主导、体系建设，坚持自主创新、持续发展，坚持统筹兼顾、突出重点，加快构建适应信息化战争和履行使命要求的武器装备体系。习总书记还指出，搞现代化建设、抓军事斗争准备，最核心的问题是人才。要大力实施人才战略工程，特别要把联合作战指挥人才、新型作战力量人才的培养作为重中之重。为了适应新形势，建设现代化国防，党中央还实施了改革强军战略，积极推进领导掌握部队和高效指挥部队的有机统一，调整军委总部体制，由四总部改为十五个职能部门，将七大军区调整划设为五大战区，组建陆军领导机构，成立火箭军，构建军委—战区—部队的作战指挥体系和军委—军种—部队的领导管理体系。中央着眼于打造精锐作战力量，推动我军由数量规模型向质量效能型转变，按照精简高效的原则，裁减军队员额 30 万，使部队编成向充实、合成、多能、灵活方向发展。另外，军队越是现代化，越是信息化，越是要法治化。随着信息网络时代的发展，战争过程日益科学化，军队建设、管理和作战行动更加强调标准化、规范化、精细化，现在，我军正在按照法治要求转变治军方式，全面推进依法治军，加强军队科学管理，把严格管理和科学管理统一起来，向管理要效率、要战斗力。

二、加快国防和军队的信息化建设

（一）确立信息化的思维观念

打赢信息化战争，不仅要发展信息化武器装备，更要适应信息时代的要求，实现思想观念的先期转型，确立信息化的思维观念。2014 年 8 月，在中央政治局集体学习时，习近平总书记指出，军事创新需要我们的思想观念有一个大的解放，勇于改变机械化战争的思维定式，树立信息化战争的思想观念。一方面，确立信息主导思想，构建信息主导观及信息化战争的理论。理论是实践经验的总结，也是后来行动的先导。信息化军队的建设有赖于信息化战争理论的指引。当前我军的现代化建设正处在由机械化向信息化过渡的重要历史时期，我们必须总结机械化战争的经验，深入思考信息化战争的特点和趋势，实现由工业时代的机械化战争理论向信息化战争理论的转变，构建具有我军特色的信息化战争理论。另一方面，树立"系统集成观念"。习总书记在2014年8月中央政治局集体学习时还指出，要改变单一军种作战的思维定式，树立诸军兵种一体化联合作战的思想观念；在信息化时代，国防和军队建设的各部分、各环节不是孤立的，而是环环相扣、整体联动的，只有部分军兵种实现信息化，是不可能发挥应有作用的。这就要求用大系统的观念来筹划军队建设，武器装备的研发和运行要实现"横向技术一体化"，建立数字化战场和数字化部队，作战力量使用上强调作战空间预警、指挥控制自动化和精确使用作战武器。另外，还要树立虚拟实践观。虚拟实践就是利用计算机和网络技术，创造一种"人工合成环境"，在虚拟环境中进行虚拟实践和作战模拟，可以使人们面向未来，在实验室里"推演"战争，发现问题和不足，总结现代战争的经验和规律。过去，军队建设都是在总结战争经验的基础上得出理性的规律，上升为理论，用以指导军队建设。近代中国，由于外来侵略等原因，我们有着丰富的反侵略斗争的经验和军事理论总结。然而，最近几十年我军缺少战争实践经验，有西方军方人士认为，我国军事力量和美军的差距之一就在于缺少现代战争的经验。因此，虚拟实践的观念对于我军迅速取得和总结信息化战争的经验，提高信息化条件下的战斗力至为重要。

在信息化条件下，信息化战争同传统的机械化战争相比，在战争目的、战争方式、战争空间、战争层次、战争形式、战争进程等方面都发生了巨大变化，这也要求我们必须改变传统的思维方式，确立信息化的思维观念，对信息化战争理论作全方位的深入思考，注重信息化战争基础理论的研究，结合我军特色构建信息化战争理论体系，为提高我军信息化水平提供理论支持。

（二）加强国防信息基础设施建设

在信息时代，由于信息技术的广泛应用，国家的信息基础设施建设已经成为构成国家战略能力的重要组成部分。国家战略能力既是国家在非战争状态下，营造和形成有利的安全战略态势的能力，也是指国家在战争状态下进行战争、赢得战争或应对突发事件时，所能调动的各种力量的总称。国家战略能力本质上是科学地运用国力的艺术。在信息时代，信息的获取和利用已经成为国家战略能力的体现，信息基础设施已经成为信息化战争的"神经中枢"，成为赢得信息化战争的必备条件。由于受市场经济的外力牵引和信息技术的内力驱动，我国的信息基础设施建设取得了长足的发展。截至2006年，我国光纤光缆产销已经达到

2 000 万芯公里。截至 2015 年，我国光缆线路长度达到 2 486 万余公里，长途光缆线路长度达到 96 万余公里，互联网用户达到数亿。我国在交通、金融和通信等主要行业的信息化水平已经达到或接近发达国家的水平。目前，据估计，我国已经发射民用卫星 100 余颗，基本形成了覆盖全球的卫星网络，特别是北斗卫星系统的建成，以及天宫系列飞行器和神舟系列飞船的发射和交会对接成功，表明我国在信息化基础设施建设上已经取得了巨大的成就。我军的信息化基础设施建设完全可以依托国家现有的基础，利用国家信息基础实施发展快、规模大、覆盖广、功能完善和技术先进的优势，实现跨越式发展，尽快缩短与发达国家军队在信息化方面的差距。

（三）着力发展信息化武器装备

2014 年 12 月的全军装备工作会议上，习近平总书记指出，武器装备是军队现代化的重要标志，是国家安全和民族复兴的重要支撑。建设一支掌握先进装备的人民军队，是我们党孜孜以求的目标。在战争制胜问题上，人是决定因素。同时也要看到，随着军事技术不断发展，装备因素的重要性在上升，人的因素与装备因素结合得越来越紧密，人与装备已经高度一体化，重视装备因素也就是重视人的因素。因此在信息化时代，建设一支现代化的军队必须大力发展信息化武器装备。

信息化武器装备是指利用信息技术和计算机技术，使武器装备在探测预警、情报侦察、精确制导、火力打击、指挥控制、通信联络和战场管理等方面实现信息采集、处理、传输和显示的网络化、自动化和实时化。信息技术的发展和信息化社会的发展趋势要求军队建设由机械化向信息化转变，推动各国将军队建设围绕信息化建设的总目标，将建设重点调整到以信息化建设为核心的轨道上来，加快信息化武器装备的研发和服役，加大现有装备的信息化改造力度，实现各军兵种装备的横向技术一体化，着力提高体系战斗力，搞好装备保障体系的信息化、智能化建设。目前，我国尚处于机械化向信息化转变的历史时期，武器装备的信息化水平还不高，信息化的道路尚任重道远。

（四）培养信息化战争的后备人才和后备力量

信息化战争是高度智能化的战争。在信息化战争中，武器装备的信息化当然至关重要，但人才的培养也不容忽视。习总书记就指出，搞现代化建设，抓军事斗争准备，打赢信息化战争，最核心的问题是人才。因此，我们要紧紧抓住人才强国战略，加紧培养信息化战争所需的关键人才，包括军事指挥人才、信息网络管理人才，也包括高层次的科技人才。我们应该树立新型军事人才致胜的理念，确立新型军事人才素质要求，改进新型军事人才的培养模式，充分发挥院校的主渠道作用，利用演习的实战平台，开拓多元培养途径，努力培养战场需要的高素质的综合性军事人才，满足现代信息化战争的需要。

后备力量建设是国防和军队建设中一个不可忽视的重要问题，是维护国家安全和赢得未来战争胜利不可或缺的重要力量。面对世界新军事变革和我军的跨越式发展，加快后备力量建设势在必行。

在信息化条件下，要充分利用新军事革命的成果，将信息化带来的新观念、新技术、新方式方法融入、嵌入后备力量的建设之中，加快后备力量的信息化建设，构建一支结构优化、布局合理、编制科学、规模适度、科技密集、素质优良、指挥灵便、可靠管用，具备快速动员、遂行各种保障的能力和适应信息化战争的新型后备力量。只有这样，才能满足信息化条件下战争动员的需要。虽然现在我国并没有迫在眉睫的战争，但维护国家权益和实现祖国统一的任务艰巨。因此，我们要按照实行"三结合"武装力量体制的要求，既要大力加强常备军的革命化、现代化、正规化建设，又要高度重视后备力量建设。在后备力量建设上，应遵循质量为主、合理够用的原则，加大质量建设的力度，压缩数量规模，加强高新技术军兵种的后备力量建设，以适应信息化条件下战争的需要。

【思考题】

1. 信息化战争作战力量的发展趋势如何？
2. 信息化战争的基本作战样式有哪些？
3. 信息化战争有哪些主要特征？
4. 信息化条件下军队建设的发展趋势如何？

第六章 轻武器与射击学理

轻武器是我军最常用的单兵武器，轻武器射击是最基本的军事技能。目前我军装备的轻武器主要有 81 式班用枪族、95 式步枪、64 式手枪等。本章重点介绍武器的基本常识、简易射击学理、射击动作和方法以及实弹射击等内容。

》》》 第一节 轻武器常识 《《《

一、81-1式自动步枪

（一）战斗性能和主要诸元

1. 战斗性能

81-1 式自动步枪与 81 式轻机枪组成班用枪族，活动机件和弹匣、弹盒可以互换，并能发射枪榴弹，使射手具有全面杀伤和反装甲的能力，是近战中消灭敌人有生力量的自动武器和步兵分队反装甲目标的辅助武器。对单个目标在 400 米内射击效果最好，集中火力可射击 500 米内敌人的飞机、伞兵以及集团目标，在 290 米内使用枪榴弹可杀伤敌有生力量和击毁敌装甲目标。

射击方法：可实施短点射（2～5 发）、长点射（6～10 发）和单发射。

战斗射速：点射每分钟 90～110 发，单发射每分钟 40 发。

理论射速：每分钟 680～750 发。

2. 主要诸元

口径	7.62 毫米
枪全重	3.5 千克
枪全长	1.105 米
不装刺刀	0.995 米
枪托折叠状态	0.730 米
普通弹的初速	710 米/秒

弹头最大飞行距离　　　　约 2 000 米

（二）各部机件的名称和用途

1. 各部机件的名称和用途

自动步枪由刺刀（匕首）、枪管、瞄准具、活塞及调节塞、机匣、枪机、复进机、击发机、弹匣和枪托十大部机件组成（见图 6－1），另有一套附品。

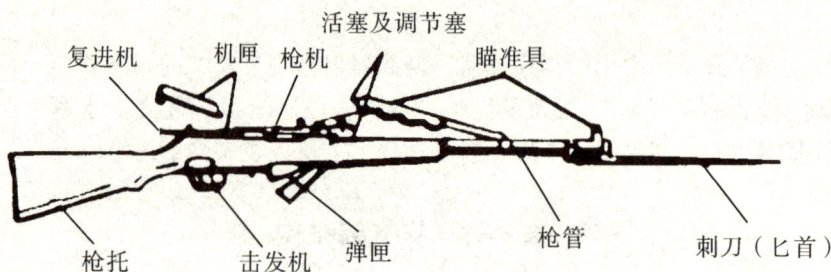

图 6－1　半自动步枪的大部机件

（1）刺刀（匕首）。

刺刀（匕首）用来刺杀敌人。刺刀上有刺刀柄、连接环、限制凸笋及卡笋，平时作匕首用，并装入刀鞘中。战时结合在枪上。

（2）枪管。

枪管用以赋予弹头及枪榴弹飞行方向。

枪管内是枪膛，枪膛分为弹膛和线膛。弹膛用以容纳子弹，线膛能使弹头在前进时旋转运动，以保持飞行的稳定性。线膛有四条右旋膛线（阴膛线），两条膛线间的凸起部分叫阳膛线，两条相对的阳膛线间的距离是枪口径。

枪管前端有枪榴弹发射具。发射具前端下方有凹槽，用以限制刺刀的安装位置。枪管外有导气箍，用以引导火药气体冲击活塞。导气箍上刻有"0" "1" "2"的数字，用以表示火药气体冲击活塞的大小。下护木，便于操作和携带。枪管外还有刺刀座和通条头槽。

（3）瞄准具。

瞄准具由表尺和准星组成，用以瞄准。表尺板上有缺口和护铁，缺口用以通视准星向目标瞄准，护铁用以保护缺口。表尺转轮，用以装定所需要的表尺分划和固定活塞护盖，转轮上刻有 0～5 的分划，0 分划用以分解结合，表尺分划为 1～5 码，每一分划相对应可命中目标中央距离为 100 米。表尺座侧面圆点为表尺定位点，用以指示所装定的分划。

准星可拧高、拧低，准星移动座可左右移动，准星移动座和准星座上各刻有一条刻线，用以检查准星位置是否正确。准星座上还有护圈。

（4）活塞及调节塞。

活塞及调节塞用以承受火药气体的压力，推压枪机向后。活塞簧用以使活塞回到前方位置。护盖上有上护木和活塞定位凸笋。导气箍上的"1""2"分别表示调节塞上的小孔和大孔，通常装定在"1"上，当武器过脏来不及擦拭或在严寒条件下射击时装定在"2"上。变换调节塞位置时可用弹壳底部卡入弹底槽。

当发射枪榴弹时，必须将调节塞转动到"0"的位置，以防损坏活动机件。

（5）机匣。

机匣用以容纳枪机、复进机，固定击发机和弹匣。机匣外有机匣盖，用以保护机匣内部免沾污垢。机匣外还有握把、扳机护圈和弹匣卡笋。

机匣内有闭锁卡槽，能保证枪机闭锁枪膛。枪机阻铁，当弹匣内无子弹时，能使枪机停在后方位置。凹槽用以容纳复进机导管座。拨壳凸笋用以拨出弹壳（子弹）。机匣下方还有弹匣结合口，用以结合弹匣。

（6）枪机。

枪机由机栓和机体组成，用以送弹、闭锁、击发和退壳，并能使击锤向后成待发状态。

机栓上有圆孔和导笋槽，用以容纳机体，并引导机体旋转形成闭锁和开锁。机栓上还有解脱凸笋、机柄和复进机巢。

机体上有：击针，用以撞击子弹底火；抓弹钩，用以从膛内抓出弹壳（子弹）。此外，还有导笋、送弹凸笋、闭锁凸笋和弹底巢。

（7）复进机。

复进机由导管、导杆、导管座、复进簧和支撑环组成，用以使枪机回到前方位置。导管座上有机匣盖卡笋。

（8）击发机。

击发机用以与枪机相互作用形成待发和击发。

击发机上有：击发控制机，能在枪机闭锁枪膛前防止击发；保险机，用以保险和控制单发射、连发射（"1""2""0"分别为单发射、连发射、保险）。此外，还有击发阻铁、单发阻铁、击锤和扳机。

（9）弹匣。

弹匣用以容纳和送子弹，可装30发子弹。弹匣由弹匣体、托弹钣、托弹钣簧、固定钣、弹匣盖组成。弹匣体上有凹槽和挂耳，用以将弹匣固定在枪上；检查孔，当看到子弹时，则表示子弹已装满。

（10）枪托。

枪托便于枪支的操作。

枪托由枪颈、托底钣、附品盒巢和枪托卡笋组成，平时成打开状态，必要时可折叠。

附品：用以分解结合、擦拭上油、携带和排除故障。附品包括擦拭杆、鬃刷、冲子、附品盒、通条、油壶、背带和弹匣袋。

（三）自动原理和分解结合

1. 半自动原理

扣扳机后，击锤打击击针，撞击子弹底火，点燃发射药，产生火药气体，推送弹头沿膛线向前运动；弹头经过导气孔，部分火药气体通过导气孔，涌入导气箍，冲击活塞，推动推杆，使枪机向后，压缩复进簧，完成开锁、抛壳，并使击锤成待发状态；枪机退到后方时，由于复进簧的伸张，使枪机向前运动，推动下一发子弹入膛，闭锁；此时，由于击锤已被击发阻铁卡住，不能向前打击击针。若再次发射，必须松开扳机，再扣扳机（如图6－2所示）。

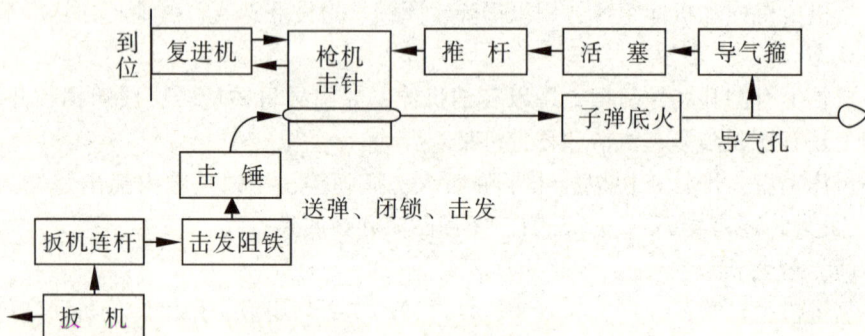

图6－2　半自动原理示意图

2. 分解结合

（1）分解结合的目的和要求。

目的：分解结合是为了擦拭、上油、检查和排除故障。

要求：

①分解前必须验枪。

②分解结合应按顺序和要领进行，不要强敲硬卸。

③分解下来的机件应按次序放在干净的物体上。

④除所讲的分解内容外，未经许可，不准分解其他机件。

⑤结合后，应拉送枪机数次，检查机件结合是否正确。

（2）分解。

①卸下弹匣。

左手握护木，枪面稍向左、右手握弹匣，拇指按压弹匣卡笋（也可右手掌心向上握弹匣，以手掌肉厚部分推压弹匣卡笋），前推取下。

②拔出通条和取出附品盒。

左手握护木，右手向外向上拔出通条。然后用中、食指顶压附品盒底部，使卡笋脱离圆孔，取出附品盒，并从附品盒内取出附品。

③卸下机匣盖。

左手握枪颈，以拇指按压机匣盖卡笋，右手将机匣盖上提取下。

④抽出复进机。

左手握枪颈，右手向前推导管座，使之脱离凹槽，向后抽出复进机。

⑤取出枪机。

左手握枪颈，右手拉枪机向后到定位，向上向后取出，左手转压机体向后，使导笋脱离导笋槽，再向前取出机体。

⑥卸下护盖。

右手握上护木，左手将表尺转轮定到"1"上，再向左拉转轮装定在"0"上，然后，左手握下护木，右手向上向后卸下护盖。

⑦卸下活塞及调节塞。

左手握下护木，右手将活塞向右（左）转动到定位，压缩活塞杆簧，使调节塞前端脱离导气箍，向前卸下活塞及调节塞，并将活塞与调节塞分开。

（3）结合。

结合时，按分解的相反顺序进行。

①装上活塞及调节塞。

将调节塞套在活塞上，左手握下护木，右手将活塞杆插入表尺座的圆孔内，压缩活塞簧，使调节塞前端进入导气箍，并向左转动调节塞，使解脱凸笋进入凹槽。

②装上护盖。

左手握下护木，右手将护盖前端两侧卡在导气箍上，按压护盖后部到定位。左手转动表尺转轮使分划"1"对正定位点。

③装上枪机。

右手握机栓，使导笋槽向上。左手将机体结合在机栓，使导笋进入笋槽并转到定位。左手握枪颈，右手将枪机从机匣后部装入机匣，前推到定位。

④装上复进机。

左手握枪颈，右手将复进机插入复进巢内，向前推压，使导管座进入凹槽内。

⑤装上机匣盖。

左手握枪颈，右手将机匣盖前端对正半圆槽，使后部的方孔对正机匣盖卡笋，向前下方推压机匣盖，使卡笋进入方孔内。

⑥装上附品盒和通条。

将附品装入附品盒内，左手握护木，右手将附品盒装入附品盒巢内，用中、食指顶压附品盒底部，并使附品盒卡笋进入圆孔。然后，将通条插入通条孔内，并使通条头进入通条头槽。此时，拉送枪机数次检查机件的结合是否正确，扣扳机，关保险。

⑦装上弹匣。

左手握护木，枪面稍向左，右手握弹匣并将匣口前端插入结合口内，扳弹匣向后，听到响声停止。

（四）子弹、枪榴弹

1. 子弹

（1）子弹的各部名称及用途。

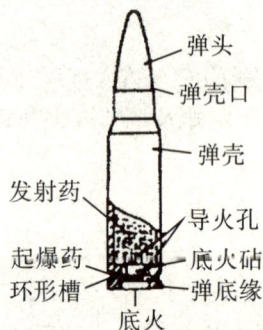

图 6-3　子弹

子弹（见图 6-3）由弹头、弹壳、底火和发射药组成。弹头，用以杀伤敌人的有生力量；弹壳，用以容纳发射药，安装弹头和底火；底火，用以点燃发射药；发射药，用以燃烧后产生火药气体，推送弹头前进。

（2）子弹的种类、用途及标志。

①普通弹：用以杀伤敌人的有生力量。

②曳光弹：主要用以试射、指示目标和作信号用。命中干草能起火，曳光距离可达 800 米。弹头头部为绿色。

③燃烧弹：主要用以引燃易燃物体。弹头头部为红色。

④穿甲燃烧弹：主要用以射击飞机和轻装甲目标（在200米距离上穿甲厚度为7毫米），并能在穿透装甲后引燃汽油。弹头头部为黑色并有一道红圈。

另外，还有空炮弹、教练弹、空炸弹等辅助弹。空炮弹主要用以演习，没有弹头，弹壳口收口压花并密封；教练弹主要用以练习装退子弹、击发等动作，外形和重量与普通弹相似，弹壳上有三道凹槽，无发射药，底火为橡皮制成。空炸弹，主要用以对空射击训练用，弹头在500米内性能与曳光弹相同，超过500米时，弹头自动分离为三部分，能降低对射击地域的危险程度。

子弹箱外均标有弹种、数量、批号和年号等。领用子弹时应看清标志，以免弄错。

（3）战斗中怎样使用子弹。

战斗中射手通常应根据指挥员的口令和指示实施射击。必要时，射手可根据情况自行射击。在战斗中严禁丢失和浪费子弹、枪榴弹。对子弹、枪榴弹的消耗情况，应适时向班长报告，射手应保留一定数量的子弹、枪榴弹，以备在紧急情况下使用。

2. 枪榴弹

（1）枪榴弹的各部分名称和用途。

①弹头，用以杀伤敌人有生力量和破坏敌装甲目标。弹头由风帽、防滑帽、连接环、药形罩、炸药和弹壳组成。

②弹尾，由尾管、稳定环及翼片组成，用以保证弹在飞行中的稳定性。此外在尾管内还可以放两发专用空炮弹，并用防潮塞固定以供发射时使用。

③引信，由引信室、引信、尾管组成，用以引发弹头内的火药。根据弹的用途不同，装用不同引信，通常为瞬发引信和延期引信。

（2）枪榴弹的种类和用途。

①杀伤榴弹，用以消灭地面活动目标。

②破甲榴弹，用以摧毁敌装甲目标和坚固工事。

③发烟弹，用以迷惑敌人。

④化学弹，用以杀伤敌人有生力量。

（五）爱护、保管和检查

1. 爱护武器的要求

爱护武器、子弹（枪榴弹）是干部、战士的重要职责，是一项经常性的战备措施，也是预防武器故障的有效方法。为此，必须做到勤检查、勤擦拭，不碰摔、不生锈、不损坏、不丢失。如发现机件损坏、丢失，应及时送修或请领，使武器保持完好状态。

2. 保管使用规则

（1）武器和子弹应放在安全、干燥和通风的地方。在营房内，应松回击锤，关上保险，表尺转轮定在表尺"3"上，并放在枪架上。刺刀（匕首）应装在刀鞘内。在居民地宿营时，不得将武器和子弹（枪榴弹）放在门窗附近。

（2）行军作战和训练时，应尽量避免武器发生碰撞和沾上污物。长时间射击后，应及时在枪机上涂油。乘车（船）时，应将武器妥善保管，防止碰撞和丢失。

（3）在潮湿和沿海地区，应特别注意防止机件和子弹（枪榴弹）生锈。在风沙较多的情况下，应防止灰沙进入枪内。在炎热季节，应尽量避免武器长时间曝晒。

3. 擦拭上油

（1）擦拭上油的时机和要求。

实弹射击后，应用浸透油或碱水（肥皂水）的布，将武器的烟渣、污垢擦洗干净，并用干布擦干后再上油，在以后三四天内应每天擦拭一次；训练演习后，应适时地用干布和油布进行擦拭；不经常使用枪支时，每周至少擦拭一次。在严寒的室外将枪带到室内时，应待出水珠后再擦拭上油。枪被海水浸过或遭受毒剂和被放射性物质沾染后，应先用淡水冲洗后再擦拭，擦拭上油后，应放在通风干燥处晾干，严禁火烤和曝晒。

（2）擦拭上油的方法。

擦拭前，应分解武器，准备擦拭用具。结合通条时，将两节通条结合好，再将通条从附品盒上的大孔穿过小孔，拧紧擦拭杆，然后用冲子穿过盒体和通条头上的圆孔，将通条和附品盒连接在一起。

①擦拭枪膛时，把布条缠在擦拭杆上，并插入枪膛，沿枪膛全长均匀地来回擦拭（弹膛应从后面擦拭）直到擦干净为止。再用布条或鬃刷涂油。

②擦拭导气箍、调节塞时，用通条或竹（木）杆缠布擦拭，擦净后涂油。

③擦拭其他机件时，应先擦净表面的烟渣和污垢，对孔、槽、缝隙等部分，可用竹（木）签缠上布进行擦拭，再薄薄地涂上一层油。

4. 检查

（1）检查外部。

检查外部时，看金属部分是否有污垢、锈痕和碰伤；木质部分有无裂缝和碰伤；各部机件号码是否一致；准星是否弯曲和松动；刻线是否与矫正结果一致；表尺转轮是否自如并能固定在各个分划上。

（2）检查枪膛。

检查枪膛时，看是否有污垢、生锈和损伤。

（3）检查机能。

检查机能时，将装有教练弹的弹匣装在枪上，拉枪机向后到定位松开，枪机应有力地向前并推送一发教练弹入膛；关上保险扣扳机时，击锤不应向前；将保险机定在单发位置上扣扳机时，应能听到击锤打击击针的响声；扣住扳机，拉枪机向后到定位，膛内的教练弹应被抛出，松开枪机应推送一发教练弹入膛，击锤应停在后方位置；此时，松开扳机，再扣扳机时，应能听到击锤打击击针的声音。将保险机定在连发位置时，扣住扳机，拉枪机向后到定位并慢慢送回，应听到击锤打击击针的声音。当弹匣内无子弹时，拉枪机向后到定位松开，枪机应被枪机阻铁卡在后方位置。

（4）检查附品和子弹。

检查附品和子弹时，看附品是否齐全完好，子弹（枪榴弹）有无锈蚀、凹陷、裂缝、结合部松动等现象。

（六）预防和排除故障

1. 预防故障的措施

（1）严格按规则爱护保管和使用武器、子弹（枪榴弹）。有毛病的机件应及时送修或更换，有毛病的子弹（枪榴弹）不准使用。

（2）战斗中应抓紧战斗间隙擦拭武器。来不及擦拭时，应向活动机件注油，或调整调节塞增大火药气体的压力。

（3）在寒冷的条件下使用武器时，不能过多地上油，以防冻结，影响机件活动。在寒冷地区，入冬后应换用冬季枪油，并彻底清除夏季枪油。在装子弹前，应将枪机拉送数次或向活动部分注少量汽油（煤油或酒精）。

2. 排除故障的方法

射击中，若发生故障，通常拉枪机向后，重新装弹继续射击。如仍然故障，应迅速查明原因予以排除。如排除不了，应迅速向指挥员报告。可能发生的故障、原因和排除的方法见表6-1。

表6-1　可能发生的故障、原因和排除方法

故障现象	发生原因	排除方法
不送弹	（1）弹匣过脏或损坏 （2）机件过脏、枪机后退不到定位	（1）更换机匣 （2）擦拭过脏机件

（续上表）

故障现象	发生原因	排除方法
不发火	（1）子弹底火失效 （2）击锤簧弹力不足或击针损坏	（1）更换子弹 （2）更换击针或击锤簧
不退壳	（1）子弹、枪机、机匣、弹膛及火药气体通路过脏，枪机后退不到定位 （2）抓弹钩过脏或损坏	（1）捅出膛内弹壳 （2）擦拭过脏机件 （3）更换抓弹钩 （4）调整调节塞的位置
断壳	（1）子弹有毛病 （2）弹膛过脏	（1）将取壳器放入弹膛，送枪机到定位，猛拉枪机取出断壳 （2）擦拭弹膛并涂油
枪机未前进到定位	（1）弹膛、机匣、枪机和复进机过脏或机油凝结 （2）子弹或弹匣口变形	（1）推枪机到定位 （2）擦拭过脏机件 （3）更换子弹或弹匣
不抛壳	（1）火药气体通路过脏 （2）机件过脏，枪机后退不到定位	（1）卸下弹匣，取出弹壳 （2）擦拭过脏机件
不连发	（1）调节塞装定不正确 （2）导气箍、枪机和机匣过脏	（1）正确装定调节塞 （2）擦拭过脏机件

二、95 式 5.8mm 自动步枪

（一）概况

（1）杀伤 400 米内暴露的有生目标，能发射枪榴弹，在近距离内攻击轻型装甲车火力点等。

（2）使用弹种：87 式 5.8 普通弹，必要时可使用 5.8 机枪弹及机枪曳光弹等特种弹，也可用 87 式 5.8 普通弹直接发射 40mm 系列枪榴弹。

（3）有可卸式多功能刺刀，既可装在枪上，又可作为格斗匕首和野战工作用刀，携带方便。

（4）可配白光瞄准镜和微光瞄准镜，并有简易夜瞄装置。

（5）大量采用工程塑料及铝合金，有较高的防腐性能。重量轻、长度短、携行和操作方便。分解结合不用专用工具。

（6）结构特点：无托结构缩短了枪长，气体可调导气式；机头回转闭锁；

平移击锤式击发机；杠杆式枪机缓冲器；机构动用确实可靠。

（二）主要诸元（对比81枪族）

表6－2　95式5.8步枪和81－1式7.62步枪的对比

主要诸元	95式5.8步枪	81－1式7.62步枪
口径	5.8毫米	7.62毫米
初速	920米	715米
有效射程	400米	400米
表尺射程	500米	500米
表尺分划	1、3、5	1、2、3、4、5
瞄准基线长	325毫米	315毫米
全枪重	3.3公斤	3.5公斤
全枪长（不装刺刀）	746毫米	955毫米
弹匣容量	30发	30发
理论射速	730～770发/分	680～700发/分
使用寿命	10 000发	15 000发

（三）全枪主要构件

全枪主要构件有枪托、上护盖、击发机、复进簧、机体、活塞簧、活塞、气体调节器、机头、枪身、弹匣、下护手、刺刀、刀鞘、下护手销和附件。

附件筒内有通条把、通条接杆、通条接头、油毛刷、冲子、准星扳手、铰刀、活动接杆。

（四）分解结合

1. 目的

（1）平时或射击后的擦拭与保养。

（2）检查和排除故障进行修理。

（3）分析研究武器的构造性能。

2. 规则

（1）分解前必须进行安全检查，严禁枪口对人，并在检查膛内枪弹后，再扣扳机，操作时，枪口应朝上方。对教练弹应进行检查，严防教练弹中混进实弹。

（2）做好工具准备。要按照顺序和要领进行分解结合，严禁乱打蛮干。

（3）零部件的放置要整洁有序，特别在野外尽可能防止沾染灰沙。

（4）分解结合的过程中要注意安全，防止伤人以及损坏和丢失武器零件。

（5）枪支结合后要进行动作灵活可靠性检查，然后使武器处于保管状态。

3. 不完全分解结合

（1）安全检查：卸下弹匣，拉枪机向后，检查枪膛内是否有子弹。

（2）卸枪托：压住枪托底，顶出枪托销，右手握住枪托慢慢后拉。

（3）取出击发机（快慢机必须指在发放位置）。

（4）取出复进簧。

（5）卸下枪机，前拉左旋取下机头。

（6）卸下上护盖：将上护盖向后退 5～8 毫米，上提上护盖后部，即可卸下上护盖。

（7）卸下气体调节器：按调节器卡榫，转动气体调节器，水平位置时抽拉卸下。

（8）取出活塞和活塞簧。

结合：按分解的相反顺序进行。

4. 完全分解

（1）不完全分解。

（2）卸下下护手：下拉护手，使扳机和拉杆脱开，前推下护手。

（3）卸下快慢机：将快慢机尾端旋至上方位置，右手下压发射机座内的卡片，使其退出快慢机上的卡片定位槽，左手即可将快慢机拔出。

（4）取出发射机：将发射机沿机匣内槽向后拉出，并解开与扳机拉杆的扣合，即可取出发射机。

（5）抽出扳机拉杆。

（6）取出附件筒：打开握把盖，即可取出附件筒。

结合：按分解的相反顺序进行。

5. 几点要点领会及注意事项

（1）装发射机时，一定要将扳机拉杆和扳机体扣合后再推入。

（2）推入发射机快到位时，一定要将连发阻铁压在不到位保险上面。

（3）装下护手时，先将下护手后部插入机匣相应的配合部，然后再前推后拉。

（4）扳机拉杆不要装反，确保扳机与扳机拉杆扣合。

（五）气体调节器的使用

"0"为闭气位置，发射枪榴弹时使用；"1"为小气孔，正常条件下使用；

"2"为大气孔，恶劣条件下枪机后坐能量不足时使用。

使用时，卡榫一定要卡在刺刀座相应的定位槽内。

（六）刺刀的装卸方法

装刺刀时，先将刀环套入膛口装置前端，"T"形槽对准刺刀座的"T"形突起，然后插到位。卸刺刀时，先按压刀柄侧面的左右卡榫，然后向枪口方向抽出。

（七）附件的使用

（1）通条把、通条接杆、活动接杆、通条接头（或毛刷）拧在一起，清除枪管脏物及涂油。

（2）冲子：拆卸击针销、拉壳钩轴和充当力臂拧紧、拧松通条各件接件。

（3）准星扳手：校枪时调节准星高低。

（4）铰刀：清除枪管导气孔的火药残渣。

（八）维护保养

（1）新枪使用前，要先除掉防锈油，然后再正常涂油。

（2）使用和保存时，避免沾上污物及酸碱盐类物质，如沾上应及时清洗，擦拭干净。

（3）凡经过射击或受雨、浸水后必须分解、擦拭、涂油，以防止零件锈蚀。

（4）导气孔、导气箍上的活塞孔在必要时可用专用铰刀铰孔，以保证枪机有足够的后坐能量及活塞运动的灵活性。

（5）在平时保管状态下，气体调节器定于"1"位置，表尺定于"1"位置，快慢机定于"0"位置，不经常使用时，每周及时用干布和油至少擦拭一次（作平时擦拭的分解或不分解，视情况而定）。

（6）实弹射击后，应连续两三天对射击用武器进行擦拭（作射击分解）。

（7）各单位卸下一个附件筒，留在外面，擦拭进卸附件筒用。

（8）军械员应对兵器室武器数、质量情况和维护情况进行经常性检查，发现情况应及时向连（中队）长汇报。

（九）安全注意事项

（1）在行军、操练、提枪行进及枪支保存中应关闭保险，以防意外走火、伤及手指及发生其他意外事故。

（2）清洗擦拭后，射击前，须检查气体调节器是否装在正确的位置。

（3）射击时，不得违章操枪，手不得伸入上护盖提框内，以防机柄打手。

（4）射击后，卸下弹匣，拉机柄，排除膛内枪弹。

（5）发射枪榴弹时，气体调节器必须在"0"位置，快慢机在单发位置并单发装填枪弹。

（6）严禁用击锤打复进簧座圈，以免扳机折断。

（十）瞄准与射击

本枪设置机械夜瞄装置，采用觇孔式表尺，"1""3""5"三个码分别表示射程为100米、300米、500米的射击距离瞄准时，采用相应表尺，准星上沿置于觇孔圆中心，与射击瞄准点成一直线；使用简易夜瞄装置时，荧光点连线中心、准星上沿与射击瞄准点成一直线。

（十一）常见故障现象及排除

表6-3 常见故障及排除

故障类型	故障现象	故障原因	排除方法
顶弹	枪弹不能顺利推下一发弹进膛，弹尖顶在枪弹端	（1）节套导弹斜面有损伤	送修
		（2）弹匣抱弹口损伤或有异物	检查弹匣
		（3）弹匣后挂磨损	更换弹匣
空膛	枪机后坐不能推下一发弹进膛	（1）机匣、机体导轨损伤或有异物	擦拭或送修
		（2）弹匣内有异物，造成供弹不及时	擦拭或送修
		（3）导气孔有脏物或火药残渣	铰刀清洗导气孔
		（4）导气孔堵塞	
不击发	枪弹进膛后，扣扳机不能推下一发弹进膛	（1）扳机与扳机拉杆未扣住	重新结合
		（2）扳机拉杆与扳机本体挂销滑脱	
		（3）单、连发阻铁过高未能解脱击锤	送修
		（4）扳机本体凸台磨损	
不发火	扣扳机解脱击锤枪弹不能射出	（1）击针断或击针磨损过大	送修更换
		（2）击锤簧失效，打击击针力度不够	
		（3）枪弹失效过期	换一发弹
不抽壳	射击过程中弹壳滞留膛内	（1）弹膛损伤或有异物	先用通条从枪口插出弹壳
		（2）拉壳钩损伤	
		（3）拉壳钩簧失效	
备注	枪支出现故障，不能排除时，应及时上报送修，绝不允许乱打蛮干。射击过程中出现故障，应先关上保险，卸下弹匣		

三、64 式手枪

（一）战斗性能和主要诸元

1. 战斗性能

64 式手枪是单发射的短枪，是近距离歼敌的自卫武器，体积小、重量轻，便于隐蔽携带，受地形环境制约小，反应快，便于在狭小空间对敌实施隐蔽、迅速、突然的攻击。64 手枪在 50 米内射击效果最好，弹头飞到 305 米仍有杀伤力。战斗速度每分钟约 30 发。

64 式手枪使用 64 式手枪弹，在 25 米的距离上能射穿 2 毫米厚的钢钣、7 厘米厚的木板、4 厘米厚的砖墙、25 厘米厚的土层。

2. 主要诸元

口径	7.62 毫米
枪全重	0.56 千克
装满子弹的弹匣重	0.09 千克
枪全长	155 毫米
弹头最大飞行距离	800 米
瞄准基线长	117.2 毫米
子弹重	7.5 克
弹头重	4.8 克
初速	305 米/秒
弹匣容量	7 发

（二）各部机件的名称、用途和半自动原理

1. 各种机件的名称和用途

64 式手枪由枪管、套筒、复进簧、套筒座、击发机和弹匣六大部机件组成（见图 6－4）。另有附品。

（1）枪管。

枪管：用以赋予弹头飞行方向。

枪管的内部是枪膛，枪膛分为弹膛和线膛。弹膛用以容纳子弹，弹膛内有四条左旋凹线，用以利用弹壳膨胀密闭弹膛。线膛能使弹头在前进时旋转运动，以保持飞行的稳定性，线膛内有四条右旋转膛线（阴膛线），两条膛线间的凸起部分是阳膛线，两条相对阳膛线之间的距离是枪的口径。

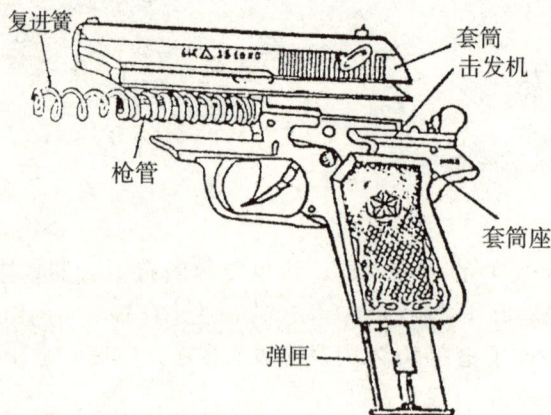

图 6-4 64 式手枪的大部机件

（2）套筒。

套筒：用以容纳枪管和复进簧。

套筒外有：准星和缺口，用以瞄准；保险机，限制击锤打击针，扳到上方位置为保险。

套筒内有：枪机，用以送弹、击发和退壳，并能使击锤向后成待发状态；枪机上有击针、弹底巢、抓弹钩和膛内指示器；导棱，用以与套筒座相连接；复进簧巢，用以容纳和规正复进簧。

（3）复进簧。

复进簧：用以使套筒回到前方位置。

（4）套筒座。

套筒座：用以连接套筒和枪管，容纳击发机和弹匣，使用时便于握持。

套筒座上有：套筒阻铁，能使套筒停在后方位置；套筒阻铁上有拨壳凸笋，射击时用以抛出膛内子弹或弹壳；导槽，用以连接套筒，套筒座上还有枪管固定座、弹匣卡笋、扳机护圈和握把。

（5）击发机。

击发机：用以与套筒相互作用形成待发和击发。

击发机上有：击锤，用以打击击针；击发阻铁，用以使击锤成待发状态；击发阻铁上有解脱钩，在击锤成待发状态时，关上保险能使击锤向前成保险状态；扳机，用以击发。

扳机拉杆上有拨动子，用以使击发阻铁向上脱离击锤形成击发，或当击锤位于前方位置时拨动击锤向后到一定位置再向前形成击发，以及在枪机的作用下若不松开扳机，就不能再次实施击发。

（6）弹匣。

用以容纳和托送子弹。由弹匣体、弹匣盖、托弹钣簧、托弹钣、侧齿等组成。托弹钣上的凸齿或侧齿能在弹匣内无子弹时顶起套筒阻铁，使套筒停在后方位置。

附品：用以分解结合、擦拭上油和携带。附品包括通条、保险带和枪套等。

2. 半自动原理

扣扳机后，击锤打击击针，撞击子弹底火，点燃发射药，产生火药气体，推送弹头沿膛线向前运动；同时通过弹底将动量传给套筒，套筒后坐，完成开锁、压倒击锤、压缩复进簧、抛壳并后坐到位。由于复进簧的伸张，推套筒向前运动，推送次一发子弹入膛并完成闭锁。此时，由于击发阻铁限制，击锤不能向前打击击针。若再次发射，必须先松开扳机，再扣扳机。

3. 分解结合

（1）分解结合的目的。

分解结合是为了擦拭、上油、检查和排除故障。

（2）分解结合的要求。

①分解前必须验枪。

②分解结合应按顺序和要领进行，不要强敲硬卸。

③分解下来的机件应按次序放置在干净的物体上。

④除所讲的分解内容外，未经许可，不准分解枪支的其他机件。

（3）分解。

①取出弹匣。

右手握握把，拇指按压弹匣卡笋，左手取出弹匣。

②卸下套筒。

右手握握把，左手将扳机护圈前端向下拉出并稍微推向一侧，抵在套筒座上。然后，左手握套筒向后推到定位，再将套筒后部向上抬起，借复进簧的伸张力，向前卸下套筒。

③取下复进簧。

右手握握把，左手取下复进簧。

（4）结合。

①装上复进簧。

右手握握把，左手将复进簧较小的一端套在枪管上，并向后推到定位。

②装上套筒。

先检查扳机护圈是否拉出，套筒阻铁是否到位，然后右手握握把，左手握套筒，先使复进簧进入复进簧巢内，用力推套筒向后到定位，稍压套筒后部，使套筒座的导棱进入导槽，借复进簧的伸张力，使套筒回到前方位置。然后右手拉起扳机护圈前端放入缺口内。

结合后，拉送套筒数次，检查机件结合是否正确。

③装上弹匣。

右手握握把，左手握弹匣，使弹匣口向上，弹匣盖平面向后，装上弹匣，关上保险。

4. 子弹

子弹（见图6-5）由弹头、弹壳、底火和发射药组成。弹头，用以杀伤敌人的有生力量；弹壳，用以容纳发射药，安装弹头和底火；底火，用以点燃发射药；发射药，用其燃烧后产生的火药气体推送弹头前进。

教练弹：主要用以练习装弹、退弹、击发等动作，其外形、重量与实弹相似，无发射炸药，底火为橡皮制成（底火为黄铜色时，其底部向内凹陷）。

图6-5 64式手枪子弹

5. 爱护、保管和检查

（1）爱护武器的要求。

爱护武器、子弹是军官、士兵的重要职责，是一项经常性的战备措施，也是预防故障的有效方法。为此，必须做到勤检查、勤擦拭，不碰摔、不生锈、不损坏、不丢失，使武器、子弹经常保持完好状态。

（2）保管使用规则。

①手枪平时应关上保险，放在枪套内。在一般情况下，弹匣内不装子弹。

②行军、作战和训练时，应尽量避免武器沾上污物，严禁使用武器击、碰、砸、撞、顶其他物体。

③在潮湿和沿海地区应特别注意防止机件和子弹生锈。

④射击练习时，应安装教练弹，以防损坏击针和击针销。

（3）擦拭上油。

①擦拭时机和要求。

手枪射击后，应用浸透油或碱水（肥皂水）的布擦（洗）净烟渣、污垢，并用干布擦净后再上油，在以后三四天内应每天擦拭一次；作战训练后，应适时地用干布、油布进行擦拭；不经常使用时，每周至少擦拭一次。在严寒的室外将枪带到室内时，应待出水珠后再擦拭，枪被海水浸湿或遭受毒剂、放射性物质沾染后，应先用淡水冲洗后再擦拭上油。

②擦拭上油的方法。

擦拭前，应分解武器并准备好擦拭用具。

擦拭枪膛时，先在通条孔内穿上布条，然后，由枪管后端插入枪膛，沿枪膛全长来回擦拭，擦净后再涂油。

擦拭其他机件时，应先擦净表面的烟渣和污垢，对孔、槽、沟等细小部位可用竹（木）签缠上布进行擦拭，然后涂上一层薄薄的油。

（4）检查。

①检查外部。

金属部分是否有污垢、锈痕和碰伤；各部机件号码是否一致；缺口上的刻线与矫正结果是否一致。

②检查枪膛。

认真检查枪膛是否有污垢、生锈和损伤。

③检查机能。

装上数发教练弹，拉套筒数次，检查送弹、击发、退壳及保险时各部机能是否正常。

④检查附品和子弹。

检查附品是否完好齐全，子弹有无生锈、凹陷、裂缝，弹头是否松动。

6. 预防和排除故障

（1）预防故障的措施。

①严格按照规定使用和保管武器、子弹，对有毛病的机件应及时送修，有毛病的子弹禁止使用。

②战斗中应抓住时机擦拭武器，并向活动部分注油。

③在寒冷的条件下使用武器时，不能过多上油，以防止冻结，影响机件活动。在寒冷地区，入冬后应换用冬季枪油，并彻底清除夏季枪油。在装弹前，应先将套筒拉送数次或向活动部分注少量汽油、煤油或酒精。

（2）排除故障的方法。

射击中，若发生故障，通常应拉套筒向后，重新装弹继续射击，如仍然有故障，应迅速查明原因，及时排除。可能发生的故障及原因和排除方法见表6－4。

表6-4　故障发生的原因及排除方法

故障现象	发生原因	排除方法
不送弹	(1) 弹匣过脏或损坏 (2) 子弹变形	(1) 擦拭或更换弹匣 (2) 更换子弹
套筒未前进到定位	(1) 弹膛、套筒、复进机过脏或复进簧弹力不足 (2) 子弹或弹匣口变形	(1) 推套筒到定位重新射击 (2) 擦拭过脏机件或更换复进簧 (3) 更换子弹或弹匣
不发火	(1) 子弹底火失效 (2) 击针损坏，击针簧弹力不足	(1) 重新击发，如仍不发火则应更换子弹 (2) 修理或更换击针和击针簧
不退壳	(1) 子弹、套筒或弹膛过脏 (2) 抓弹钩、抓弹钩簧过脏或损坏	(1) 取出弹匣，拉套筒向后用通条捅出弹膛内的弹壳 (2) 擦拭过脏机件或子弹 (3) 修理或更换抓弹钩、抓弹钩簧
滑机	击发阻铁磨损，击发阻铁簧弹力不足或损坏	修理或更换击发阻铁和击发阻铁簧

第二节　简易射击学理

一、发射和后坐

（一）发射及其过程

火药气体压力将弹头从膛内推出去的现象，叫发射。其过程为：击针撞击子弹底火，使起爆药发火，火焰通过导火线引燃发射药，产生大量火药气体，在膛内形成很大的压力，迫使弹头脱离弹壳，沿膛线旋转加速前进，直至推出枪口。

（二）后坐

发射时，武器向后运动的现象，叫后坐。

1. 后坐的形成

发射药燃烧时，产生的气体同时作用于各个方面，作用于膛壁周围的压力被膛壁所抵消；向前作用于弹头后部的压力推送弹头前进；向后作用于弹壳底部的压力经过枪机传给整个武器，使武器向后运动，形成后坐。武器的后坐和弹头的运动是同时开始的。在弹头脱离枪口的瞬间，大量的火药气体随弹头后部从膛内向外喷出，形成了反作用力，使武器后坐更加明显。

2. 后坐对命中的影响

后坐对单发（连发首发）射击的命中影响很小。因为弹头在膛内运动的时间极短（约四分之一秒），而枪比弹头重得多（冲锋枪、半自动步枪是弹头重叠的 400 倍以上），所以弹头在脱离枪口以前，枪的后坐距离只有一毫米，而且是正直向后运动的，加之衣服和肌肉的缓冲，射手是感觉不出来的。射手能感觉到的后坐，主要是在弹头脱离枪口的瞬间，火药气体猛烈向枪口外喷出，从而形成的反作用力造成的。此时弹头已脱离枪口，因此，后坐对单发（连发首发）射击的命中影响极小。后坐对连发射击的命中有一定影响。因为连发射击时，第一发子弹发射后，由于枪的后坐明显变动了原来的瞄准线，所以对第二发以后的射弹命中有一定影响。但只要射手据枪要领正确，适应连发武器射击时后坐的规律，就能减小后坐对连发命中的影响，提高射击精度。

3. 枪管的堪抗力和寿命

（1）膛壁承受枪膛内一定火药气体的压力而不变形的能力，称为枪管堪抗力。枪管的堪抗力取决于膛壁的厚度和枪管所用材料的质量。

枪管都具有一定的备用堪抗力，这使它能承受比最大膛压多半倍到一倍的压强。如半自动步枪的最大膛压为 275 565 千帕（2 810 公斤/平方厘米），而枪管堪抗力为 539 330 千帕（5 500 公斤/平方厘米），其备用堪抗力为 263 765 千帕（2 600 公斤/平方厘米），超过最大膛压近一倍。

射击时，枪管内如塞有杂物（如布条、沙子、泥土、弹头等），就会影响弹头的运动，使膛压超过枪管的堪抗力，这时枪管就会产生膨胀或炸裂现象。

（2）枪管的寿命。枪管能正常发射一定数量子弹的能力，称为枪管寿命。超过此数量，枪膛就会磨大，而使射弹散布显著增大，初速减小，弹头飞行不稳定。步机枪管寿命为：56 式半自动步枪 6 000 发，冲锋枪 15 000 发，班用轻机枪 25 000 发，53 式重机枪 12 500 发（一根枪管）。

为防止枪管膨胀或炸裂，延长枪管的寿命，必须注意爱护枪膛，做到射击前认真检查枪膛内有无杂物，射击后及时将膛内的烟渣擦拭干净。

二、弹道的形状及实用意义

（一）弹道

1. 弹道及其形状

弹头运动过程中，其重心所经过的路线，叫弹道。弹头脱离枪口后，如果没有地心吸力和空气阻力的作用，它将保持其所获得的速度，沿着发射线进行无止境的匀速直线飞行。

实际上，弹头脱离枪口在空气中飞行时，同时受到了地心吸力和空气阻力的作用，因此弹道不可能成为一条直线。由于上述两个原因，弹头在空气中飞行，一方面受到地心吸力的作用，逐渐下降；另一方面受到空气阻力的作用，越飞越慢，因此形成一条不均等的弧线。升弧较长较直，降弧较短较弯曲（见图6-6）。

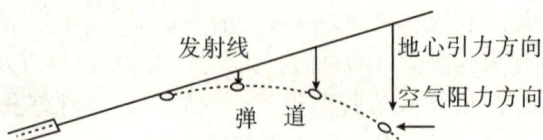

图6-6　弹道的形状

2. 弹道基本要素

弹道基本要素见图6-7。

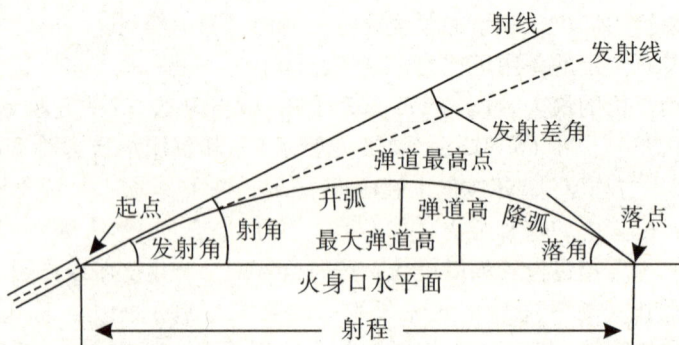

图6-7　弹道要素

弹道：弹头运动中，其重心所经过的路线。

起点：火身口中心点（外弹道开始点）。

火身口水平面：通过起点的水平面。

射线：发射前火身轴线的延长线。

射角：射线与火身口水平面所形成的夹角。

发射角：发射线与火身口水平面所形成的夹角。

发射差角：射线与发射线的夹角。

发射线：发射瞬间火身轴线的延长线。

落点：弹道降弧与火身口水平面的交点（射表落点）。

弹道最高点：火身口水平面上弹道最高的一点。

升弧：由起点到弹道最高点的弹道。

降弧：由弹道最高点到落点的弹道。

弹道高：弹道上任何一点到火身口水平面的垂直距离。

最大弹道高：弹道最高点到火身口水平面的垂直距离。

弹道切线：弹道上任意一点的切线。

落角：落点的弹道切线与火身口水平面的夹角。

射程：由起点到火身口水平面落点的水平距离。

（二）直射

1. 直射和直射距离

瞄准线上弹道高在整个表尺距离上不超过目标高的射击，叫直射。这段距离，叫直射距离。

2. 直射距离的求法

直射距离的大小，取决于目标的高低和弹道的低伸程度。目标越高，弹道越低伸，直射距离就越大；目标越低，弹道越弯曲，直射距离就越小（见表6-5）。

表6-5 各种枪对主要目标射击的直射距离（概略值）

直射距离（米） 枪种	目标 人头目标高（30厘米）	人胸目标高（50厘米）	半身目标高（100厘米）	跃进目标高（150厘米）
冲锋枪、半自动步枪、班用机枪	200	300	400	500
重机枪	300	400	500	600
附注	40火箭筒对坦克射击的直射距离为300米			

3. 直射的实用意义

对在直射距离内的目标进行射击时，瞄准目标下沿，不变更表尺分划即可进行连续射击，以增大战斗射速，提高射击效果。

直射可以弥补测量距离的误差对命中的影响。如人胸目标距离250米，冲锋枪手误测为300米，装定表尺"3"射击，离在250米处的弹道0.21米，没有超过目标高，目标仍能被杀伤。

指挥员利用直射的原理，组织侧射、斜射、短停射击和夜间标定射击，均能获得良好的效果。例如短停射击是以人胸目标的直射距离为依据的。因此短停兵射击的距离不超过300米（重机枪400米），目标在此距离内都可被杀伤；侧射是以跃进目标为依据的，因此侧射的距离不超过 500 米（重机枪 600 米），在此距离上可杀伤向自己冲击的跃进目标。

反坦克火器在直射距离内对敌装甲目标进行射击，效果更好。

（三）危险界、遮蔽界和死角

1. 危险界

危险界分为表尺危险界与实地危险界。瞄准线上的弹道没有超过目标高的部分，称为表尺危险界；在实际地形上弹道高没有超过目标高的一段距离，称为实地危险界。

决定危险界大小的条件：

（1）弹道低伸程度。对同一地形上的同一目标进行射击时，弹道越低伸，实地危险界越大；反之越小（见图 6-8）。

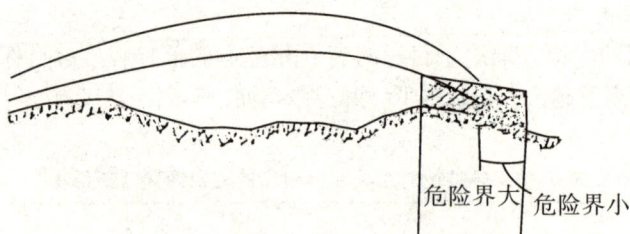

图 6-8　弹道形状与实地危险界的关系

（2）目标的高低。用同一武器对同一地形上的不同目标射击，目标越高，实地危险界越大；反之越小。

（3）目标所在位置的地貌。用同一武器对同一种目标射击，目标所在的位置的地貌与弹道形状越相一致，实地危险界越大；反之越小。

2. 遮蔽界和死角

从弹头不能射穿的遮蔽物顶端到弹着点的一段距离，叫遮蔽界；目标在遮蔽界内不会被杀伤的一段距离，叫死角。遮蔽界内包括死角和危险界（见图 6-9）。

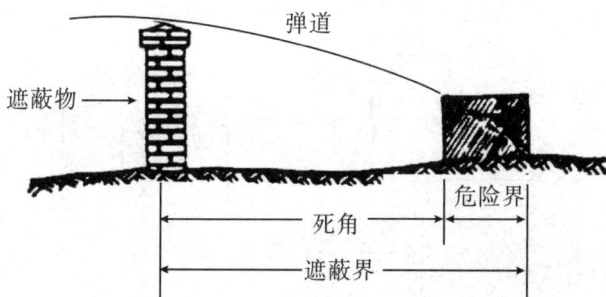

图 6 - 9　遮蔽界和死角

遮蔽界和死角的大小是由遮蔽物的高低和落角的大小决定的。死角的大小还取决于目标的高低（见图 6 - 10、图 6 - 11、图 6 - 12）。

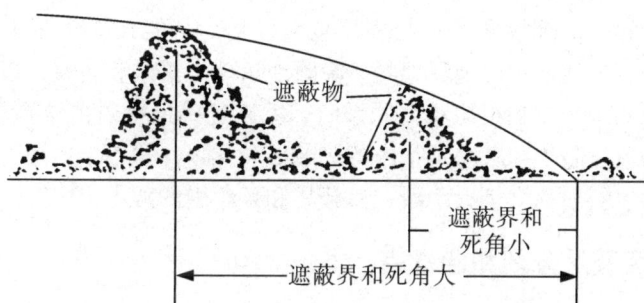

图 6 - 10　遮蔽物高低与遮蔽界和死角的关系

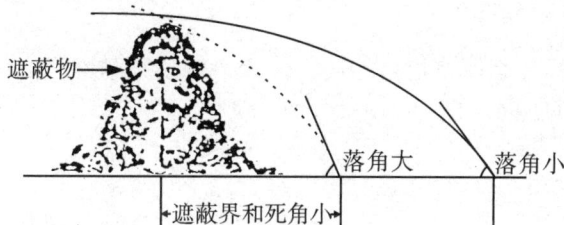

图 6 - 11　落角大小与遮蔽界和死角的关系

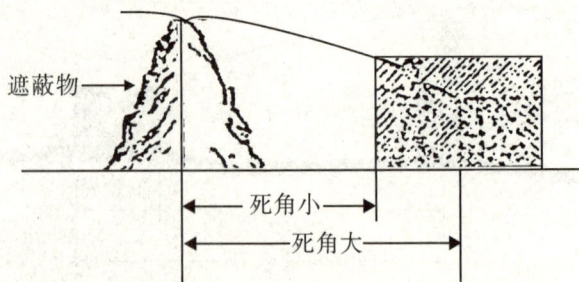

图 6 - 12　目标高低与死角的关系

同一弹道，同一目标，遮蔽物越高，遮蔽界和死角就越大；反之越小。

同一遮蔽物，同一目标，落角越小，遮蔽界和死角就越大；反之越小。同一遮蔽物，同一弹道，目标越高，死角越小；反之越大。

了解危险界、遮蔽界和死角的实用意义，是为了能在战斗中更好地隐蔽身体，发挥火力，灵活地利用地形地物，隐蔽地运动、集结和转移，以避开或尽量减小敌人火力的杀伤。在组织火力联系时，就能正确选择射击位置和组织火力，千方百计地增大危险界和减小地带内的遮蔽界和死角，并善于运用弯曲弹道和各种武器的侧射、斜射火力消灭隐蔽在遮蔽界和死角内的敌人。

三、选定表尺分划和瞄准点

（一）瞄准具的作用

由于地心吸力和空气阻力的作用，如果用枪管瞄向目标射击，射弹就会打低打近。

为了命中目标，必须将枪口抬高，使火射轴线与瞄准线之间形成一定的角度，即瞄准角（见图 6 - 13）。

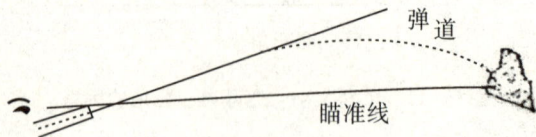

图 6 - 13　抬高枪射击的景况

瞄准角的大小，是根据射弹在不同距离上的降落量来确定的。距离越远，降落量越大，所需的瞄准角也就越大；距离越近，降落量越小，所需的瞄准角也就越小（见图 6 - 14）。

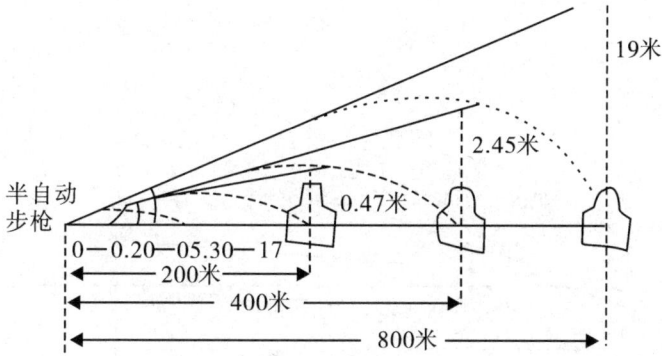

图 6 - 14　射击距离与瞄准角的关系

瞄准是根据上述原理设计而成的。由于缺口沿到火力轴线的高度大于准星尖到火力轴线的高度，射击时，是通过缺口上沿中央和准星尖的平正关系来对目标进行瞄准的。因此，用瞄准具瞄准时，就抬高了枪口，使火力轴线与瞄准线之间构成了一定的瞄准角（见图 6 - 15）。表尺位置高，瞄准角就大，相应的射击距离就近。各种枪的表尺都刻有不同的表尺（距离）分划，改变表尺（距离）分划，就是改变表尺的高低位置，实际上也就是在确定瞄准角。

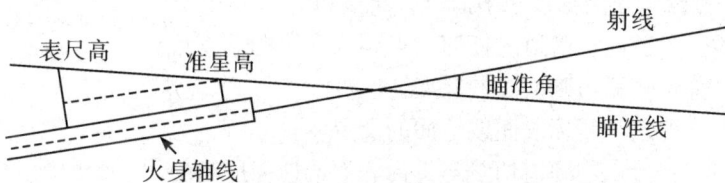

图 6 - 15　瞄准角的构成

由此可见，瞄准具的作用，就是对一定距离上的目标进行射击时赋予武器相应的瞄准角和射向。射击时，只要按照目标的距离装（选）定相应的表尺分划瞄准射击，就能命中目标。因此，正确地选定表尺分划，对准确命中目标有着决定性的意义。

（二）瞄准要素（见图 6－16）

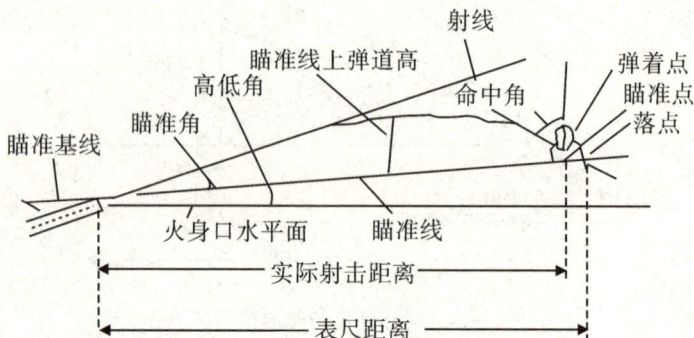

图 6－16　瞄准要素

瞄准基线：缺口的上沿中央到准星尖的直线。

瞄准线：视线通过缺口上沿中央和准星尖的延长线。

瞄准点：瞄准线所指向的一点。

瞄准角：射线与瞄准线的夹角。

高低角：瞄准线与火身口水平角的夹角（目标高于火身口水平面时，高低角为"＋"，目标低于火身口水平面时，高低角为"－"）。

瞄准线上弹道高：弹道上任何一点到瞄准线的垂直距离。

落点：弹道降弧与瞄准线的交点。

弹着点：弹道与目标表面或地面的交点。

命中角：弹着点的弹道切线与目标表面或地面所夹的角。命中角通常以小于 90 度的角计算。

表尺距离：起点到落点的距离。

实际射击距离：起点到弹着点的距离。

（三）选定表尺分划和瞄准点

为了使射弹准确地命中目标，射击时，射手应根据目标距离的大小和武器的弹道高，正确地选用表尺分划和瞄准点（见表 6－6），其方法如下：

1. 定实距离表尺分划，瞄准目标中央

目标距离为百米整数时，可根据目标的距离装定相应的表尺分划，瞄准点选在目标中央。如 81 式自动步枪（56 式冲锋枪）对 100 米距离上人胸目标射击时，定表尺"1"；56 式班用轻机枪对 150 米距离上半身目标射击时，定表尺

"1.5"，此时，瞄准目标中央射击，即可命中目标中央。

2. 定大于或小于实距离表尺分划，适当降低或提高瞄准点

目标距离不是百米整数时，通常选用大于实距离的表尺分划。根据武器在该距离上的弹道高，相应降低瞄准点射击。如81式班用轻机枪在250米距离上对人胸目标射击时，定表尺"3"，在250米处的弹道高为19厘米，这时，瞄准目标下沿中央射击，即可命中。

表6-6　瞄准线上的平均弹道高

枪种	表尺	距离（米）与弹道高（厘米）														
		50	100	150	200	250	300	350	400	450	500	550	600	650	700	800
自动步枪	1	1	0	-7												
	2	6	11	9	0	-18										
	3	14	27	33	31	21	0	-33								
	4	24	47	63	72	72	61	38	0	-55						
	5	38	73	103	125	138	140	130	105	63	0	-86				
班用轻机枪	1	1	0	-7												
	2	13	24	30	28	19	0	-30								
	3	22	43	57	65	65	55	34	0	-50						
	4	34	66	93	112	124	126	117	94	56	0	-78				
	5		100		170		220		210		150		0		-250	
	6		130		240		320		360		330		220		0	-340

四、风、气温、阳光对射弹的影响及修正

（一）风对射弹的影响及修正

风是一种具有速度和方向的气流，它能改变射弹的飞行方向和距离。在各种外界条件中，风对射弹的飞行影响最大，因此必须准确地判定风向和风力，根据风对射弹的影响进行修正，以保证射弹准确命中目标。

1. 风向和风力的判定

（1）风向的判定（见图 6 – 17）。

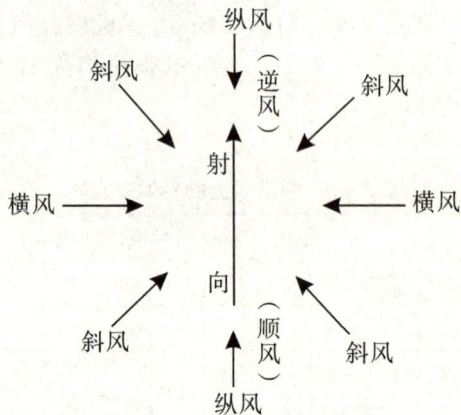

图 6 – 17　风向的判定

按风吹的方向和射击方向所形成的角度可分为横风、斜风和纵风。

横风：从左（右）向右（左）与射向成 90 度角吹的风。

斜风：与射向成锐角（大于 90 度）吹的风。射击时，通常以与射向成 45 度角的风计算。风向与射向成 60 度角时，可按横风计算，小于 30 度角时可按纵风计算。

纵风：从后或前与射向平行吹来的风。顺射向吹的风为顺风；逆射向吹的风为逆风。

（2）风力的判定（见表 6 – 7）。

在气象学上把风划分为 12 个等级，在军事上为了便于区分和应用，按风力的大小划分为强风、和风和弱风 3 个等级。风力的大小，可用测风仪测出，也可根据人的感觉和常见物体被风吹的景况来判定。为了便于记忆和运用，将风力判定归纳成如下口诀："风力有大小，和风作比较。迎风能睁眼，耳听呼声响。炸烟成斜角，草弯树枝摇。海面起轻浪，旗帜随风飘。强风比它大，弱风比它小。"

表6-7 风力（风速）判定表

风力			人的感觉
分类	级别	速度	
弱风	2级	2～3米/秒	面部和手稍微感到有风在吹
和风	3～4级	4～7米/秒	明显地感到有风，风吹过耳边时呼呼响，面对风可睁开眼
强风	5级以上	8～12米/秒	迎风站立和行走，明显地感到有阻力，尘土飞扬，面对风感到睁眼困难

在判定风向、风力时应注意，不同地形，风向、风速的变化不同。如高处和低处不一样，背风处和风口处不一样，这种差异在山谷处更明显。必须根据地形条件，灵活运用。

2. 风对射弹的影响及修正（见表6-8、图6-18）

（1）横（斜）风对射弹的影响及修正。

横（斜）风能对弹头的侧面施以压力，使射弹偏向一侧，产生方向偏差（斜风还能使射弹产生距离偏差，因偏差很小，故不作考虑）。风力越大，距离越远，偏差也就越大。风从左吹来，射弹偏右；风从右吹来，射弹偏左。

表6-8 横和风修正量表

距离（米）\修正量\枪种	冲锋枪、半自动班用轻机枪		81式自动步枪班用轻机枪
	米	人体	人体
200	0.14	$\frac{1}{4}$	$\frac{1}{4}$
300	0.36	$\frac{1}{2}$	$\frac{1}{4}$
400	0.72	$1\frac{1}{2}$	$1\frac{1}{2}$
500	1.2	$2\frac{1}{2}$	$2\frac{1}{2}$
600	1.8	$3\frac{1}{2}$	$3\frac{1}{2}$

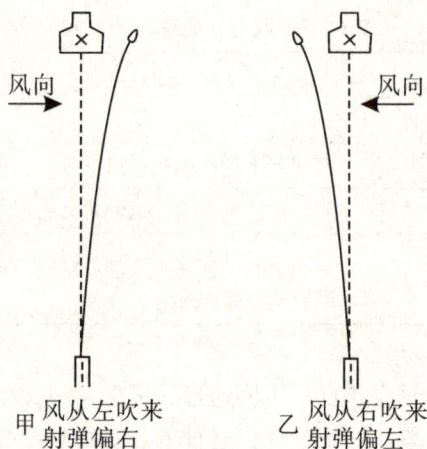

甲 风从左吹来 射弹偏右　　乙 风从右吹来 射弹偏左

图 6-18　横风对射弹的影响

　　在进行各种射击时，为了使射弹能够准确命中目标，必须根据射弹受风影响的偏差量，将瞄准点向风吹来的方向修正。修正时以横方向的和风修正量为准。强风加一倍，弱风减一半。斜方向的强（和或弱）风，应按横方向的强（和或弱）风修正量减一半。修正量从预期命中点算起，偏差多少，就修正多少。

　　为了便于记忆，表中修正量（人体）可归纳为：距离 200 米，修正四分之一人体，表尺"3""4""5"减去 2.5，强风加一倍，弱斜各减半。

　　例 1：对 200 米距离上的目标进行射击，强风从左吹来，如何修正？

　　解：对 200 米距离上的目标进行射击时，根据口诀横和风应修正四分之一人体，强风加一倍则为

$$\frac{1}{4} + \frac{1}{4} = \frac{1}{2}（人体）$$

　　也可按表求出，即 $0.14 \times 2 = 0.28$（米），约半个人体。所以瞄准点应向左修正半个人体。

　　例 2：对 500 米距离上的目标进行射击时，风以 2~3 米/秒的速度从右吹来，如何修正？

　　解：①目标距离 500 米，应定表尺"5"。按口诀计算，横和风的修正量为：$5 - 2.5 = 2.5$

　　②风速 2~3 米/秒为弱风应减一半。即

$$2.5 - \frac{2.5}{2} = 1.25$$

③右前吹来的风为斜风应再减一半。即

$$1.25 - \frac{1.25}{2} = 0.63 \ (人体)$$

所以，瞄准点应向右修正约半个人体。

对 300 米距离上的目标进行射击时，用口诀计算的修正量与表 6 - 8 中的人体修正量稍有差别，对射击精度影响不大均可运用。

为了运用方便，根据不同距离上的距离修正量，将在横和风条件下，对 400 米内目标进行射击时的瞄准情况归纳成如下口诀："一百不用修，二百瞄耳线，三百瞄边沿，四百边接边。"（见图 6 - 19）

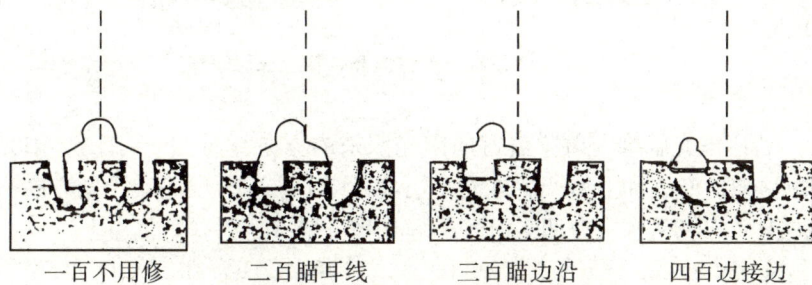

一百不用修　　二百瞄耳线　　三百瞄边沿　　四百边接边

图 6 - 19　横和风时的修正景况

（2）纵风对射弹的影响及修正。

纵风能影响射弹的飞行距离。顺风时，空气阻力较小，使射弹打远（高）；逆风时，空气阻力较大，使射弹打近（低）。但在近距离内，风速为 10 米/秒时，纵风对射弹影响很小，一般可不作修正。如 81 式自动步枪和班用轻机枪在 400 米距离上的修正量为 3 米，高低修正量为 2 厘米。因此在 400 米内，风速小于 10 米/秒，可不作修正。如对远距离目标进行射击时，应适当降低或提高瞄准点。

（二）阳光对瞄准的影响及克服方法

1. 阳光对瞄准的影响

在阳光下瞄准时，由于阳光的照射作用，缺口部分产生虚光，形成三层缺口：虚光部分、真实部分、黑实部分（见图 6 - 20）。如不注意辨清真实缺口位置，就容易产生误差，使射弹产生偏差。

图6-20 缺口部分产生虚光，形成三层缺口

（1）若用虚光瞄准，射弹就偏向阳光照来的方向（见图6-21）。阳光从上方照来时，缺口左边和上沿产生虚光，用虚光部分瞄准，准星实际偏右高，因此射弹偏右上。阳光从左上方照来时，用虚光部分瞄准，射弹则偏左上。

图6-21 用虚光部分瞄准，射弹偏向阳光照来的方向

（2）若用黑实部分瞄准，射弹就偏向阳光照来的相反方向（见图6-22）。阳光从右上方照来时，用黑实部分瞄准，准星实际上偏左低，因此射弹偏左下。阳光从左上方照来时，射弹则偏右下。

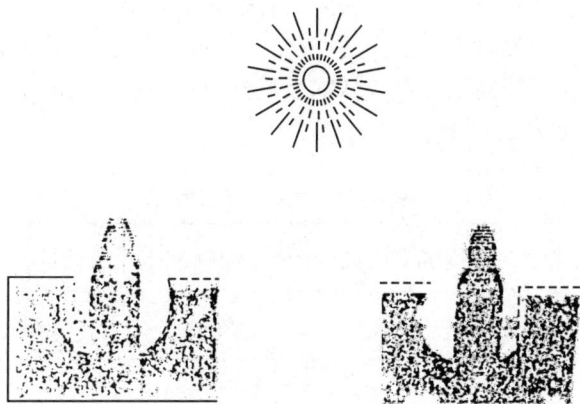

图6-22　用黑实部分瞄准，射弹偏向阳光照来的相反方向

（3）在阳光照射下，缺口和准星尖同时产生虚光时，若用虚光部分瞄准，射弹偏低；若用黑实部分瞄准，射弹偏高。

2. 克服的方法

（1）可在不同方向的阳光照射下瞄准，采取遮光瞄准不遮光检查，或不遮光瞄准遮光检查的方法，反复练习，辨清真实缺口的位置和正确瞄准的景况。辨别真实缺口的简易口诀："不用黑、不用白，真实缺口是灰白。"

（2）平整准星尖与缺口要细致，但瞄准时间不宜过长，以免因眼花而产生误差。

（3）平时要注意保护好瞄准具，不使其因被磨亮而反光。

（三）气温对射弹的影响及修正

1. 气温对射弹的影响

气温就是空气的温度。它随着天气的炎热程度和寒冷程度的变化而变化。气温发生变化时，空气密度也会随着改变，空气对射弹的阻力也就不同了。因此，气温可以影响射弹的飞行速度，使弹道的形状发生变化。

气温升高时，空气密度减小（稀薄），射弹在飞行中受到的空气阻力就小，射弹就打得远（高）。

气温降低时，空气密度增大（稠密），射弹在飞行中受到的空气阻力就大，射弹就打得近（低）。

2. 修正方法

由于各地区和各季节的气温不同，很难与标准气温（+15℃）条件相符。因此，应在当时当地的气温条件下矫正武器的射效，并以矫正的气温条件为准。

射击时，若气温差别不大，在400米内对射弹命中的影响较小，不必做修正。若气温差别很大或对远距离目标进行射击时，应适当提高或降低瞄准点再进行射击。气温降低时，应提高瞄准点或增加表尺分划；气温升高时，应降低瞄准点或减少表尺分划（见表6-9）。

表6-9 气温修正量表

每差10℃ 区分 修正量（米） 距离（米）	冲锋枪、半自动步枪、班用轻机枪		81式自动步枪、班用轻机枪	
	距离	高低	距离	高低
200	4	0.01	3	0.01
300	7	0.03	5	0.02
400	10	0.07	7	0.06
500	13	0.14	10	0.13
600	16	0.26	12	0.24

气温修正量可用公式求出：

距离（高低）修正量 = 气温差/10 × 气温每增减10℃时的距离（高低）修正量

例：81式轻机枪矫正射效时的气温为 +25℃，现在 -25℃的条件下，要对400米距离上的目标进行射击，应如何修正？

解：（1）气温差为25℃ - （-25℃）=50℃

（2）查表求得：气温每增加10℃在400米的距离上修正量为7米；高低修正量为0.06米。

（3）代入公式：

$$距离修正量 = \frac{50}{10} \times 7 = 35（米）$$

$$高低修正量 = \frac{50}{10} \times 0.06 = 0.30（米）$$

所以，射击时应增加半个表尺分划或提高瞄准点30厘米。

>>> 第三节　半自动步枪射击动作及对固定目标的射击 <<<

一、射击动作

（一）验枪

验枪是一项保证安全的重要措施，使用武器前后及必要时，均应验枪，认真检查弹膛和教练弹中有无实弹。验枪时严禁枪口对人。

口令："验枪、验枪完毕。"

动作要领：听到"验枪"口令后，右手将枪提起，以右脚掌为轴，身体半面向右转，左脚顺势向前迈出一步（两脚约与肩同宽），同时右手将枪向前送出；左手接握下护木，左大臂紧靠左肋，枪托贴于胯骨，枪刺尖约与肩同高；右手打开弹仓盖，移握机柄。

当指挥员检查时，拉枪机向后，验过后，自行送回枪机，关上弹仓盖，打开保险，扣扳机，移握枪颈。

听到"验枪完毕"口令后，右手移握上护木，身体半面向左转，在右脚靠拢左脚的同时，恢复持枪立正姿势。

（二）卧姿装退子弹及定复表尺

口令："卧姿——装子弹""退子弹——起立"。

动作要领：听到"卧姿——装子弹"口令后，右手将枪提起稍向前倾，左脚向右脚尖前迈出一大步（也可右脚顺脚尖方向迈出一大步），右手在左（右）脚尖前支地，顺势卧倒，以身体左侧、左肘支撑全身；右手将枪向目标方向送出；左手接握表尺下方，枪托着地，右手拉枪机到定位。解开弹袋扣，取出一夹子弹，插入弹夹槽，以食指或拇指将子弹压入弹仓，取出空弹夹，送弹上膛，将弹夹装入弹袋并扣好。右手拇指和食指揿压游标卡笋，移动游标，使游标前切面对正所需要的表尺分划。右手移握枪颈，全身伏地，两脚分开约与肩同宽，身体与射向成30度角，枪刺离地，目视前方准备射击。

听到"退子弹——起立"口令后，稍向左侧身，右手解开弹袋扣，打开弹仓盖，接住落下的子弹，装入弹袋，拇指拉机柄向后，食指和中指夹住从膛内退出的子弹，送回枪机，将子弹装入弹袋并扣好，关上弹仓盖，打开保险，扣扳机，关保险，复表尺，移握上护木，将枪收回；同时左小臂向里合，屈左腿于右腿下，以左手和两脚撑起身体，右脚向前一大步，左脚再向前一步，在右脚靠拢左脚的同时，恢复持枪立正姿势。

（三）跪姿装退子弹及定复表尺

口令："跪姿——装子弹""退子弹——起立"。

动作要领：听到"跪姿——装子弹"口令后，右手将枪提起，左脚向右脚前方迈出一步，左手将枪向目标方向送出；左手接握表尺下方，同时右膝向右跪下，臀部坐在右脚根上，左小腿略垂直，两腿略成90度角，左小臂放在左大腿上，枪刺尖约与肩同高，然后，按要领装子弹，定表尺，右手移握枪颈，目视前方，准备射击。

听到"退子弹——起立"口令后，按要领退出子弹，打开保险，扣扳机，关保险，复表尺，右手移握上护木，左脚尖向外打开同时起立，在右脚靠拢左脚的同时，恢复持枪立正姿势。

（四）立姿装退子弹及定复表尺

口令："立姿——装子弹""退子弹"。

动作要领：听到"立姿——装子弹"口令后，右手将枪提起，以右脚掌为轴，身体大半面向右转，左脚顺势向前迈出一步（两脚与肩同宽，成外八字），体重落在两脚上，右手将枪向目标方向送出；左手紧握表尺下方，左大臂紧靠左肋，枪托贴于胯骨，枪刺尖约与眼同高；然后按要领装子弹，定表尺，右手移握枪颈，目视前方，准备射击。

听到"退子弹"口令后，按要领退出子弹，打开保险，扣扳机，关保险，复表尺，右手移握上护木，身体大半面向左转，在右脚靠拢左脚的同时，恢复持枪立正姿势。

二、对固定目标的射击

（一）据枪、瞄准、击发

据枪、瞄准、击发是相互联系和相互影响的动作。稳固持久地据枪，正确一致地瞄准，均匀正直地击发，三者正确的结合，是准确射击的关键。因此必须刻苦学习，熟练掌握。

1. 据枪

下护木放在依托物上，左肘向里合；右手握枪颈，食指第一节靠在扳机上，大臂略成垂直；两手协同将枪托确实抵于肩窝，头稍前倾，自然贴腮。

2. 瞄准

首先使瞄准线自然指向目标，若未指向目标，必须调整姿势，不可因迁就瞄准目标而强扭枪身。需要修正方向时，可左右移动身体或两肘。需要修正高低时，可前后移动整个身体或两肘里合、外张，也可适当调整依托物。

3. 击发

用右手食指第一节均匀正直地向后扣压扳机（食指内侧与枪应留有不大的空隙），余指力量不变。当瞄准线接近瞄准点时，开始预压扳机，并减缓呼吸。当瞄准线指向瞄准点时，应停止呼吸，继续增加对扳机的压力，直到击发，击发瞬间应保持正确一致的瞄准。若瞄准线偏离瞄准点和不能继续停止呼吸时，应既不增加也不放松对扳机压力，待修正或换气后，再继续扣压扳机。

（二）据枪、瞄准、击发常犯的毛病及纠正方法

1. 抵肩位置不正确

射击时，射手若不能正确地抵肩，会使射弹产生偏差。在通常情况下，抵肩过低，易打低；抵肩过高，易打高。纠正时，射手要反复体会正确的抵肩位置，并通过他人摸、推的方法检查抵肩位置是否正确。

2. 两手用力不当

射击时，射手为了命中目标，往往以强力控制枪的晃动，造成肌肉紧张，用力方向不正、姿势不稳，使枪产生角度摆动，以致增大了射弹散布。纠正时，应强调据枪时正直向后适当用力，使用力方向和后坐方向一致。连发射击时，应保持姿势稳固，操枪力量不变。练习时，可采用据枪时由协助者向后推枪、拉枪机或射手两手向后引枪等方法，检查用力方向是否正确，发现偏差，及时纠正。自动武器射击应特别注意防止右手上抬、下压或向后引枪等毛病。

3. 击发时机掌握不好

无依托射击时，有的射手常常为了捕捉瞄准点，而勉强击发或猛扣扳机。纠正时，应使射手明白瞄准线的指向在瞄准点附近轻微晃动是正常现象。当瞄准线在瞄准点附近轻微晃动时，应适时击发。

4. 停止呼吸过早

射击时，停止呼吸过早易造成憋气，从而使肌肉颤动，据枪不稳或猛扣扳机。纠正时，应使射手反复体会在瞄准线指向瞄准点或在瞄准点附近轻微晃动时，自然停止呼吸的要领。在剧烈运动后，无法按正常情况停止呼吸时，应进行深呼吸后，再停止呼吸。

5. 耸肩、眨眼和猛扣扳机

射击时，射手过多地考虑枪响时机、点射弹数、射击成绩等因素，容易造成心情紧张，产生耸肩、眨眼和猛扣扳机等错误动作，影响射弹命中。纠正时，应强调按要领操作，把主要精力、视力集中在准星与缺口的正确关系上，达到自

然击发。

6. 枪面倾斜

瞄准时，如枪面偏左（右），射角减小，枪身轴线指向瞄准点左（右）边；射击时，弹着点偏左（右）下。纠正时，强调射手据枪应保持枪面平正。

（三）实弹射击有关规定和安全措施

1. 实弹射击有关规定

在进行实弹射击时，射手必须使用手中武器，如不使用手中武器，须经首长批准。

射击中如武器发生故障，射手应自行排除，继续射击。如果因武器、子弹发生故障，影响了射击，可重新进行射击。

跳弹命中靶子不计算成绩，对环靶射击，命中环线算内环。

打错靶算脱靶。被打错靶者如无法判明错弹时，可重新进行射击。

不及格者可补射一次。补射成绩不算入单位成绩。

2. 单位实弹射击成绩评定

优等：90%以上射手的成绩在及格以上，并有40%以上的成绩为良好或优秀。

良好：80%以上射手的成绩在及格以上，并有40%以上的成绩为良好或优秀。

及格：70%以上射手的成绩在及格以上。

3. 射击的组织和主要人员职责

（1）射击指挥员。负责组织设置场地，派遣勤务，督促全体人员遵守射击场的各项规定和安全措施，指挥射击。

（2）警戒组。负责射击场的警戒和观察任务。射击前应严密搜索并保证没有无关人员或牲畜进入警戒区内。警戒人员应携带警戒旗，发现险情应立即发出信号，向指挥员报告。

（3）示靶组。负责设靶、示靶和报靶。

（4）信号（观察）员。根据射击指挥员的指示发出各种信号，并认真观察射击场的安全情况，发现险情应立即报告。

（5）发弹员。按指挥员命令发给射手规定的子弹，收回剩余子弹。

此外，还有记录员、医务人员。

4. 射击场的安全措施

（1）射击必须有可靠的靶场，并构筑确保安全的示靶壕。

（2）射击场应区分出发地线和射击地线，无关人员不得越过出发地线。

（3）射击前，应向全体人员明确规定各种信号，如戒严、开始射击、停止射击（报靶）和射击终止等信号。

（4）开始射击信号发出后，示靶人员应迅速、确实地隐蔽好，严禁向外探望和外出。如需外出，应用信号向指挥员报告，经许可后方可外出。

（5）射击前后必须验枪，严禁将实弹和教练弹混在一起，没有指挥人员的口令不准装填实弹。禁止将已装实弹的武器留在任何地方或交给任何人。报靶时严禁无关人员进入射击地线，摆弄武器或向靶区瞄准。

【思考题】

1. 请说说 81 式步枪的工作原理。
2. 后坐是如何形成的？对命中有何影响？
3. 列举几种影响射弹的因素，并说说如何消除这些因素对射弹产生的影响。

第七章　综合训练

综合训练一直是我军训练的一个重要内容，它主要锻炼和提高部队"走、打、吃、住、藏"的能力。在这里，我们希望通过本课的学习，使大学生掌握综合训练的基本技能，培养吃苦耐劳的精神和坚韧不拔的意志。本章重点从行军、宿营和野战生存三个方面进行介绍。

≫≫ 第一节　行　军 ≪≪

一、特点与要求

行军，是部（分）队沿指定路线有组织的移动，其目的是转移兵力，争取主动，形成有利态势。

行军，按方式可分为摩托化行军和徒步行军；按时间可分为昼间行军和夜间行军；按强度可分为常行军、强行军和急行军；按行进方向可分为向敌行军、背敌行军和侧敌行军；按地形、气候条件可分为平原地、丘陵地、山地、山林地、沙漠、草原、高原地行军和严寒、炎热等条件下的行军。

分队通常在上级编成内沿指定的路线行军，有时也可单独组织行军。在上级编成内行军时，可在上级行军本队中行进，或担任前卫（前方尖兵）、侧卫（侧方尖兵）、后卫（后方尖兵）。

（一）特点

1. 隐蔽企图困难，生存问题突出

未来高技术战场，敌侦察、监视、预警和定位的立体化、大范围、多手段和高精度，以及空地火力打击的远距离、大威力、多层次和快反应，大大提高了敌人对战场的监控和打击能力，对我部（分）队行军产生较大的影响。加之分队组织摩托化行军时，不仅车辆和作战物资多，而且行军路线、速度受道路条件的制约大，行军展开队形长。有时，还可能实施远距离、长时间的行军。这些将使分队在行军中，隐蔽伪装、暴露企图、受敌打击的可能性增大，分队成员的生存问题更加突出。

2. 准备时间短暂，组织指挥复杂

在未来高技术局部战争中分队组织行军，具有很强的时效性，往往是在常驻地临时受领任务，行军组织与准备的时间紧、任务急、内容多，必须在短时间内迅速由平时状态转入战时状态，需要完成大量的工作。同时，由于参战的兵种和装备器材多，为了提高行军速度和行军效果，往往多种机动方式交替或同时使用，而且行军中，各种情况瞬息多变，难以预料，"走""防""打"的矛盾十分突出，警戒、调整、派遣和控制复杂，行军指挥要求高、难度大。

3. 行动快速高效，组织保障困难

为了争取主动，形成有利的作战态势，赢得战斗的胜利，分队行军时，必须严格遵守上级规定的行军路线、时间，快速组织、快速行进，准时到达上级指定的地域，确保实现上级的意图，达成行军的目的。这就给行军提出了更高的要求，给组织行军保障带来了更大的困难。

（二）要求

1. 合理确定行军部署

分队的行军部署，一般根据任务、地形、敌情、道路、数量等情况确定，其基本要求是便于指挥、便于运动、便于迅速展开和投入战斗。为此，分队在确定行军部署时，必须合理编制行军队形和确定行军纵队（分队通常编成一个纵队）；在行军地幅内正确选择行军路线；根据道路状况恰当掌握行军路径。

2. 加强指挥协同

分队实施行军时，必须加强指挥控制，密切协同作战，确保行动的有序、快速和统一。为此，应采取多种手段保持不间断的通信联络，实施不间断的指挥，严格规定和控制各分队的行动；加强对地面、空中的观察，严密监视敌人的动向，做好伪装，防范敌人的突然袭击；及时发现和处置各种情况；发扬我军不怕疲劳、连续战斗的优良传统和作风。

3. 全面组织保障

现代条件下行军，必须认真、及时而又全面地进行侦察、警戒、伪装、电子对抗、防空，以及对核、化学武器的防护，同时还要落实道路、工程、后勤、技术、调整勤务等各项行军保障，确保分队迅速、隐蔽、安全、准时到达指定地域。

二、行军组织

分队受领任务后，应在规定的时间内，有计划地做好行军准备。如时间紧迫，可在行进中继续组织和完善。

（一）传达任务，确定行军方案

分队指挥员接到行军命令后，应迅速向部属传达任务。在时间充足的情况下，应适时召开支委会或骨干会，传达上级的行军命令，分析研究敌情、任务、地形、道路、气象等情况，确定行军方案，周密安排行军准备工作。时间仓促时，指挥员可直接向分队传达、明确行军方案。方案的主要内容包括：行军路线、行军序列；各分队和配属分队的任务；前卫及搜索分队的编成和任务及警戒、搜索的方法；行军途中可能遇到的情况及处置方案和各种保障措施等。

行军方案确定后，应明确军官分工，分头组织和负责各项准备工作，并充分发挥专业技术军官的作用。军事主官主要掌握全面准备情况，并郑重考虑行军部署、各种保障的组织和行军中可能出现的情况及处置方案；副职军官通常负责提前设营，或在主管助理员（也可指定一名军官）的协助下，重点抓好车辆和通信器材的准备；政工军官主要了解和掌握人员思想情况，并在司务长和军医（卫生员）的协助下，做好后勤物资的准备。准备时，指挥员要亲临现场，边组织，边检查，边落实，并要互通情况，及时协调。

（二）下达行军命令，进行动员

行军命令通常在行军前向所属和配属分队下达。时间紧迫时，也可在明确尖兵的编成、本分队序列和路线后，先指挥分队按规定的时间出发，其他事项在行进中明确。行军命令的内容主要包括：

（1）敌情。

（2）上级任务。

（3）本分队的任务，行军出发时间、路线、通过调整点时间、行程，到达的时间和地点。

（4）行军序列、集合时间与地点。

（5）友邻及行军任务。

（6）行军时速及分队间隔。

（7）大休息地点、时间与警戒。

（8）行军中可能与敌遭遇的地点及行动，通过敌火力封锁区、沾染地段的方法，遭敌航空兵袭击时的行动。

（9）伪装与侦察。

（10）行军纪律、通信联络方法及信（记）号。

（11）指挥部与保障组的位置。

（12）完成行军准备的时间。

当行军路线上有我侦察分队和民兵活动时，还应明确与其的联络方法。

分队单独组织行军时，还应明确前方、侧方、后方尖兵的编成、任务、运动路线，与本队的距离，联络方法，可能与敌遭遇、受敌威胁的地点和各分队的行动等。

指挥员应根据实际情况，对分队进行政治动员，讲清行军的目的和要求，鼓舞士气，保证行军任务顺利完成。

（三）组织各种保障

高技术条件下的行军保障流动性强、时效性高、物资器材消耗大、保障困难。因此，指挥员必须根据受领任务、敌情、地形、道路等情况，着眼特点，周密计划和全面组织行军的各种保障工作，保障行军的顺利实施，按计划投入战斗（集结）。

1. 组织侦察

分队单独组织行军或担任上级行军纵队警戒分队时，应组织对行军方向的前方和两侧不间断地实施侦察，任务是及时发现敌人，查明敌人的兵力和编成，特别是敌重兵器的情况；查明行军道路的质量、通行和隐蔽情况，沿途城镇、较大居民地、交叉路口、隘路、渡口复杂地形的可通行程度，沿途可能遭敌火力封锁的地段，受沾染地区的地形和迂回路线情况。

分队行军中的侦察，通常由尖兵分队担任。如在行军准备时间充足时，根据上级指示，可由指挥员带侦察组对预定行军路线沿途的情况实施侦察或调查和询问居民。分队指挥员应对侦察中发现的情况，进行及时研究并采取措施，以力争主动。

2. 组织警戒

行军警戒的主要任务是：防止敌人对行军分队实施突然袭击，消灭或击退敌人的侦察和警戒，保障主力顺利行动；排除运动途中的障碍或迂回路线；在与敌人遭遇时，保障主力展开并投入战斗。当分队单独组织行军时，应向前、后、侧方派出尖兵。尖兵的编成，通常不大于本分队总兵力的三分之一；如向敌行军，前方尖兵应大于后方尖兵，背敌行军，后方尖兵应适当增强；在受敌威胁的翼侧，应派出侧方警戒，兵力一般不大于总兵力的九分之一。必要时，在可能遭敌袭击的主要地段，增派固定的侧方警戒，在分队通过后撤回。分队在上级行军本队内先行进时，通常只派直接警戒，对于担任行军警戒的分队，应根据任务给予适当的加强，使其具有独立完成任务的能力。

组织警戒时应明确派出兵力、时机、地点和距离，并给担任警戒的分队明确任务，规定联络信号、注意事项及完成任务的时间、归建的地点。

3. 组织通信联络

分队行军中的通信联络，应根据上级的通信保障指示和对敌斗争实际情况进行组织。通常是无线电通信、简易通信和运动通信相结合的，其中又以简易通信和运动通信为主。

当上级允许实施无线电通信时，分队应以无线电器材组织行军中的通信联络。摩托化（徒步）行军时，分队通常在尖兵分队、指挥部、所属（配属）各分队、收容组之间建立无线电通信联络网。

当上级要求在行军中保持无线电静默时，分队应以旗语、灯光、音响信号等简易方法实施通信联络，通常由所属各分队（车辆）的观察员通信联络任务。分队应明确规定简明的联络旗语、音响和灯光信号。在时间允许的情况下，应对观察人员进行训练，使之熟练地掌握各种信号。与上级的通信联络，要按上级的要求组织。

4. 组织对空防护

分队应严密组织行军时的对空防护。一要组织对空观察报知勤务，通常每台车（徒步行军时每排）指定 1～2 人担任对空观察员，充分利用观察器材实施观察，指挥员应给各观察哨明确观察区域，组成环形、多层、实时的对空观察网，并规定简易的报知信号；二要组织对空射击火力，组织编成内的便携式地空导弹、高射机枪、步机枪形成一定密度对空火网，掩护分队顺利行军。为便于指挥对空射击，可将空域按东、西、南、北方向依次编号。同时，还应确定遭敌空袭时的行动方法及抢救措施。

5. 做好物资器材准备

物资器材准备，主要包括对武器、弹药、装具、给养、饮水和药品等的准备。摩托化行军时，应根据敌情、任务和行程确定给养物资的携行量和保障方法，并明确随车携行的油料基数和加油的方法。徒步行军时，应根据行程、道路和气候等情况而定，以既保证战斗、生活，又不过多增加士兵的负荷量为原则，通常携行粮食 3 日份（其中熟食 1 日份）和必要的饮水，并准备好必备药品。可将部分防中暑、防冻及防晕车的药品下发至排，发给驾驶人员一些防止行军中打瞌睡的食品和药品，如辣椒、大蒜、大葱和清凉油等。

6. 组织技术保障

摩托化行军必须组织技术保障。分队组织技术保障通常选择 3～5 名技术骨干组成技术保障组，主要负责对车辆的检查、修理和行军中车辆故障的排除。出发前，技术保障组应对车辆进行仔细的检查，及时消除车辆的机械故障隐患，使其处于完好状态，达到喇叭响、灯光亮、油路通，发动就着、起动就走、刹车就停的技术标准。督促各车驾驶人员备好维修器材和备用零件，补充油料和冷却液，寒冷天气还应携带防冻液和防滑器材。在行军中，技术保障组应位于纵队末尾的车辆上，随时排除车辆故障和抢修受损车辆。

7. 组织设营组、收容组

在无敌情顾虑的情况下，分队可组织设营组。设营组通常由司务长（给养员）、炊事员等组成。设营组应提前出发。其任务是：在预定大休息及宿营（集结）地筹备食物、燃料和饮水；调查社情、疫情；选择和区分各分队大休息地点；宿营时住房或露营时划分所属各分队（车辆）的位置，派出人员在进入宿营地的路口接引分队；并向指挥员报告设营情况。

徒步行军时应成立收容组。收容组通常由一名军官、卫生员率领数名体质较好的士兵组成，在本队后跟进，负责收容伤病员和掉队人员，并组织其跟进。此外，收容组还要根据情况消除路标。

（四）检查行军准备

分队指挥员在出发前，应对所属分队行军准备的情况进行督促和检查。检查事项主要包括：所属各分队对行军命令传达落实和动员情况；武器、弹药、油料、粮秣和各种器材的领取、携带情况；炊事班的生活物资保障准备情况；卫生保障准备情况以及车辆状况等。

检查可由分队军政主官分头进行。对检查中发现的问题应及时解决，以保证行军各项准备按时落到实处。在行军准备时间紧迫的情况下，分队应抓紧时间，先完成最主要的准备项目，如传达命令、领取物资、车辆维修等，其他准备可在行军中进行。检查完毕后，指挥员应及时将完成行军准备的情况报告上级。

三、行军实施

指挥员应加强观察，掌握行军路线、方向、队形和速度。及时了解敌情、沿途地形和道路状况，克服各种困难，灵活果断地处置各种情况，组织分队迅速隐蔽地前进。

（一）组织装载、登车

分队指挥员应率所属人员准时到达装载登车（集合）地点。有敌情顾虑时，应派出警戒，掩护部队装载、登车。根据登车场的地幅，车辆可横向排列或纵向排列，纵向排列时，车距通常为50米。登车前，指挥员应明确所属各分队乘坐的车辆编号和登车顺序。所属各分队通常成两路纵队，按照先物资、器材、武器，后人员的顺序装载登车。在有敌情顾虑时，为避免登车场拥挤，各分队可按行军序列依次进入登车场，先到先装载登车。人员登车完毕，车辆应立即驶离登车场，进入道路的疏开编队。无敌情顾虑时，分队应统一进入登车场，按统一时间装载登车。

装载时，步兵排在车上成四路坐在个人背包上，中间两路背靠背，外侧两路背靠车厢板。战斗装具要随身佩带，枪口向上，两腿夹枪，靠于右肩。机枪、炮排、人员分别靠前、左、右车厢板，面向里坐在背包上；重机枪、高射机枪拆枪，将枪身（架）放置于车厢中部，弹药箱由弹药手负责携带，放于背包之间；榴弹发射器、兵坦克火箭（无后坐力炮）、迫击炮放于车厢中部。长途行军且敌情顾虑较小时，也可将炮口向下竖立固定在车厢板上，但要便于卸载。登车时，驾驶员在车厢左后方，带车军官在车厢右后方，协同打开车厢挡板。人员在车后列队，按后下者先上、先下者后上的顺序成两路登车。背包可提前放在车上摆好，也可由本人背带上车。其方法是：每路先上车一人，第二人上车前，先将武器交于车上人员，后一手拉车厢后挡板固定钩拉链，一手借车上人员拉力和身后一人的推力登车，上车后，再转身拉下一人登车，依次交替进行。每车观察员、安全员及信号员通常位于车厢后部便于观察、联络的位置。

（二）按时出发，通过调整地区（点）

分队在上级编成内行军时，应按上级规定的出发时间准时出发或通过出发调整点。单独组织行军时，按指挥员预定的出发时间出发。

调整地区（点）通常设在行军中易发生混乱、迷路、堵车或需在该点调整行军队形、速度的地点。通过调整地区（点）前，指挥员应根据上级规定本分队通过调整地区（点）的时间，调整行军速度，以按时到达调整地区（点）。通过时，应服从调整哨的指挥，保证行军队形不停顿地通过。分队因道路、天气、敌情、交通、车辆事故等原因提前或推迟到达调整地区（点）时，应及时向上级和调整勤务指挥员报告，根据上级和调整勤务调整的时间、顺序、速度通过调整地区（点）。如车辆发生故障，应停靠道路右侧抢修，驾驶员应用手势示意后续车辆超越前进，修好后立即跟进，利用部队休息时间归建；如道路宽阔，经上级批准，也可超越归建。车辆无法修理时，应及时请求上级补充车辆，或分乘其他车辆继续前进。

计算通过上级出发调整点时间的基本计算公式：

先头出发时间＝先头通过出发点时间＋分队行军长径［车距×（车数－1）］÷平均速度（千米/小时）×60

（三）严格遵守行军纪律

摩托化行军中，应严格遵守行军纪律，维护行军秩序。未经上级允许不得超越前方的分队。桥梁、渡口、交叉路口、居民地或与友邻分队相遇时，应按上级规定的顺序和调整哨的指挥通过，不准停留，不能争先拥挤。要主动给指挥车、通信车、卫生车、工程车和执行特别任务的分队车辆让路。保持规定的车速、车距，严禁随意超车。徒步行军由二路纵队变一路纵队时，应指挥先头行进的分队加速前进，以防后面拥挤；由一路纵队变二路纵队或通过难行地段时，前面应放慢速度，以防后面人员跑步追赶，增加其疲劳程度。行军中要严守纪律和行动秘密，做好宣传鼓动，开展团结互助。

（四）掌握行军路线、行军队形和行军速度

为避免走错路或迷失方向，指挥员应利用多种方法和手段掌握行军路线，如向导带路、询问当地居民、利用地图或行军路线图、路标（地面、墙壁、树木等做标记）和信号等。徒步行军时除上述方法外，还可利用指北针按方位角行进。使用向导带路时应注意适时更换。在复杂地形或夜间行军时，可派一名军官加强尖兵分队（车）的指挥，或由军官、骨干组成方向组，随尖兵行动。按地图行进时，应经常对照，判定站立点并检查行进方向，按照定方向、定通点、定到达时间的方法保持行进方向。注意发挥各车长、观察员（联络员）和驾驶员的作用，利用车辆里程表等多种方法掌握行军路线。如发现走错路时，应首先确定站立点，然后选择近路插向原定路线。如无把握应返回走错路的岔路口，选准方向，然后继续前进。

行军队形通常成一路纵队。徒步行军时，分队可成一路或两路纵队，沿道路的右侧或两侧行进。行进中，连与连之间的距离约100米，夜间或雾天行军距离可适当缩小。担任上级行军警戒分队或单独组织行军时，行军序列通常按尖兵分队、指挥观察所、兵种分队、战勤分队、后方尖兵分队的序列行军。在上级编成内行军时，通常按步兵分队、指挥观察所、兵种和火力分队、步兵分队、战勤分队的序列行军。行军队形，通常情况下本队内营与营之间的距离不小于1千米，不大于3千米；连与连之间距离100~200米，车与车之间的距离为50米，在尘土较大、坡度较陡、急转弯较多或通过沾染区时，可适当增大车间距离。尖兵车与本队之间距离，昼间为2~3千米，夜间为1~2千米。

摩托化步兵分队行军长径计算法：

摩托化步兵分队行军长径 = 车长 × 车数 + 车距 × （车数 − 1）

行军速度和一日行程，应根据上级命令、敌情、行军队形的编成、车辆的技术状况、道路的数量及质量、驾驶员的训练素质、行军的时间及气象条件等确定。通常情况下，常行军平均时速为昼间30~40千米，夜间20~25千米，日行程200~400千米。强行军主要是通过加快行军速度、减少休息时间的方式进行。

徒步行军时还应根据分队的体力，按常行军、强行军的时速掌握行军速度。由常行军转入强行军时，应向尖兵分队和所属各分队简要明确任务和组织动员，组织互助，根据上级指示进行必要的轻装，然后按强行军的速度行进。行军中，指挥员应根据情况适当掌握行军速度和队形间距，开始行军应放慢，然后按要求的速度行进。通过渡口、桥梁、隘路和道路交叉点时，指挥员应控制速度和队形间距，防止因拥挤、堵塞而耽误时间。通过后，先头队伍应适当减速，以便保持间距。

（五）适时组织休息

正确规定行军中大、小休息的时间和地点，是缓解行军疲劳、检查保养车辆、人员休息就餐，以保持分队持续行军能力，顺利地实施行军的重要条件。在上级编成内行军的大、小休息和远程连续行军的休息时间，通常由上级统一掌握。单独行军时，由本级指挥员掌握休息的次数和时间，应根据敌情、地形、道路等情况而定。休息分定时休息和定点休息。

摩托化行军的小休息通常每两小时左右一次。小休息地点应尽量选择在便于隐蔽的路段上，小休息的时间为 20～30 分钟。小休息时，车与车之间应留 20～30 米的距离，夜间应留 15～20 米，以保证人员登车时不拥挤，车辆一律停靠道路右侧，同时还要注意车辆的隐蔽伪装，做好防空准备。分队人员在小休息时，应下车排除大、小便，检查车辆，排除故障，给车辆加水，整理装载的物资器材。徒步行军的首次小休息通常在行军 30 分钟后进行，时间为 15～20 分钟。之后每行军 50 分钟休息一次，每次约 10 分钟。小休息时，应指挥分队靠道路右侧，保持原来队形，督促士兵整理鞋袜和装具，做好继续行军的准备。

大休息点选择在日行程一半以上的地点，应尽量离开公路，具有良好的隐蔽条件和水源。大休息时间约 2 小时。大休息时，指挥员应派出观察警戒，加强对地面和对空的监视警戒；指定观察员和值班武器，占领附近（距大休息点 100～200 米）的有利地形。指挥车辆离开公路进入大休息地点，疏散停靠，做好隐蔽伪装；督促人员野炊就餐；安排好伤病员的治疗；检查维修车辆，排除故障，加水加油；车辆有故障却无法进行修理时，应请求上级补充车辆，或调整车辆，损坏车辆的人员、装备分乘其他车辆。指挥员应抓紧时间调查敌情、地形、道路状况，视情况调整尖兵分队（车）和向导。在大休息结束后，应撤回观察警戒，组织人员快速登车，继续前进。

（六）对各种情况的处置

现代作战中实施行军，由于受敌空中和远程火力袭击的威胁增大，行军中的情况十分复杂，变化也大。因此，在行军中指挥员应不间断地了解沿途的敌情、地形和道路情况，正确、果断地处理各种情况，快速组织指挥，并及时向上级报告。

1. 改变行军路线时

在行军中，接到上级指示或因社会性情况需要改变行军路线时，指挥员应迅速命令分队停车，向分队简要说明新的行军路线。当前方有迂回路线能进入新的行军路线时，分队应仍按行军序列进入新的行军路线；当行军纵队已经超过插向新路线的路口，前方又没有新的迂回路线，或迂回路线较远时，分队应选择宽阔的路段或空地作为调头点，组织队伍依次调头进入新的行军路线。调头时，干部应亲自指挥，防止交通堵塞。当前方道路堵塞，附近又没有路线需要掉头时，可采用车辆原地调头法调头（将千斤顶置于车辆重心点，支撑起车辆，人工推动原地调头），改变行军方向和队形。在这种情况下，通常应变后方尖兵为前方尖兵，前方尖兵为后方尖兵。

2. 遭敌机空袭时

行军中，当收到空袭警报或防空命令时，应迅速指挥车辆就近离开道路，利用地形地物隐蔽伪装，人员下车就近疏散隐蔽。夜间行军时应立即关闭灯光和禁止灯火。根据上级的命令，指挥对空值班火器或组织分队集中射击低飞敌机。必要时可单车快速行驶，引开敌机，减少本队损失。空袭后应查明损失情况并报告上级。抢救伤员，抢修车辆，恢复行军队形。对一时难以抢修好的车辆，应就地隐蔽停靠，并报告上级。已损坏车辆上的人员、物资应分乘其他车辆继续前进。

3. 通过敌方炮火封锁区时

在通过敌方炮火封锁区前，指挥员应掌握敌炮火的射击规律，如时间、地点（段）、间隔等，明确分队行军队形和通过顺序、车距和间隔时间、通过后的停车地点、中途发生情况的处置方法；准备好拖车缆绳，人员戴好钢盔，军官进行分工，然后指挥车辆快速通过。如期间有车辆损坏，应迅速将其拖出危险区，无法拖出的车辆就地靠路边停放；人员快速跃进通过。如封锁区的道路有影响车辆通行的弹坑，应利用敌火力间隙组织人员填平弹坑，修复道路，保障车辆快速通过。分队通过后应检查、维修车辆，恢复正常行军队形，报告上级，继续前进。

4. 遭敌核、化学武器袭击时

接到敌核、化学武器袭击警报时，指挥员应迅速下达命令，指挥车辆就近利用地形防护，人员迅速穿戴防护衣罩，下车就近隐蔽防护。袭击警报解除后，应迅速查明人员伤亡和车辆损坏情况并报告上级，抢救伤员，抢修车辆，恢复行军序列。

通过受污染地段时，根据上级预报的受污染程度和范围确定通过方法。配属有防化侦察分队（组）时，应派其查明受污染程度并报告上级，如附近有迂回路线时，应报告上级以尽量绕过受污染区。当时间紧迫又无法迂回时，应增大车距，以最快速度通过。通过时人员除穿戴防护罩外，应放下车篷布，武器、器材应罩上防护外衣。通过后，应对车辆进行及时的洗消检查，人员口服抗辐射药物，喝足开水，排除大、小便。

5. 通过敌方地雷区时

遇敌方地雷区时，应指挥尖兵分队占领附近有利地形，指挥工兵分队迅速查明雷区的范围和性质，并报告上级，根据上级指示选择迂回路线绕过或开辟通路通过。通过雷区人员通常应下车，成两路纵队沿车辙印快速通过。

6. 进入敌方可能设伏区时

当分队可能进入敌方设伏区时，应指挥分队做好战斗准备。指挥尖兵分队下车，加强对道路两侧复杂地形的搜索，发现可疑征候应立即查明。当尖兵分队发现敌人伏击企图时，应立即报告上级，改变行军路线，绕过敌人的伏击地区。如无法绕过时，应指挥分队以突袭的战法向敌翼侧和侧后发起攻击，粉碎敌人的伏击企图，也可请求上级火力压制或驱逐伏击之敌。当分队进至敌伏击区边缘发现敌人的伏击企图或尖兵分队已进入敌人伏击圈并与敌触发战斗时，指挥员应指挥分队就近占领有利地形，迅速判明情况。如敌兵力较小应以包围迂回、穿插分割等战术手段，迅猛冲击，消灭或驱逐敌人，接近尖兵；如敌兵力较大，应请求上级并根据上级指示，协同主力歼灭敌人，或以火力掩护尖兵分队脱离敌伏击区。当分队已大部或全部误入敌伏击圈时，应迅速展开，抢占有利地形还击，抗击敌人冲击，并将情况报告上级，为上级炮火指示目标，伺机选择敌薄弱方向坚决突围，或根据上级的指示，协同主力歼灭伏击之敌。

7. 与敌遭遇时

与敌遭遇时，指挥员应视情况，指挥分队快速展开，抢占有利地形，果断下定决心，按照遭遇战斗原则灵活处置，并迅速查明情况，报告上级，然后根据上级的指示行动。

8. 发现敌机降时

行军中，当发现敌人在我前进道路附近机降时，指挥员应迅速报告上级，指挥分队立即抢占有利地形，打击敌机；当敌人在我行进道路前方机降时，应指挥分队加速前进，快速靠近敌人，展开并占领有利地形，先以火力打击机降着陆之敌，然后趁敌立足未稳，勇猛向敌发起冲击，歼灭敌人；当机降之敌企图夺占行进道路上的桥梁、渡口等交通要道时，应以火力坚决拦阻，并抢先占领；当敌机降在行军翼侧或后方时，应指挥分队就近抢占有利地形，先以火力打击敌人，并向机降之敌实施迂回包围，协同友邻或上级主力歼灭敌人。

四、夜间及特殊条件下行军的特点及要求

（一）夜间行军的特点与要求

夜间便于隐蔽行军，但视度不良，行军困难较大，容易迷失方向和走错道路；容易造成人员疲劳和精神过度紧张；简易发光信号和音响信号的可见（听）度增加，易于暴露；视度减弱，使工程、防化技术等项目保障作业难度增大，时效降低；调整指挥困难。这就要求在夜间行军时适当缩小分队间、车间距离。夜间摩托化行军时，尖兵分队（车）与本队之间距离为 1 ~ 2 千米；夜间单独徒步行军时，尖兵分队（班）与本队之间距离为 200 ~ 300 米。乘车通常为每小时 15 ~ 20 千米，一夜行程为 120 ~ 150 千米；徒步行军一夜的行程通常为每小时 3 千米。行军中要进行严格的灯火管制，保持肃静。夜间乘车行进，应尽量闭灯驾驶或开小灯驾驶，每台车均应设置能在夜间看到的识别标志，必要时安装防空灯或车底灯。采用易于识别的信（记）号和路标。出发地区（点）可用发光方位物加以标示，但应避免被敌发现和暴露企图。徒步行军时，每队最后一名士兵背后应有易于识别的标记，以便后队跟进，避免走错路。为能正确地掌握行军路线，行军前，应标好行军路线图，其方法包括：一是将行军路线每隔 5 ~ 10 千米划为一段，标出夜间便于识别的地物或方位物，并在下面注记至出发点的距离，根据里程表确定走过的距离和判定所在位置；二是在标准公路上行军，将路边里程碑数字注记在图上。可随时判定所在位置，便于图上与现地对照，以保持正确的行军路线。夜间休息时，人员不得离队，武器不得离身。行军中遇敌照明时，应迅速就地隐蔽，待敌照明过后利用有利地形迅速前进。

（二）山地行军的特点与要求

山地地形复杂，山高林密，路窄坡陡，道路崎岖，弯道多，转弯急，曲半径小，而且多为土石路面，雨天泥泞难行，有时还会出现塌方；山洪暴发时，道路、桥梁易被毁坏；气候多变，常有低云浓雾，视界受限，视度不良，观察判定方位困难，易迷失方向，对指挥、观察、联络和驾驶均有一定影响；道路起伏大，上坡、转弯时车速减慢，易使车辆拥挤，下坡时车速加快，队形疏密不匀。徒步行军体力消耗大，使行军速度下降，队形延长，造成通信联络和指挥困难；路窄弯多，容易造成道路堵塞，调整指挥困难；道路工程保障难度大，且易遭敌突然袭击。在组织行军时，分队指挥员要充分考虑到道路的起伏状况对行军的影响，预先备制绳索、刀、斧、锯等克服障碍的工具，特别要加强侦察、通信、警戒和道路保障等安全措施。上下坡和通过隘路、山涧时，应增大车距，降低车速，时速一般不超过 20 千米。在泥泞或冰雪路面行驶，必要时应上防滑链，车

速控制在每小时 5～10 千米，并加强前后联络，注意检查车辆状况，特别是制动状况。在狭窄的地方、急转弯处和山垭口派出调整哨。为保障翼侧的安全，应向翼侧的制高点派出侧方停留警戒，以控制通向行进路线的山间道路、谷地和小径；注意防山洪、林火。遇到大雾或夜间通过危险地段时，车辆应慢速行驶，必要时派人引导前进。

（三）荒漠、草原地行军的特点与要求

草原地形广阔无垠，夏季雨水集中、草类繁茂，冬末春初草木枯黄。沙漠地面松软，多流沙和沙丘（戈壁地面坚硬，多砾石）。此类地区居民和道路稀少，农产品和水源缺乏，气候干燥多变，常有大风，往往冬季严寒，夏季酷热。

荒漠、草原地虽然便于越野行进，但伪装隐蔽困难，标准道路、明显地物少，易迷失方向和走错路；行军速度低，燃料消耗大，轮胎或连接部位机件易损坏；水源不足，物资缺乏，补给困难；遭敌核化武器袭击时，化学毒剂和放射性物质受污染地域扩散面大，洗消困难；夏季行军易中暑，冬季行军易冻伤；驾驶、观察和调整勤务人员易发生雪盲。因此，荒漠、草原地行军，应根据行程和行军能力等情况减慢行军速度，增大食品、饮水携带量，规定用水标准。摩托化行军还应增大油料携带量，带足备份轮胎和必要备件。应根据不同地形和季节，采取防暑、防冻、防火灾、防暴风沙（雪）等防护措施，准备防护药（物）品和器材。驾驶员、观察员和调整勤务应佩戴防风、雪眼镜。行军中，应特别注意掌握方向和保持联络，尽可能沿道路行进，利用河流、湖泊、道路交叉点、沙丘等明显地形特征，驾驶现地与图上对照，防止走错路。夜间应加强警戒，防止敌人袭击。

（四）高寒地区行军的特点与要求

高寒地区空气稀薄，人员易疲劳，易出现"高山反应"；天气寒冷，容易冻伤；雪盖地面，容易迷路；积雪厚时，通行困难；气温过低，车辆不易发动，耗油量增加；行军速度慢，驾驶人员的观察困难；通信装备性能下降；道路工程保障难度大。

行军前，应准备好防冻的被服、装具和物品。调查好行军路线，做好雪地按图和按方位角行进的准备。制定雪地行军防滑和伪装措施，准备好克服冰雪障碍的工具，驾驶员给车轮安装防滑链，并做好伪装，根据出发时间及时发动，必要时提前给发动机加温。

行军中，要注意掌握方向，适当减慢速度。应缩短小休息时间，增加小休息次数，每次小休息的时间约 5 分钟为宜，每行进 1 小时左右小休息一次，人员下车活动，切忌睡觉。通常不进行大休息，如有必要，大休息应选择在有水源并避开风口的地点，力争吃熟食、饮热开水。阳光下雪地行军应戴上风雪镜，以防雪盲。越野通过封冻的江河前，应调查冰层厚度，根据冰层负重决定通过方法（－10℃以下、冰层厚度40厘米以上，或－10℃～0℃、冰层厚度50厘米以上时，一般汽车和装甲输送车可以通过）。通过隘路、山腰以及在暴风雪中行军应特别加强行军指挥和安全保障，防摔、防雪崩、防翻车，采取前拉后推或以绳索相助等办法克服强逆风和险情。行军中，指挥员应及时掌握气象台（站）的气象预报，了解气象情况和变化趋势，并利用自备器材及时测定气象情况。根据气象情况，恰当地确定行军时间，做好防寒准备工作。

（五）热带山岳丛林地行军的特点及要求

热带山岳丛林地，地形复杂，多陡山深谷，草深林密，河多流急，道路少而崎岖，天气多变，炎热潮湿，多雨多雾，毒虫多，病疫易流行，对分队行军的影响较大。因此，应加强对道路的侦察和保障，加强对车辆技术的保障，采取防暑和防虫害的措施。行军尽可能利用日出前和日落后的凉爽时间进行。行军前，应准备好防中暑、防毒虫（蛇）叮咬的物品以及各类药品，同时，还要携带开路的工具。适当加大尖兵分队的兵力，必要时，应组织开路分队与尖兵分队一起行进。行军中指挥员应有明确的分工，具体掌握尖兵、本队和后卫，做到尖兵有军官带领，本队有军官指挥，后卫有军官收容。注意控制饮水，饮水缺乏时，应寻找干净的泉水补充，并使用净水片消毒，严禁饮用未经流水线的生水。炎热天气行军，应减慢行军速度，增加小休息的次数和延长大休息时间。休息地点应选择平缓的山坡，或有树荫、通风干燥、高草少的地点，大休息的地点应靠近水源。休息时要加强观察、警戒，防止地面和空中的敌人袭击。为扩大观察视野，必要时可攀上高大的树干，进行观察。穿越密林、高草地要督促分队人员戴好帽子，捆扎好领口、袖口和裤口，以防蚊虫叮咬；并组织开路分队分组轮流开路。严禁采食不认识的野生植物和果实。雨天行军，要采取防雷击、防滑措施，通过山涧、溪流、桥梁，应查看上游有无洪水，检查桥梁有无损坏。通过泥泞易塌方的道路时，要先行观察，预防塌方。遇台风、龙卷风时应暂停行军，利用有利地形规避。

（六）水网稻田地行军的特点与要求

水网稻田地，河流沟渠纵横交错，稻田泥泞，道路少，路面窄，不便机动。组织行军时应特别注意加强道路和工程保障。做好克服河流、沟渠和泥泞等障碍的准备工作；检查车辆和火炮的技术状况，特别是制动部分，切实采取防雨、防滑、防陷措施，并携带备份零件和随车工具，做到随坏随修。

（七）江河地区行军的特点与要求

江河是天然障碍，给行军的组织指挥、通信联络带来不便。因此，指挥员应加强对渡口和徒涉场的侦察，精心计划，细心组织。

通过渡口时，应根据上级命令，预先派出侦察组，查明渡口情况，明确各分队隐蔽待渡地区、渡河顺序、时间、渡口和渡河器材等，等分队到达后，迅速组织队伍渡河。分队渡河时，应加强调整勤务，组织好警戒和对空防护。

通过徒涉场时，应首先了解徒涉场的宽度、水深、流速和河底状况，必要时，可组织人员修整两岸道路，清除河底障碍，标志行进方向和界线。通过时应正确掌握行进方向，车辆要低速行驶，开往指定地区，加强伪装，派出警戒。待分队人员全部到达后按命令再继续行军。

（八）城市行军的特点与要求

城市街道纵横，不易保持行军方向，迂回路较多，行军路线易被倒塌的建筑物阻塞。组织行军前应详尽查明城区的道路情况，特别是要了解易造成阻塞的道路，并预选和确定迂回道路。当上级未派出调整勤务时，应指派干部带领调整勤务先于部队出发，在道路交叉口执勤，负责分队通过时的调整勤务，并会同地方政府和交警部门调整地方车辆人员，防止阻塞道路。通过城区时，车辆应适当地减慢速度，缩小车距。徒步行军时，适当缩短行军路径，在调整勤务指挥下迅速通过城区。

≫ 第二节　宿　营 ≪

一、特点与要求

宿营，是部（分）队在行军、输送或战斗后的住宿。目的是使部（分）队得到休息和整顿，以便继续行军或做好战斗准备。分队通常采取露营、舍营或两者结合的方法宿营。露营是指在房舍外露宿或利用帐篷的住宿；舍营是利用居民房舍的住宿。分队通常在上级编成内宿营，有时单独组织宿营。

（一）特点

1. 条件简陋，环境复杂

战时条件下宿营，分队通常是根据上级意图随机选择宿营地域，有时在野外搭帐篷露营，有时利用居民房屋舍营，与正常情况下的住宿相比，宿营的条件相对简陋。分队对宿营地域的自然、社会环境比较陌生，需要一定的适应过程，复杂的环境给分队宿营管理带来一定困难。

2. 居住分散，指挥不便

为减少敌火力对宿营分队造成损伤，分队宿营时通常疏散配置，各分队住宿位置相对分散。为隐蔽宿营企图，宿营时无线电通信应保持静默，指挥员通常采取简易通信手段实施指挥，以便及时、有效地指挥分队行动。

3. 威胁增大，防护困难

现代条件下，由于敌人的侦察能力、隐蔽突防能力和火力打击能力空前提高，加之宿营本身的防护能力较弱，宿营地域一般缺乏完善的防护工事和设施，从而给安全宿营造成了很大的威胁。

（二）要求

1. 充分利用地形进行伪装

宿营地域的伪装，是防敌侦察和隐蔽分队宿营企图的重要措施之一。分队在选择宿营地域时，要充分考虑地形因素，确定宿营部署时要充分利用便于隐蔽、便于生活的地形地物，并采取各种有效手段，结合实地环境景况，进行确实巧妙的伪装。必要时，可设置假营地以迷惑敌人，达到伪装目的。

2. 加强侦察、警戒和防护

为预先发现敌人来自空中或地面的袭击，分队在任何情况下宿营时，都应派出侦察警戒，特别是对空中的侦察，并规定防敌空袭的警报信号，确保分队安全休息，减少损伤。同时在疏散地域内，人员、车辆和重火器应构筑必要的防护工事，派出的值班火器应以防空火器为主。此外，还应制定对核、化学和生物武器的防护措施。

3. 严格管理

分队到达宿营地域后，应迅速组织露营或舍营。在宿营过程中，指挥员主要的工作是对所属人员、车辆和生活的管理。禁止人员随意走动，检查、维修车辆，做好伙食和卫生管理，使人员的体力和精力通过宿营得以迅速恢复。

二、组织指挥与管理

分队宿营时，指挥员应根据分工，迅速组织指挥所属及配属分队完成各项准备工作，使分队尽快得到休息。

（一）选择宿营地域

分队宿营地域通常由上级确定，单独宿营时，自行选定。自行选择时，应视敌情、地形情况灵活采取预先选定或临时选定两种方法。预先选定，通常由指挥员先在图上确定宿营位置，然后派出设营队（组）预先进入宿营地域，查明宿营地域的敌情、地形、社情和居住条件，并区分各分队的宿营位置，选择停车场和进出道路，准备给养、组织警卫，迎接分队进入宿营地。在敌人刚撤离或战斗刚结束的地域宿营时，应当先派出搜索分队进行搜索。临时选定，一般在敌情顾虑不大、地形有利或分队战斗后急需休整的情况下实施。

宿营地域应当有一定的地幅和良好的地形，便于疏散隐蔽配置和休息；有良好的进出道路，便于机动、迅速地投入战斗；有充足的水源和较好的卫生条件。避开洪水道、油库、高压电源和易崩塌的危险地点，以免造成不必要的伤亡；避开严重的污染区，以便卫生防疫。宿营地域的面积，营通常为 6～8 平方千米，连约 1 平方千米，排约 0.4 平方千米，班约 0.05 平方千米。连间距通常为 300 米，排间距为 30～50 米，班间距为 20 米。

夏季宿营地点应选择比较干燥、地势较高、通风良好、蚊虫较少的地方；冬季宿营时，应选择在避风向阳的地区。

（二）确定宿营部署

宿营部署是部（分）队宿营时兵力所做的区分和配置。分队的宿营部署，通常根据敌情、地形、宿营时间、宿营方式等因素在行军命令中确定，也可能临时确定。当敌情威胁较小或集结地域有良好的地形时可采取集团部署，适当缩小宿营地域内各分队之间的间隔距离，以便指挥和管理。当敌情威胁较大时，应尽量采取分散的部署方式。

露营时，通常以连为单位，沿道路一侧或两侧，利用地形疏散配置。人员架设帐篷、搭棚子、利用汽车或挖掩体宿营；车辆应当离开道路，隐蔽在便于进出的地点。人员、车辆应构筑掩体，并采取严密的伪装措施。

宿营时，应当以连、排为单位，尽量在居民地边缘区配置，并离开重要交叉路口、桥梁和有明显方位的街区。人员配置在房屋内，车辆配置在建筑物外面便于隐蔽的地点，并进行严密伪装。露营和宿营相结合时，应当将救护所配置在房舍内。

住宿地域的部署主要包括分队宿营地的区分和紧急集合、紧急疏散的区分。部署应根据敌情、地形和宿营方式而定。露营时，应利用地形，以排、班为单位成疏散配置。乘车行军露营时，可配置适当人员在车上住宿；舍营时，应根据房舍条件，尽量按建制住房。不管采取何种方式，指挥员都应根据具体情况灵活地实施部署。步兵分队通常部署受敌威胁较大的外侧，火器分队通常部署在宿营地内侧便于发扬火力的地域，指挥所通常位于宿营地域中央附近、便于指挥的地点。紧急集合场应选择在宿营地内或附近便于集中的地点。紧急疏散场应选择在便于疏散且隐蔽的地点。宿营警戒部署主要包括观察、报知、勤务的派遣、班哨、步哨、流动哨、潜伏哨和警卫哨的部署等。

宿营部署确定后，指挥员应迅速明确各分队的住房或露营地，确定次日的主要任务及为执行任务应做的准备，宿营的通信（记）号及口令、指挥员的位置；制定隐蔽伪装、灯火管制措施。根据情况划分防空疏散区，组织构筑必要的工事，消除车迹、足迹；明确遭敌核、化学武器及空袭等遭敌突然袭击时的行动。

（三）进入宿营地后的工作

分队到达宿营地域时，应当在设营人员引导下，隐蔽地进入到指定的宿营地域。指挥员应立即派出警戒，指定值班分队，明确集合场、各分队疏散位置和遇有紧急情况时的行动方法，提出宿营要求及注意的问题；组织分队严密伪装，及时补充油料、物资和给养，检查维修车辆和其他技术装备；督促分队按时休息，并为次日继续行军、输送或战斗做好准备；及时向上级呈送宿营报告。

1. 组织警戒

进入宿营地后，应迅速指定对空观察哨和值班火器（或分队），根据情况向有敌情顾虑的方向派出排哨、班哨、步哨、游动哨和潜伏哨。派出警戒的数量和距离，应根据敌情、地形和分队展开所需时间而定。分队在上级编成内宿营时，通常只派出直接警戒。在任何情况下，宿营地域内都应派出警戒哨，严防敌人突然袭击和敌特破坏。摩托化行军宿营时，应加强对车辆的警戒。

2. 呈报宿营报告

分队进入宿营地后，应迅速搜集行军和宿营情况，及时向上级报告。报告的方式有文字、口述等。营、连通常向上级呈送宿营报告（附宿营部署图），也可口述报告；排通常向连口述报告。

宿营报告的主要内容是：

（1）当日出发时间、经过地点、行程、到达时间和地点、人数及伤病员情况。

（2）宿营部署（绘制略图）。

（3）武器弹药、装备器材、给养和车辆损耗情况。

（4）人员思想简况。

（5）存在问题和请示事项。

3. 组织休息，搞好管理

部署完毕后，各分队应迅速进入各自宿营地，做好以下各项工作：

（1）卸载、卸装，选定架设帐篷的具体位置。选定位置后，应组织人员进行修整。通常，夏季应铲除杂草，略加平整土地，开挖排水沟，燃烧艾草以驱除蚊虫。冬季应利用就便材料设置挡风墙，采集干燥的茅草、树叶或细枝条进行燃烧以及铺设地铺等。

（2）架设帐篷、挖掘厕所。分队通常利用制式帐篷露营，若无制式帐篷，可利用就便器材，如雨衣、雨布、树枝等架设简易帐篷。

（3）寻找水源，明确饮水、用水的方法，并注意警戒水源。

（4）做饭、吃饭。分队通常以野炊的方式制作热熟食。分队组织野炊的方法，通常有炊事班野炊和战斗班野炊两种，有时也可采取战斗班做饭、炊事班做菜的方式进行。组织野炊时，指挥员应派出警戒，明确野炊的位置、方式、隐蔽伪装措施、时间、要求及注意事项。

（5）检查、维修、保养车辆，加油加水。

（6）擦拭武器、整理装具，补充弹药，准备器材。

（7）安排好伤病员，穿刺脚泡，烤晒衣服。

（8）军官深入排、班，检查督促分队尽快休息，加强查铺查哨。

4. 伪装宿营地域

为了防止敌侦察和空袭，分队应采取各种措施，严密伪装宿营地。

对帐篷、车辆、技术兵器等固定目标，应尽可能配置在有利地形上，采取制式器材与就便器材相结合的方法进行伪装，伪装后的目标，要特别注意与现地环境相一致，以缩小反差。对露营地的进出道路应选择在背敌方向上，人员行走时应避免集中踩踏，并将被踩倒的树枝、杂草恢复原样。宿营地内应尽量减少人员走动，并将器材装具尽量搬入帐篷（房屋）或加以遮盖。野炊应利用拂晓和黄昏进行，并利用散烟灶或采用其他散烟措施减少炊烟。

5. 做好群众工作

分队单独宿营时，指挥员应适时与当地政府和人民群众取得联系，了解社情。向分队简要介绍宿营地区的敌情、社情和风俗习惯，认真执行党的政策和三大纪律、八项注意，开展拥政爱民活动，根据实际情况，动员群众，封锁消息，防奸保密，做好宣传工作，武装群众，帮助民兵训练，组织助民劳动解决群众困难。离开宿营地时，应做好群众工作，送还借用的东西，挑水扫地，填平厕所，征求意见，检查纪律。

（四）情况处置

在宿营中，指挥员要善于预见可能遇到的各种情况，发现情况灵活指挥，果断处置。

当遭敌空中或地面火力袭击时，应立即发出警报，组织、指挥分队迅速进入指定疏散地区隐蔽，并采取防护措施，同时组织对空火器打击敌低飞飞机、武装直升机。敌空袭后，视情况继续宿营或根据上级指示转移宿营地。

当遭小股敌人袭击时，应当以值班分队或就近分队，迅速围歼或驱逐。当敌兵力较大时，应当指挥分队迅速抢占有利地形，顽强抗击敌人，同时注意边战斗边查明情况，及时报告上级。

当发现有敌向我宿营地附近空降时，应立即报告上级，并指挥分队迅速抢占敌空降地区要点，根据上级指示，在友邻和民兵的协同下，歼敌于立足未稳之际或掩护主力迅速撤离宿营地区。

当接到敌核、化学、生物武器袭击的警报时，应迅速进入疏散区，利用地形和工事进行隐蔽，利用制式或就便器材进行防护。袭击过后，应抢救伤员、灭火、消除污染（消毒），并将情况报告上级，根据命令，组织分队撤出污染地区。

三、特殊条件下宿营的特点与要求

特殊条件下的宿营是指在地形特殊、气候恶劣的情况下实施的宿营，通常以露营为主。分队针对特殊条件下宿营的特点，应采取相应的措施，周密组织宿营。

（一）山地宿营的特点与要求

山地一般群山连绵交错，斜面陡峻，岭高谷深，死角隐蔽地多，地形复杂，岩石较多，并有断崖绝壁。居民地稀少，交通不便。

在山地宿营时，分队应当配置在道路、山谷的两侧和森林中有水源的地区，避免直接沿道路、林缘和可能发生山洪、坍塌、雪崩的地区配置，加强警戒，控制交叉路口、桥梁、制高点、山垭口和重要道路，并采取防火措施。

分队独立宿营时，应在距宿营地附近能瞰制我方的重要通道的制高点派出警戒；在一切场合，均应向宿营地周围派出步哨、游动哨和潜伏哨。在便于敌接近、袭击的山垭口道路上应设置障碍物和组织警戒，在有利的山脊斜面上应预先构筑防御工事、修筑进出道路，保证有情况能及时占领有利地形和阵地。夜间为了保障步哨观察不到的起伏地、地褶或间隙地的安全，就近派出游动哨和搜索组。

（二）高寒地区宿营的特点与要求

在高寒地区宿营时，分队应当配置在避风、便于防寒取暖的地点，如凹地、高地一侧的台地上和小居民地等。尽量避免在雪线以上地点宿营，以防人员冻伤和风暴袭击，还应避免在深谷、雨裂附近宿营，以防泥石流、冰川、雪崩、山洪的损害。

高寒地区宿营，为尽量减少在外面停留的时间，人员应当尽量挖洞（窑）或垒雪墙宿营。其方法是在地面或积雪中挖一个方坑，然后用土块、石块或硬雪块堆砌成墙，用木棍、树枝作横梁，上面盖上帐篷或雨布、雨衣等并压紧。用制式棉帐篷露营时，必须用土或雪压紧帐篷四周，做到密封、保温、坚固，能抗风暴袭击。有条件时，可利用居民地宿营。房舍不足时，应组织分队轮流进入房舍取暖。宿营时，应组织分队尽量吃热食、喝热汤以增加热量。卫生员要进行巡诊，及时发现和医治伤病员，有高山反应的人员要及时服用参麦片、安茶硷、安宁等药品。对被冻伤的人员，除告诫不准火烤或热水烫洗外，要组织用雪或冷水擦洗并使用冻伤药。同时还应采取措施防止雪盲。睡觉时，要合理安排铺位，既方便执勤，又便于在发生紧急情况时迅速离开棚舍。必要时，人员应戴棉帽，放帽耳，穿棉裤、袜子就寝。

在高寒地区宿营，还应做好武器装备、车辆和器材在低温条件下工作、战斗的准备。车辆如无防冷液，应根据情况，停车后立即放水或定时发动保温，以免损坏水箱。

为防止敌人滑雪分队突然袭击，宿营地要适当缩小各分队配置距离，并周密地组织宿营警戒。派出警戒分队时，要配置便于在冰雪地上运动的输送工具和滑雪器材。此外，还应组织形成环形直接警戒。

（三）热带山岳丛林地宿营的特点与要求

在热带山岳丛林地宿营时，通常以露营为主。地点通常选在干燥、通风、靠近水源、有良好进出道路的山腰、山坡或平台上，要避开沟谷、洼地，以避免山洪塌方的威胁；避开道路、林缘和明显方位物，以免阻塞道路和被敌发现；避开高大树木和茂密高草，以防雷击、失火。在车上住宿时，车辆一般应尽量离开公路，选择在便于进出的较宽的沟谷、傍山旷地、山脚等既便于疏散隐蔽、停放车辆，又便于迅速登车的地域。

搭棚应就地取树，可充分利用竹竿、树枝、茅草、芭蕉叶等天然材料与雨衣、塑料布等器材结合搭绑成棚。用茅草搭棚顶时，要先扎成束，再依次上压，不能随便堆放，以防积水漏雨，床铺应以树桩、石块等支起，离开地面 30～50 厘米，以防潮染病；宿营棚周围要挖排水沟，铲除杂草，必要时撒些草木灰，以防毒蛇、毒虫。

热带山岳丛林地视、听受限大，警戒困难，因此，宿营时应加强警戒力量，适当增加警戒点，缩短警戒距离。警戒位置应选在可观察到主要通道的高地上，或敌人可能接近、渗透的林间、草丛、谷地、死角等处，应做到便于隐蔽观察、潜听，便于及早发现敌人，便于扼守和发扬火力，便于机动和撤回。为节约兵力，可以兵力与障碍相结合，有重点地设置地雷、绊索、陷阱、布设可发声的罐头盒等。遭敌袭击时指挥员要冷静分析敌情，判明敌兵力、企图，结合战斗预案，果断、迅速地指挥分队占领阵地，依托有利地形，歼灭敌人，切忌犹豫不决、惊慌混乱。

（四）荒漠、草原地区宿营的特点与要求

荒漠地水源缺乏，人烟、道路、植被稀少，气候干燥。冬季严寒，最低可达零下20℃～40℃。夏季酷热，最高气温可达50℃～60℃，昼夜温差可达30℃～40℃。草原地平坦开阔，居民地和树木稀少，水源不足，无固定道路。夏季雨水较多，牧草繁茂，但冬季草木枯黄，易引起火灾。

荒漠、草原地宿营应尽量选择在居民地、绿洲或具有水源的地区，最好是能在居民地宿营，但这种情况较少。在荒漠地露营，应避开风口，搭帐篷时应避开沙丘的迎风面。帐篷应尽量低下，多设固定钢钎和拦索，以防被风吹拔。同时应注意节约燃料和用水，并采取防暴风沙措施。

分队应根据不同的情况加强伪装和对空防护，严格宿营管理，控制人员活动范围；向受敌威胁方向派出警戒，在敌人可能隐蔽的复杂地形上派出潜伏哨。特别应加强对水源的警戒，必要时可设假宿营地迷惑敌人。在车上住宿时，应充分利用和改造地形，采取各种伪装方法，欺骗敌人，加强隐蔽。

（五）水网稻田地区宿营的特点与要求

水网稻田地区地形平坦开阔，水陆交通便利，水系繁多，地下水位高，村镇树木稠密，物产丰富，为分队选择良好的宿营地提供了方便。

在水网稻田地宿营时，分队应当尽量利用村落、居民地宿营，也可选择水网稻田间的旱地组织露营；但应力求避开较大的村镇、重要桥梁、堤坎、交通枢纽等明显目标。将宿营地选择在小而分散的村落、土丘、树林间、田间空地等有利地形上；在一般条件下也应避开环形水域，做到既能有效隐蔽，又能适时机动和集中，以便分队迅速进入战斗或转移兵力。在宿营时，车辆应当选择在便于机动的道路两侧靠营地的地点停放，并加强伪装和对空防护。

宿营时，指挥员要根据情况及时向有敌情顾虑的道路、河渠、稻田、桥梁、渡口等方向派出警戒。

（六）城（镇）地区宿营的特点与要求

城（镇）地区道路纵横，房屋较多，水源充足，食物供应和通信条件良好，特别是大中城市建筑物较为坚固，为分队宿营、抵御自然灾害和防敌空袭提供了良好的条件。但由于城（镇）房屋较多，观察条件受限，道路较为狭窄，一旦遭敌袭击，难以查明、判断、处置情况。当城（镇）遭到破坏，如发生火灾时，道路易阻塞，对分队机动造成较大影响；城区人员复杂，警戒任务繁重；当进入遭敌破坏后的城区宿营时，水源和补给条件一般较差。

分队在城（镇）宿营时，应按上级指定范围选择坚固、较高的房屋宿营，力求避免在同一建筑物多层同时宿营，避开易倒塌和造成火灾的建筑物。车辆通常沿道路一侧靠近较为坚固的建筑物配置，避免集中停放。分队应在地方政府和人民群众配合下，加强观察和警戒勤务，选择便于观察的高大建筑物派出对空观察和值班火器，对便于敌军接近的道路派出班、排哨，在宿营区内派出步哨、游动哨。加强分队宿营管理，禁止人员单个外出和与不明身份的人员交往，调查消防设施位置、种类，确定值班分队，明确处理意外事件的措施。了解宿营区域周围的建筑物和道路情况，特别是易于阻塞的道路情况，给分队明确迂回、离开的路线。

》》 第三节 野战生存 《《

一、各种复杂地形、气候条件下露营

野战生存是指在食宿无着的条件下求得生存。

现代战争的残酷性、复杂性和参战人员所处的作战环境多样性的特点，决定了每个士兵都必须学会在复杂条件下进行露营、野炊、识别和食用野生食物的方法，以保证在恶劣的环境中生存并隐藏，安全、有效地恢复体力，保持持久的战斗能力。

所谓复杂条件下露营是指在无居民地及农作物可利用的山岳、丛林、沙漠、草原、戈壁、沼泽等环境中的设营。

（一）山地露营

在山地露营时，应把露营地选择在避风、防洪且没有发生山崩、塌方的山坡地段上或者谷地、峡谷的高坡上，并且要考虑到尽量靠近水源，冬季要避开有雪崩危险的地段。因山区水源不足，应特别注意保持环境卫生和防止水源污染。在一般山区露营时，通常用制式器材和就便器材架设帐篷或搭草棚。搭草棚时，通常以班为单位，也可以组或个人为单位，但不得成片砍伐树木，破坏天然伪装。帐篷、草棚周围要挖排水沟。

在高山区，特别是当有可能吹倒帐篷的暴风雪时，最好构筑地窖式简易掩蔽部。

（二）沙漠、戈壁、草原地露营

沙漠、戈壁、草原地露营应尽量选择在绿洲或具有水源的地区、居民地。

在沙漠、戈壁、草原地露营时，以制式器材和就便器材架设帐篷和搭草棚为主，结合垒石墙、挖土壕（坑）设置露营地点。搭设帐篷时，应避开风口、避开沙丘的迎面风，帐篷应尽量低下，多设固定钢钎和拉索，用沙土或雪尽量将帐篷布脚埋设压紧，以防被风吹拔。根据不同的地形和季节，注意防洪水、防暴风沙（雪）、防泥石流等，并注意节约燃料和用水。

（三）酷暑条件下露营

在酷暑条件下露营时，可采用搭遮棚或吊床的方法进行。搭遮棚时，位置应选择在干燥、通风的缓坡上，要避开大树、陡崖峭壁，以防雷击、塌方。遮棚周围要挖排水沟，铲除杂草，必要时，撒些草木灰，以防毒蛇、毒虫。就地取材时，应注意不要成片砍伐草木，以保护天然伪装。

（四）严寒条件下露营

在高寒地区露营时，人员应减少在外停留时间，防止冻伤。设营通常采用搭帐篷、架草棚、挖雪洞、堆雪墙、堆雪房等方法。有条件时还可在草棚中燃火取暖，但必须时刻有防火员值勤，以防发生火灾和一氧化碳中毒。宿营时，应尽量吃热食、喝热汤以增加热量。睡觉前应多用雨布（衣）、干草等隔潮材料铺设地铺。睡觉时，应注意避风和保暖，可采取两人合睡，同盖大衣棉被，相互依靠取暖的方法。

（五）架设和构筑简易帐篷、遮棚、猫耳洞、简易掩蔽部

1. 帐篷

帐篷可分为屋顶型帐篷和单坡面帐篷两种。屋顶型帐篷是将绳子拴在两棵树之间拉紧形成脊线，或者用锹柄、木棍等物作支柱，用背包带连接两个支柱顶端，两端延长斜拉固定在地桩上形成屋脊样式，将方块雨衣或军毯等搭在脊线上形成两个屋顶坡面，坡面底边用石块压牢即成。根据需要还可将数块雨布连接，构成4～8人用的大帐篷。架大帐篷时，脊线下应加设若干支柱，以减少绳子拉力，保证帐篷牢固。单坡面帐篷利用断墙、堎坎等，将雨布的一边固定在墙或坎上，另一边固定在地面上，即可形成单面坡帐篷。

2. 遮棚

在林中过夜，可以就地取材搭制临时遮棚。

（1）单坡面遮棚。

先挑选和制作 3 根直径 4 厘米、长 2 米的木棍作檀杆，再用 5 根直径 3 厘米、长 1.5 米的树棍作椽子。各檀杆之间的间隔为 0.5 米，椽子之间取等间隔用绳子绑牢。将脊檀靠在两棵树上成为单坡面框架，然后将带叶的小树枝扎成把，像铺瓦一样一把一把重叠挂在檀杆上，挂满后即成单坡面遮棚。

（2）丛林遮棚。

在热带雨林中，宿营时间较长时，搭制严密的遮棚，可以纳凉、遮雨、隔潮。方法为：根据遮棚的面积打 4 根直径 10 厘米、高 2 米左右的立柱，在立柱离地面 40 厘米处的两个对边上，绑两根直径 10 厘米横杆作底架，底架上密铺直长的树杆作地板。然后向上每隔 40~50 厘米绑横杆，以便于挂雨布或树枝作遮墙，顶部平铺雨布作顶，即搭成丛林遮棚。

搭制遮棚宜选用新砍伐的质地坚硬的树木枝杆，使用顶替树枝干时，应将其敲打或剥皮以驱除昆虫。

（3）吊床。

夏季丛林中，宿营时间较短时可采用吊床。吊床制作很简便，帆布、军毯、伪装网都可以制作。吊床两端拴在两棵树上，上面再拉一根绳子，搭上方块雨布，四周用绳子系牢，便成为一个防水遮阳的帐篷。

3. 猫耳洞、雪洞

时间充裕时，可挖猫耳洞露营。即在土质较好的沟壕，土坡的侧壁上，挖掘一猫耳形状的栖身洞，洞口开设在向阳背风的方向。在积雪较厚的寒冷地区，还可以挖掘雪洞避风御寒，当雪洞外气温在零下 30 摄氏度时，雪洞内温度可达到零下 5 摄氏度。雪洞应选在积雪较厚的地方。通常积雪 1.5 米以上即可直接开口构筑，积雪较薄的地方，可以将雪堆积起来后开口构筑。

雪洞一般不宜过大，以防坍塌。洞口呈拱形，开在避风之处。进出通道可根据情况掘成水平式或倾斜式。洞挖好后，可用雨布封闭洞口保温，但须留一通气孔以防窒息。洞内要留一把铁锹或刀，用于雪洞坍塌或风雪封堵洞口时自救。

4. 地窖式简易掩蔽部

在高山区，特别是当有能吹倒帐篷的暴风雪时采用。方法是：在地面或积雪中挖一个四方坑，然后就便用土、石块或硬雪块堆砌成墙，用木棍、树枝作横梁，上面盖上帐篷或雨布、雨衣等，并压紧。用制式棉帐篷更为方便，但周围必须用土或雪压紧，做到密封、保温、坚固、能抗风暴袭击。

二、野生动、植物的识别和食用

野生动物和植物都具有一定的营养价值，可作为辅助食物或主要食物。在野战条件下，单兵携带的给养是有限的，而作战情况又是复杂多变的，因此，学会各种野生动、植物的识别和食用，对在特殊情况下持久地完成作战任务具有重要意义。

（一）可食植物的识别和食用

在各种野生植物里，有毒的植物种类不多、数量有限，大部分野生植物均可食用。可食用的野生植物可分为淀粉类、野果类、野菜类、蘑菇类和海藻类。

鉴别植物是否有毒，比较可靠的方法是根据上级下发的可食野生植物的图谱进行认真鉴别；第二种方法是向有经验的战士或当地居民了解可食植物的种类和识别方法；第三种方法是仔细观察动物采食的情况，一般情况下，老鼠、松鼠、兔子、猴子、熊等动物吃过的植物对人体也是无害的。但是鸟类可以食用的植物，人不一定能够食用。我国南北方常见的可食野生植物有以下几种。

1. 淀粉类

（1）白蔹（山地瓜）。产于我国北部、中部和东部。生长在荒山坡小树林下、草地及田埂旁。葡萄科，藤本，有纺锤性根块。叶掌状，3～5厘米长，全裂，裂片形状颇多变化，叶轴有两翅，夏季开花，花小，黄绿色，聚伞花序。浆果大如豌豆，初为蓝色，后变白色。其根部含淀粉和葡萄糖，可采集食用。

（2）芦苇（石根草、芦嘴子、苇子）。分布遍及我国温带地区，生长在沟边、河沿、道旁及比较阴湿的地方，多年生长草本。地下有粗壮的根茎，叶片广披针形，排列成两行。夏秋开花，圆锥花，序长10～40厘米，分枝稍伸展；小穗含4～7朵小花。可采集根部和嫩芽食用，霜降后、清明前挖根制糖和淀粉食用。

（3）稗（稗子草、野稗）。生长在田边沼泽地，又为水稻田中的草，一年生草本。秆直立或基部倾斜，光滑。叶稍无毛，缺叶舌和叶耳；叶片线状披针形，上面粗糙。圆锥花序直立开展；小穗密集于轴一侧，有硬刺毛，第一外桴有一粗芒。颖果小，椭圆，干滑光亮，尖端是小尖头。它除含淀粉外，还含有11.2%的蛋白质及小量的脂肪，夏季可采种子，碾去外皮后煮粥吃。

2. 野果类

（1）茅莓。广布于全国各地，生长在山坡灌木丛中或路旁向阳处，食用果实及嫩叶。7～8月果实成熟，味酸可生食。攀缘状灌木，在枝和叶柄上全生有毛和钩状小刺，叶为羽毛状复叶，小叶多为3片，也有5片的，近圆形，顶端一片较侧生叶片大，边缘有不整齐的深齿缺，下面呈白色，密生短毛。花单生在叶腋，或由几朵聚成短圆锥花序，生在树顶，总梗有稀疏的刺，花瓣粉红色，倒卵形。小核果球形，红色，核有深窝孔。

（2）沙棘。分布于河北、山西、陕西、甘肃、宁夏、青海、新疆、四川、云南等地，常成丛生长在河岸的沙地或沙滩上。9～10月果实成熟可生食，味酸而甜。有刺灌木，叶窄，线形或线状披针形，长2～8厘米，宽2～8毫米，上面呈绿色，下面为银白色。花雌雄异株，雄花有两个椭圆形的裂片。雄蕊4个，雄花呈管状，果实为核果，榴形或近圆形，多汁，长0.8～1厘米，直径5～6毫米，金黄色或橙黄色，许多个密生在一起紧贴在树梢上。

（3）胡颓子。分布于山东、辽宁、河南、江苏、福建、广东、湖南、湖北、四川等地，生长在山坡及空旷的地方，生食果实。灌木，有刺，高2～4米，幼枝褐色。叶子为椭圆形或长圆形，尖端稍长，边缘波状常卷皱，花为银白色，长1厘米，1～3朵生于叶腋，常向下垂，果皮开始为褐色，成熟后微发红，内包一椭圆形的硬核。

有些野果如野山梨、野栗子、榛子、松子、山核桃等，是比较容易识别的。

3. 野菜类

（1）苦菜。生于山野和路边，3～8月均可采其嫩茎叶洗净生食，茎高0.6～1米，叶互生，叶边大多分裂，周围有小短刺，近根处叶窄，色绿，表面呈灰白色，断面有白浆，茎叶平滑柔软，夏季开黄色头状花。

（2）蒲公英。生长于田野中，3～5月可采食嫩叶，5～8月可采花做汤。全株伏地丛生。高10～20厘米，体内白色乳汁。叶缘为规则的羽状分裂，色鲜绿。花茎数个从叶基部生出，与叶等长或稍长一点，上部密生白色丝状毛。头状花序顶生，全为黄色舌状花瓣。

（3）蕺菜。别名鱼腥草。生于水沟边、渠岸、池边及阴湿地。嫩幼苗可作蔬菜吃；叶含挥发性油，幼苗经水煮后换水三次，加油盐调食，全草可作药用，治毒蛇咬伤。用法：将全草捣烂外敷伤口周围或煎汤洗患部，或单味煎服。其为多年生草本，茎上部直立，下部匍匐，节上生须根并有褐色鳞片。叶为心脏形，尖端渐尖，边全缘或呈波状，上面为绿色，下面带紫色。惠状花序生于茎的顶端，总梗细长，上部有白色总苞4片，倒卵形，果实成熟时顶端开裂，种子多，卵形。

（4）马齿苋：全草可食，味平淡，常生于田野路旁。通常5～9月中旬采嫩叶茎，烫软后将汁轻轻挤出，加入调料即可食用。全草煮食可治痢疾。其肉肥嫩多汁，茎多分枝，圆形，呈紫红色，平铺地面，叶互生或对生，叶片肥厚呈瓜子形，花小，黄色，5瓣，3～5朵丛生于叶腋，花后结盖果，种子黑色。

野菜中苋菜、扫帚菜、灰灰菜等，遍布全国，容易识别。

4. 蘑菇、海藻类

由于目前还没有完全可靠的方法鉴别有毒与无毒的蘑菇。因此，采食蘑菇时一定要慎重。可以参照有关蘑菇图谱鉴别蘑菇，或仔细观察蘑菇上是否有被野兽或昆虫咬过的痕迹，记住这种蘑菇的形状，供以后采摘时参考。采蘑菇可在雨后的林中或草上进行。

海藻生长在海边礁石上或漂浮在海水中，海藻一般无毒，常见的有紫菜、红毛菜、角叉菜、鸡冠菜、裙带菜等。采用海藻应选用海中新鲜的海藻，海滩上的海藻常常因为脱离海水而腐败变质，不宜食用。

（二）野生动物的捕获和食用

野生动物经过加工处理后都可以食用。但是某些鱼类如河豚，内脏器官含有剧毒物质，野战条件下不具备精细加工的条件，不能食用。

1. 猎兽

猎兽前应当向有经验的战士或当地居民了解动物的习性和捕获方法。对大型动物通常采用枪杀的方法猎获，对小型动物可采取下述方法捕获。

（1）压猎。

采用石板或冻土板、冰板，也可以用木板压重物作压拍子。用木棍将压拍子一端支起，木棍上设置机关加挂诱饵，当小动物取食时，即可被压拍子压住。

（2）套猎。

采用各种绳索，钢丝或马尾，一端做活套，另一端系在树干、草棵、石头等物上。

套子可下在动物经常出没活动的地方，应保证使活套圈的平面与动物活动路线垂直，其大小和距离地面的高度根据所猎动物的大小而定，以能套住动物的头部为宜。

（3）卡钓和竹筒。

这两种方法主要用于猎获地面活动的小动物，如田鼠、旱獭、黄鼬等。

卡钓用一根细钢丝弯曲成别针样，两端有向外弯曲的尖，两臂中间各有一个铁丝圈用于穿别子。别子用一根钢丝或大头针做成。设置时，将钢丝两臂压紧，使臂上小铁圈重叠，将别子从后面穿入重叠的小圈中，别子后端与固定绳拴在一起。钢丝尖端设置诱饵，后端用一绳拴在树枝或草根上，以防被小兽拖走。当动物取食时，别子从铁圈中脱出，钢丝别针即张开卡住动物嘴部，使其无法逃脱。

竹筒宜选用内径略大于猎捕动物、长65厘米左右的竹节做成。竹筒斜埋于地下，倾斜45度左右，竹筒上口与地面平，筒必须光滑，将诱饵投入筒底。当动物进入筒中取食时，因不易退出而被捕获。

2. 捕蛇

捕蛇时应特别注意预防被蛇咬伤，有条件时最好穿戴较厚的高腰鞋子及长筒手套等防护用品。

（1）叉捕法。

用树枝做一个木叉，叉柄的长短以捕蛇者俯身后两手能够捉住蛇的颈部为准，叉口大小以叉紧蛇的颈部为宜。捕时，先叉住蛇的颈部，然后俯身以胸部抵住叉柄，再用一只手按蛇头颈部，另一只手握住蛇的后部，即可将蛇捉住。

（2）泥压法。

对一些不大的，在地面或石头上活动的蛇，可拿一块大泥用力摔在蛇身上，将蛇粘压在地上或石上，再行捕捉。

（3）索套法。

对在乱石上、草丛间或地上翘起头的蛇，可用此法捕捉。取一竹竿在一端打通一个洞，穿过一条细韧的绳子，做成一个活套圈，用手拿住竹竿和绳子的另一端，将活套从蛇的背后迅速套住其头部，随即拉紧活套，缚住蛇颈。

3. 捕鱼

捕鱼可使用钩钓、针钓、脚踩、手摸、拦坝戽水等方法。

（1）钩钓。

使用鱼竿、鱼线、鱼钩、钩坠、漂子等器材，也可以使用就便器材自制。如用针弯成钩，用草秆、鸡毛管作漂子，用弹壳或小石头作钩坠等。钓鱼时，将饵食挂在钩上抛入水中，等漂子上下颤动时迅速提竿，反复多次即可钓到鱼。为引诱鱼群上钩，还可以提前在垂钓处投入一些碎米等食物（俗称"做窝子)。

（2）针钓。

以针代钓，用丝线缚在针的中央，穿上鱼饵，不用漂子沉入水中，鱼吞食针饵后，针便横搁在鱼腹内，无法逃脱。鱼饵可用蚯蚓、蚱蜢等昆虫。

（3）摸鱼。

在浅水中，可直接下水摸鱼。摸鱼时两手呈合势，贴水底向心合拢摸鱼，摸到后要迅速向水底按压捕捉，一手握鱼头，一手握鱼尾快速扔上河岸。

（4）拦坝戽水。

对小水塘可以采用分片拦坝戽水的方法捉鱼。先在水塘的一角筑起泥坝，用桶或盆将水戽到坝外，待见底后即可在泥中捉鱼，然后按此法逐片戽水捉鱼。

4. 对猎获动物的处理与食用

剥兽皮：将兽体侧放或仰放，从头向尾沿腹部剖开，再由脚部绕膝关节将皮割开，并沿腿内侧把这些切口与纵切口连接。先剥腿部皮，然后再剥躯体上的皮。剥兽皮时，一面用刀子割，一面用拳头伸入肉与皮之间用力撑，使皮肉分离。皮剥下后，将兽体放在皮上取出内脏，将兽体肢解成块。

禽类要先拔除羽毛，后取出内脏。

鱼类要将肋和内脏取出后刮除鱼鳞。

蛇的处理：用绳子将蛇的颈部拴在树枝上悬挂起来，左手握住蛇体，右手持刀，从蛇头颈部将蛇腹剖开，剖到尾部后绕尾割一圈，取出内脏后，由尾部向上掀起蛇皮，掀到蛇颈后剁去蛇头。

野外条件下，食肉可采用火烤熟后蘸盐食用的方法，此法简便实用。

食用昆虫：可食用的昆虫种类很多，如蜗牛、蚂蚁、蚯蚓、知了、蚱蜢等。对昆虫可用油炸（动物油）、烧烤、烹煮的方法处理后食用，只要克服了心理障碍，其味道还是很鲜美的。

（三）解渴的植物和应急的解渴方法

山野中有许多植物可用解渴，如北方的黑桦、白桦的树汁，山葡萄的嫩条，酸浆子的根茎；南方的芭蕉茎、扁担藤等。

北方的初春，在桦树干上钻一个深3~4厘米的小孔，插入一根细管（可用白桦树皮制作），经过这个小孔流入容器中的汁液每晚可达1~2升。白桦树汁液在空气中很快就会发酵，因此收集后应立即饮用。

西南边疆密林中的扁担藤，因其形似扁担而得名。它是一种常年生的植物，通常缠绕在树干上。藤长5~6米，藤面呈灰白色，叶色深绿，叶面宽3~4厘米，呈椭圆形，比一般树叶稍厚。砍断藤子后，可以看到条条小筋的断痕，并很快就会流出可供饮用的清水。生活在西双版纳的傣族猎人进山，一般不带水壶，就靠这种"天然水壶"中的清水解渴。

热带丛林中还有一种储水竹子，这种竹子通常生长在山沟两旁，直径约10厘米，青翠挺拔，竹节长约50厘米。选择竹子找水时，应先摇竹竿，听听里面是否有水的声响，无水响的竹子不必砍。另外，检查竹节外表是否有虫眼，有虫眼的竹节里的水不能喝。汲水的方法是将竹节一头砍开个洞，将水倒入碗里，也可削一根细竹管插进竹筒里吸，竹节内的水既卫生还带有一股淡淡的竹香。我们的边防战士称之为"直立的凉泉"。

如果找不到解渴的植物，还有一种极为简便的取水方法。用一个塑料袋套在树枝上，将袋口扎紧。树叶蒸发出来的水分就会聚集在袋里。天气越热，蒸发量越大，得到的水就越多。利用这个方法，每天取水量可达一公升左右。还可以用塑料收集露水。从半夜到天明这段时间里，气温逐渐下降，空气中的水分便凝结成露水，贴附在地面植物上。早晨将塑料布铺在草丛下面，摇晃草，使露水一滴滴地落下来，积少成多，也可解干渴之急。

在缺水的情况下，水要合理饮用。最初可以不喝水，或者仅湿润口腔、咽喉。当然，也不要勉强忍耐干渴，以致使身体出现失水症状。喝水要得法，应该采用"少量多次"的方法。试验证明：一次饮水 1 000 毫升，其中 380 毫升会由小便排出；假若分 10 次喝，每次 80 毫升，小便累计才排出 80～90 毫升，水在体内就可以得到充分利用。每昼夜喝水不多于 600 毫升，这在 5～6 天内对人体不会发生有害作用。

在实在无水的情况下，小便也可以应急解渴。实际上，小便并不污秽，只是因为心理作用，总觉得难以下咽。有条件可以做一个过滤器在竹筒的底端开一个小孔。将小便排泄于此，小孔下面就会流出过滤水。

三、特殊条件下的野炊

特殊条件下的野炊是指在野外无制式炊具、火种和非标准饮用水可供使用的情况下，利用就便器材所进行的热熟食制作。

（一）使用就便器材和材料野炊

在没有制式炊具可供使用的情况下，作战人员应就便利用器材和材料热熟食物，其方法有：

1. 脸盆、罐头盒、钢盔

在野外可以用石头作架，或用铁丝吊挂脸盆、铁盒、钢盔等物，用火加热，可烹煮食物、烧开水等。

2. 铁丝、木棍

可将食物穿插缠裹在铁丝或木棍上，放在火边烧烤熟化。

3. 石板或石块

用火将石板烧烫以后，将食物切成薄片放在上面烙熟。

将若干拳头大小的石块在火中烧热，用棍拨到一个 40 厘米深的土坑内铺一层，石块上铺一层大树叶，放上食物，上面再铺一层树叶，将剩下的热石头铺在树叶上，然后再铺上厚厚的树叶压住，三四个小时之后即可取食。

4. 黄泥

用和好的黄泥在地上摊成一个 3 厘米厚的泥饼，上面铺一层树叶，将野鸡或野兔、鱼等物除去内脏，不脱毛、不褪鳞，放在泥饼上，用泥饼将食物包裹成团，放在火中烧两个小时即可食用。食用时兽毛或鱼鳞沾在泥块上随之脱离。

5. 竹节

选粗壮的竹子砍倒，每 2～3 节竹筒砍成段，将竹节的一端打通，将米和水灌入竹节里，米约占三分之二，然后将竹节放在火中烧烤，约 40 分钟可做成熟饭。

（二）寻水和取火

水对人的生存来说至关重要。野战条件下，作战人员要对饮水的使用做好合理规划。同时，组织人员寻找水源或采集、处理用水，以弥补消耗的饮水。

1. 找水

在野外可以根据野生植物的种类、数量、分布范围以及动物的出没活动规律等寻找地下浅层水源。一般植物茂盛、动物经常出现的地方，是容易找到浅表层水源的。

在许多干旱的沙漠、戈壁地区，生长着柽柳、铃铛刺等灌木丛，其下 6 ~ 7 米深就有地下水；胡杨林生长的地方，地下水距地面 5 ~ 10 米；茂盛的芦苇指示地下水位于地表下 1 米左右；而在喜湿的金戴戴、马兰花等植物下面，挖掘 1.5 米或 1 米左右就能找到水，在南方，根深叶茂的竹林通常是浅表地下有水的标志。

另外，蚂蚁、蜗牛、青蛙、蛇等动物喜欢在泥土潮湿的地方做窝栖身，在这些地方向下深挖通常可以找到水。

2. 采水

沙漠、戈壁地区不易寻到地下水，可以在清晨采集植物枝叶上的露珠。白天也可用塑料布蒙在植物的枝叶上，由于枝叶的蒸发作用，塑料布上会蒙上一层水珠；或者在地上挖一个露出湿土层的坑，蒙上塑料布，塑料布将会凝结一些水珠，将这些水珠收集起来，积少成多，也能够解决一部分饮水。

某些植物的枝干、茎叶、果实，或块根中含水丰富，可直接食用给人体补充水分。

3. 净化水

野外水源水质浑浊有异味不便直接饮用时，首先应辨别水中是否含有有毒、腐烂的物质，一般情况下，有强烈异味的水是不宜饮用的。对一般水质较差的情况，可做净化处理。

（1）药物净化。

使用"69 - 1 型饮水消毒片""漂白粉精片"处理浊水，可以起到澄清杀菌的作用，使用明矾可以使浊水变清。

（2）植物净化。

将一些含有黏液质的植物如仙人掌、榆树皮等，捣烂成糊加入浊水中，搅拌 3 分钟后，再静止 10 分钟左右，可起到类似明矾的净水作用。一般 15 千克水可用4克植物糊进行净化。

（3）过滤水。

将竹节一端的堵节打掉，在另一端堵节上钻一个小孔。竹节内从下向上依次放入石子、沙、土、木炭碎块做成过滤器将浊水缓缓倒入竹节，小孔中就流出比较洁净的过滤水。

4. 取火

火在野战生存中具有重要的作用，它可以用来煮熟食物、烧水、烘烤衣物、取暖御寒、驱除猛兽和有害昆虫，必要时还可以作为信号使用，在没有火柴的情况下，可采取以下几种方法取火。

（1）摩擦取火。

这种原始取火方法，在野战生存条件下仍然适用。但在取火前要准备好引火煤，引火煤可选用干燥的棉絮、纱线、草屑或撕成薄片的干树皮、干木屑等。

①弓钻取火。

用强韧的树枝或竹片绑上绳子或鞋带做成一个弓，将弓弦在一根20厘米长的干燥木棍上缠绕2圈，将木棍抵在一小块硬木上，来回拉动弓使木棍迅速转动。这样会钻出一些黑粉末，最后这些黑粉末冒烟而生出火花，点燃引火煤。

②藤条取火。

找一段干燥的树干，将一头劈开，并用东西将裂缝撑开，塞上引火煤，用一根长约两尺的藤条穿在引火煤的后面，双藤夹紧树干，迅速左右抽动藤条，使之摩擦发热而将引火煤点燃。

（2）击石取火。

找两块质地坚硬的石头，互相击打，将其迸发出的火花落到引火煤上，当引火煤开始冒烟时，缓缓地吹或扇，使其燃起明火。如果两块石头打不出火，可以另外寻找两块石头再试。用小刀的背或小片钢铁，在石头上敲打，也能很容易地产生火花，引燃引火煤。

（3）凸透镜利用太阳能取火。

用凸透镜将太阳光聚焦成一点，光点上的温度可以将棉絮、纸张、干树叶、受潮的火柴等物引燃，夏季雾气较大或者冬季阳光较弱时，可以等到正午阳光强烈时取火，然后保存火种以备使用。

【思考题】

1. 在行军过程中，如果遇到各种突发事件应当如何应对？

2. 在高寒地区宿营有何特点与要求？

3. 除了文中提到的，你还知道哪些野外生存的办法？

参考文献

1. 普丰等：《现代国防论》，重庆：重庆出版社 1993 年版。

2. 王和中、吕冀蜀主编：《军事理论教程》，北京：清华大学出版社 2002 年版。

3. 高锐主编：《中国军事史略》（上、中、下册），北京：军事科学出版社 1992 年版。

4. 高连升、郭竞炎主编：《邓小平新时期军队建设思想和发展史》，北京：解放军出版社 1997 年版。

5. 图们、许安标主编：《国防法知识问答》，北京：红旗出版社 1997 年版。

6. 陈学全主编：《军事法学》，北京：解放军出版社 1994 年版。

7. 杨得志、宦乡等：《国防发展战略思考》，北京：解放军出版社 1987 年版。

8. C. A. 丘什克维奇主编，军事科学院外国军事研究部译：《战争与当代现实》，北京：军事科学出版社 1990 年版。

9. 章前明编著：《竞赛与裁军——二十世纪的国际军事与战争》，北京：中国审计出版社 1999 年版。

10. 许耀桐主编：《中国基本国情与发展战略》，北京：人民出版社 2001 年版。

11. 杨贵华、陈传刚编著：《共和国军队回眸——重大事件决策和经过写真》，北京：军事科学出版社 1999 年版。

12. 潘时良、秦然：《精兵之路——人民军队建设五十年纪实》，北京：国防大学出版社 1999 年版。

13. 姚有志：《世纪论兵》，北京：解放军文艺出版社 2002 年版。

14. 克劳塞维茨著，中国人民解放军军事科学院译：《战争论》，北京：商务印书馆 1978 年版。

15. 毛泽东：《毛泽东选集》，北京：人民出版社 1991 年版。

16. 毛泽东：《毛泽东外交文选》，北京：中央文献出版社、世界知识出版社

1994 年版。

17. 毛泽东：《毛泽东军事文集》，北京：军事科学出版社、中央文献出版社1993 年版。

18. 邓小平：《邓小平文选》，北京：人民出版社 1993 年版。

19.《广东高校军事教材》（内部使用），2000 年版。

后 记

　　本书是在广东财经大学（原名广东商学院）、广州医学院等十所高等院校合编的《高校军事理论课教程》的基础上修订而成的，在此，首先衷心感谢参加《高校军事理论课教程》一书编写的刘苍劲等多位专家和专业教师。

　　在本书修订的过程中，编者按照《高校军事理论课教学大纲》的要求，对内容进行了增删，特别是补充了近几年国际军事形势变化和我国新一届领导集体在十八大以来关于国防和军队建设的重要论述，以及军事高技术的新发展、新成果和信息化战争的基本特征与发展趋势等相关内容，体现了这门课程与时俱进的特点。在本书出版过程中，暨南大学出版社人文社科分社杜小陆社长和胡艳晴编辑等也给予了大力支持，特此说明并致以谢意。

　　由于修订时间比较仓促，资料收集可能不完整，疏漏之处也在所难免，恳请广大读者批评指正。

《大学生军事理论课教程》编写组
2017 年 6 月 1 日